国家社会科学基金一般项目"改革开放以来社会生活方式变迁与文化选择研究"(编号：13BKS038)结项成果

国家社科基金丛书
GUOJIA SHEKE JIJIN CONGSHU

改革开放以来生活方式变迁与文化选择研究

A Study on Life Style Changes and Cultural Choices
Since Reform and Opening-up

李霞 著

人 民 出 版 社

序

从 20 世纪中叶起,先是在西方世界,后又于东方世界流行以消费主义主导的生活方式。整个世界都以消费、占有多少东西作为衡量人生的主要价值所在。

这种生活方式真的是人所需要的存在状态吗?人过这样一种生活真的十分幸福吗?人究竟需要一种什么样的生活方式?如何改变目前的生活方式去追求一种真正属人的生活方式?

从消费主义在 20 世纪流行之时起,就有人对这些问题展开思考。特别是那些"西方马克思主义"理论家更是把批判目前的生活方式作为他们的理论使命。到本世纪初,在许多富有理性和智慧的人那里,似乎对此已得出了比较一致的结论:其一,这种生活方式不符合人的本性,颠倒了人与商品的关系,充其量让人过的是一种"痛苦中的幸福生活";其二,即使人过这样的生活十分美好,我们居住的地球也无法提供足够多的能源、资源来"供奉"人过这样一种生活。于是,不断地有人发出"我们再换种活法"的呐喊!

我从 20 世纪 70 年代末 80 年代初开始从事"西方马克思主义"的研究,而特别是潜心于对"西方马克思主义"当今生活方式批判理论的探讨。尽管我也不时地发表文章就这个问题发声,但总曲高和寡,应者寥寥。

后来,我终于找到了一个"知音",这就是德州学院的李霞。她是位年轻的女学者,数十年如一日,坚持对生活方式的研究。在这一领域,不但发表了数十篇文章,而且又出版了数部专著。

我对李霞的研究成果推崇备至。想不到她在德州这一算不上学术研究中心的地方,竟有如此高的理论境界和宽阔视野。这样,我尽力推举她、宣传她。凡是我主持或者说得上话的会议,都邀请她参加并让她发言,并且向一些马克思主义学院的院长推荐她,希望能够引进她,使她有一个更好的学术平台进行自己的研究。

今天,她又把一部新的书稿呈现在我面前。这就是她的近作《改革开放以来生活方式变迁与文化选择研究》。这是她在原有的研究成果的基础上开始进入对我国生活方式变迁史和选择史的研究。

中国改革开放以来40多年的发展,人们的生活水平和生活方式发生了很大的变化。社会转型期也是历史与现代、中国和世界的各种文化交织、碰撞期,生活的变化面临着文化的选择问题。她力图通过对改革开放以来人们生活方式变化和文化变迁的分析,反思生活方式的进步与不足;对当代中国的文化构成和价值选择进行分析,提出当代中国文化选择的标准和构建中国特色社会主义文化的原则,增强文化自觉和文化自信;从人的发展角度探索生活方式的构建,从生活方式与文化选择的关系探索文化建设的规律,这是对中国改革开放和社会主义现代化建设规律、成就以及不足进行研究的一个重要视角,可以丰富生活方式研究和文化理论研究。同时,选择科学健康的生活方式,进行正确的文化选择和价值选择,能够推动日常生活中人的个性发展,促进整个社会人的发展,树立关于中国特色社会主义的文化自信。

我认为,李霞的这一新著有以下理论创新:

第一,以马克思主义的社会批判思想为理论基础,借鉴西方马克思主义文化批判理论的思想资源。马克思主义社会批判思想和西方马克思主义文化批判理论的批判内容和路径不同,但都有一个共同的价值标准,就是以人的发展来衡量现实社会制度或文化的弊端,突出日常生活中人的个性发展。马克思主义社会批判思想是我们分析社会现实的方法论基础,借鉴西方马克思主义文化批判和生活批判理论,对分析我国社会人的现实存在状态,推动日常生活人的个性发展具有启示意义。

第二,从历时态的角度对改革开放以来我国生活方式和生活观念的总体变化以及原因进行分析,从生活与文化辩证关系角度论述文化选择的变化,并对特殊群体——网络意见领袖等的生活状况和思想状况进行调查分析,目前学术界从这方面研究生活方式的专著和文章很少。

第三,对当代中国文化生态模式研究。分析了当代中国文化的构成要素以及不同文化要素在当代社会发展和人的发展中的意义,并针对大众文化对中国民众的意义进行分析,突出了文化研究的价值维度和现实维度。

第四,以人的发展作为衡量生活变迁和文化选择的标准,突出生活方式和文化选择的现实基础和价值尺度,着眼于人的发展对当代人的生存状态和文化发展状况进行反思和批判。

第五,突出我国当代文化建设的核心是树立文化自信,社会主义核心价值观是当代中华民族的精神追求。关于当代中国的文化选择,突出了文化发展的历史传承因素和文化建设的实践基础与价值导向,分析了当代中国特色社会主义先进文化的构建原则是立足中国实践,反映人民需求,具有历史视野、世界胸怀和未来视野,具有马克思主义意识形态性;提出构建当代中国话语体系的要求,突出文化发展的价值性以及主流文化对大众文化和民众日常生活的价值引导。对于当代中国特色社会主义文化构建路径的研究具有独创性。

我预言,李霞这一新的研究成果的推出,会产生一定的影响。

　　我对李霞这一新的学术成果的推出表示热烈的祝贺,并向国内外学界同仁,向一切关心当今人类的生活方式的读者朋友,着重推荐这一著作!

　　是为序。

陈学明

2019 年 7 月 17 日

于复旦大学光华楼办公室

目　　录

导　言

改革开放以来,随着我国社会生产力的发展和生产方式的变化,人们的物质生活条件和生活方式发生了巨大的变化。传统社会向现代社会的转型期也是各种文化交织、碰撞的时期,文化的多元变化出现文化的选择问题。对改革开放以来我国整体社会生活方式的变化以及文化选择的问题进行研究,对于总结中国特色社会主义发展的历史经验,构建科学健康的生活方式,树立高度的文化自觉和文化自信,从而推动整个社会和人的发展,具有重要的理论意义和现实价值。

一、　生活方式和文化的概念界定

生活乃是人生的一切,从经济活动到政治活动,从物质活动到精神活动,从生产活动到日常生活,从日常交往到休闲活动,可以说,人活着所进行的一切活动都可以纳入生活的范畴。从最广泛的意义上说,文化等同于生活。文化源于"以文化之",说的是人区别于自然动物的特质。因此,在二者最广泛的意义上,生活与文化是一个意思,在这个意义上,梁漱溟先生说,"文化,就是吾人生活所以靠之一切。"①不同的生活方式在整体的意义上形成了不同的

---

① 梁漱溟:《中国文化要义》,上海人民出版社 2005 年版,第 6 页。

文化模式。人类文化学家本尼迪克特认为,"人类行为的方式有多种多样的可能,这种可能是无穷的。但是一个部族、一种文化在这样无穷的可能性里,只能选择其中的一些,而这种选择有自身的社会价值取向。选择的行为方式包括对待人之生、死、青春期、婚姻的方式,以致在经济、政治、社会交往等领域的各种规矩、习俗,并通过形式化的方式,演变成风俗、礼仪,从而结合成一个部落或部族的文化模式。"①每一模式中的行为方式总有其存在的合理性,这样一些模式,区别着不同的文化,同时也塑造着各自所辖的那些个体。这里所说的文化模式就是生活方式。所谓生活方式就是生活的样式,即如何生活的模式化选择。不同的物质生活条件,决定了不同的生活模式,包括作为生活方式基础的生产方式、物质生活条件、活动范围、交往方式、休闲活动等内容。生活方式(lifestyle)在最广泛的意义上包含着物质生活和精神生活的所有内容,包括人们的衣、食、住、行、工作、休闲、娱乐、社会交往、待人接物等物质生活,还有精神生活的价值观、道德观、审美观等,是生活方式和生活观念的总和。

文化(culture)从英语词根上的含义是土地的开垦和植物的栽培,延伸为人的身体和精神能力的培养,也指人类通过实践而创造的物质财富和精神财富的总合。从这层意义上,文化也可以表述为人类的进化结果,这是一种最概括的界定。对于生活方式侧重的是人们如何生活,对于文化侧重的是人们活动的结果。进入 20 世纪以后,对于文化的理解有了更细致的分类。譬如,英国文化批评家雷蒙·威廉斯(Raymond Williams,1921—1988)将文化归纳为三种定义:第一种定义,文化是指人类的完美的理想状态,即人类进化的结果。第二种定义,文化是指人类的精神成果,包括文学、绘画、音乐、历史学、修辞、语言等精神性成果。第三种定义,"文化是指有关人类的特定生活方式的描述。"②我国思想家梁漱溟也把文化看作是"特定的生活方式"。美国文化批

---

① [美]鲁思·本尼迪克特:《文化模式》,王炜译,社会科学文献出版社 2009 年版,第 3 页。

② 参见王一川主编:《大众文化导论》,高等教育出版社 2015 年版,第 4 页。

评家贝尔（Daniel Bell,1919—2011）对于文化有这样的概括，"对我来说，文化本身正是为人类生命过程提供阐释系统，帮助他们对付生存困境的一种努力。"①为人的生存寻找意义，这是文化的功能，也是文化本身，这是精神层面的文化。这与德国哲学家卡西尔（Ernst Cassier,1874—1945）的文化概念一致，在卡西尔看来，文化是特定人类群体表达其生存意义的符号形式，包括神话、宗教、语言、历史、科学和艺术等形态，文化就是人类的符号表意行为或系统。②用通俗的话说，就是人类创造的精神成果。所以，文化在狭义上是指人的精神存在，是相对于政治、经济而言的人类全部精神活动及其活动产品，包括宗教、哲学、科学、艺术等。但文化的发展又离不开经济社会的发展，它凝结在物质之中，又超越于物质之外，通过一定的方式被历史传承，包括一个国家或民族的经典文献、语言文字、文学艺术、礼仪文化、思维方式、价值观念、科学知识等。

　　文化也是人的存在方式，但是在人的各种存在方式中，现实的社会生活特别是物质生活处于基础地位，人的其他存在方式，包括人作为有意识的存在，审美、科学、哲学等社会意识都是对社会存在的不同方面的反映。我们对生活方式和文化加以区分，生活方式主要指的是物质生活层面，最大限度地包含人们物质生活方方面面的内容，而文化主要是指精神生活层面的生活，包括人们所选择的精神文化活动的内容和样式。

　　在阶级分化之前，生活和文化是没有区分的，所谓的文化是融合于生活之中的，或者说是为了生活，例如最初文字、绘画的产生都是生活的需要，为了记事、区分的目的。马克思恩格斯谈到："思想、观念、意识的生产最初是直接与人们的物质活动，与人的物质交往，与现实生活的语言交织在一起的。人们想

---

　　①　[美]丹尼尔·贝尔：《资本主义文化矛盾》，赵一凡等译，生活·读书·新知三联书店1989年版，第24页。
　　②　[德]卡西尔：《人论》，甘阳译，上海译文出版社1985年版，第87页。

象、思维、精神交往在这里还是人们物质行动的直接产物。"①随着阶级的产生，这种作为生活组成部分的文化成为有产阶级的专属，于是也从日常生活中分化出来成为精神生活。虽然文化从生活中分化出来，但它不会脱离于生活，它的来源、基础以及发生作用的功能都是生活。关于这一点，卢卡奇谈到，"人们的日常态度既是每个人活动的起点，也是每个人活动的终点。这就是说，如果把日常生活看作是一条长河，那么由这条长河分流出了科学和艺术这样两种对现实更高的感受形式和再现形式。"②因此，文化虽然从生活中分化出来，但是它与生活仍然是一致的。如果一个民族的生活模式没有一定的文化形式来反映和传承，这个民族的影响不会久远。相反，如果一个民族有强大的文化资源，即便是这个民族在历史上遭遇过挫折或外敌入侵，但是文化的力量会使这个民族源远流长甚至会重新崛起。我们中华民族就是这样一个民族。我们国家经过先秦时代诸子百家的文化繁荣，创造了中华民族优秀的传统文化，也成为中华民族安身立命的文化基因。在 2000 多年的历史里，历经分分合合，但是中华文化非但没有陨落，反而将这块土地上的不同民族融为一体，都成为中华民族的一分子。对于中国文化的这种包容能力，梁漱溟先生说到，"从中国以往历史征之，其文化上同化他人智力最为伟大。对于外来文化，亦能包容吸收，而初不为其动摇变更。""由其伟大的同化力，故能吸收若干邻邦外族，而融成后来之广大中华民族。此谓中国文化非惟时间绵延最久，抑空间上之拓大亦不可及（由中国文化形成之一大单位社会。占世界人口之极大数字）。"③

　　我们的文化资源有成熟的文字、经典著作、治理国家的典章制度、诗词歌赋等，最主要的是国家的礼仪文化已经成为民众日常生活的组成部分，规范着民众的日常生活。只有这些礼仪文化成为民众日常生活的组成部分，成为组

---

① 《马克思恩格斯文集》第 1 卷，人民出版社 2009 年版，第 524 页。
② ［匈］乔治·卢卡奇：《审美特性》第一卷，徐恒醇译，中国社会科学出版社 1986 年版，第 1 页。
③ 梁漱溟：《中国文化要义》，上海人民出版社 2005 年版，第 7 页。

织民众日常生活的规范时,才不会因为外敌入侵或者被其他民族统治而灭失。因为,不管战乱持续多长时间,在战乱结束时,民众仍然要重拾自己的日常生活,日常生活仍然要规范,民众仍然要重新建立自己的日常交往关系。直到近代以前,几乎所有的少数民族在文化上都没有达到汉族的发展程度,他们要治理国家,使被打败的汉族接受他们的统治,就必须借鉴汉族的文化,包括民众的日常生活管理。因此,民众日常生活的秩序仍然是按照儒家的礼仪制度重新建立起来,而少数民族统治如果要治理长久,必然要被汉族文化主要是儒家文化同化。表面上是少数民族统治,但是从实质上来说,由于文化的同化,部分少数民族也转化成汉族的一部分,历史上消失的民族大多属于这种情况。

近代以后,因为经济上的落后和军事上的弱势,这种文化上的自信和强大逐渐消失。一方面,中国生产力发展已经远远落后于西方诸列强;另一方面,生产力的落后、政治制度的腐败和军事实力的悬殊使得民众对自己的历史文化也产生自卑心理,从天朝子民、唯我独尊的心态转化成技不如人、否定自我的心态,从经济基础到政治制度,从日常行为到国民人格,都成为被否定的对象。反思自己文化的不足和弱势是必要的,但因为经济的弱势而导致否定整个民族的历史文化则失去了民族发展的基因。从五四运动时期科学与民主对传统礼仪文化的批判,到"文革"时期对历史文化的全盘否定,中国传统的历史文化遭到前所未有的破坏。所以,当 21 世纪我们经济得到发展,重建我们的文化自信时感觉如此艰难。

就文化本身来说,中西文化都有自己的理性,都有自己独特的思维方式和看待世界的价值。中国的理性主要集中在人伦关系领域,梁漱溟曾说到中国人是早熟的理性,中国有句俗话,叫人情练达即文章,指的就是中国人在人伦关系上的理性。梁漱溟说:"西洋偏长于理智而短于理性,中国偏长于理性而短于理智。"①中国人说的"读书明理",这个"理","绝不包含物理的力、化学

---

① 　梁漱溟:《中国文化要义》,上海人民出版社 2005 年版,第 113 页。

的理、一切自然科学的理,就连社会科学上许多理,亦都不包括在内。""中国书所讲总偏护人世间许多情理,如父慈、子孝、知耻、爱人、公平、信实之类。若西洋书,则其所谈的不是自然科学之理,便是社会科学之理,或纯抽象的数理与论理。"①这种伦理文化在中国传统社会阶段,对于促进社会的稳定和道德人格的发展起到了独特的作用。但是,随着资本主义在全世界的扩张,资本主义思想也成为在世界占主导地位的思想,资本主义的政治制度、民主制度、法制制度等成为先进文化的代表。中国当作安身立命之本的仁义礼智信这些"理性"被当作与社会发展无益,甚至被看作是阻滞历史发展的因素,中国的传统文化失去了社会发展的动力作用。新中国成立以后,在党的领导下,我们对于国家发展的自信和文化自信逐渐重新建立。但是,在新中国成立最初三十年,由于历史的原因,中国是在相对比较封闭的状态下进行建设,这种关于国家发展的自信和关于社会主义文化的自信是在没有比较的情况下形成的。改革开放以后,这种封闭的状况逐渐被打破,我们不但从经济上和世界有越来越多的交流和互通,在文化上也打开大门,港台文化汇入,外国文化传入,影响着人民的文化生活。文化的样式、文化的内容变得越来越丰富,人们的精神生活越来越精彩。当然,文化的丰富一方面源于外来文化的影响,中外文化交流促进了文化的繁荣;另一方面是因为中国经济的发展促进了民众文化需求的提高,单一的文化满足不了人们对美好生活的期望。在中国实践和人民生活丰富的基础上我们创造了多元的文化生活。

文化是反映生活的,我们的生活在变化,反映生活的文化就在变化。反映民众现实生活的文化是我们时代的记录,也是时代精神的凝练。我们的文化要反映现在,国家发展的实践和人们生活的变化是文化最现实的基础。我们的文化也要反映历史,因为我们是在历史中走来的,历史养育着我们的民族,传统文化养育着我们民族的人格基础,我们的革命文化则使我们具有了共产

① 梁漱溟:《中国文化要义》,上海人民出版社 2005 年版,第 113 页。

主义的理想信念和建立新中国的自信。当然,我们的文化也要有我们的未来,因为未来是我们的目标和导向。我们要在中国特色社会主义实践基础上,创造我们自己的话语体系,弘扬我们的价值,给我们的国家和民族注入精神的动力。我们的文化选择实际上就是我们的精神选择、我们的价值选择。

二、 理论基础

对生活方式和文化选择研究的第一个理论基础是马克思恩格斯所论述的意识和生活的关系。他们谈到意识产生的根源,"意识[das Bewuβtsein]在任何时候都只能是被意识到了的存在[das bewuβte Sein],而人们的存在就是他们的现实生活过程。"①所以,精神层面的文化是对社会生活的反映,文化的内容和表现形式都可以在社会生活中找到它赖以产生的基础。他们还谈到意识和生活的关系,"我们的出发点是从事实际活动的人,而且从他们的现实生活过程中还可以描绘出这一生活过程在意识形态上的反射和反响的发展。……发展着自己的物质生产和物质交往的人们,在改变自己的这个现实的同时也改变着自己的思维和思维的产物。不是意识决定生活,而是生活决定意识。"②"物质生活的生产方式制约着整个社会生活、政治生活和精神生活的过程。不是人们的意识决定人们的存在,相反,是人们的社会存在决定人们的意识。"③马克思恩格斯这里谈的生活就是人们的现实生活过程,是人们的存在现实。文化来源于生活,但文化反过来又通过自己独有的精神形式如文字、音乐、绘画、电影、电视、戏曲等或直接、或间接地影响人们的生活。所以,生活和文化是一种辩证的关系,生活的变化会反映到文化上,而文化的各种形式又会影响人们的生活观念和价值选择,二者是一种相辅相成的关系。我们就是从生活与意识的这种辩证关系出发,来研究生活方式的变化及对文化发展的影

---

① 《马克思恩格斯文集》第 1 卷,人民出版社 2009 年版,第 525 页。
② 《马克思恩格斯文集》第 1 卷,人民出版社 2009 年版,第 525 页。
③ 《马克思恩格斯文集》第 2 卷,人民出版社 2009 年版,第 591 页。

响,以及文化对生活的引导作用。

对生活方式的变化和文化选择研究的第二个理论基础是马克思的社会批判理论。马克思主义理论本身就是批判的革命的理论,它从现实的人出发,以社会实践为基础,以人的自由全面发展为指向,对资本主义制度和人的存在状态展开批判。马克思主义社会批判的本身不是目的,批判的目的是为了获得社会发展的本质和规律的认识,是为了改造社会,从而促进人的发展。在他们看来,促进人发展的共产主义就是现实的运动过程,"共产主义对我们来说不是应当确立的状况,不是现实应当与之相适应的理想。我们所称为共产主义的是那种消灭现存状况的现实的运动,这个运动的条件是由现有的前提产生的。"①我们对中国改革开放以来生活方式和文化选择的分析考察,建立在我国当代社会发展的现实基础之上,以人的发展为指标,对生活方式和文化选择变化的情况以及原因展开分析和批判,构建科学健康的生活方式,促进人的个性发展,发展中国特色社会主义先进文化,树立中华民族的文化自信。

三、 研究方法

研究内容决定了研究方法,本书以马克思主义生活与意识的关系和马克思社会批判理论为理论基础,借鉴西方马克思主义生活批判与文化批判理论,在考察中国改革开放以来生活方式变迁特点的基础上,综合分析当代中国文化生态模式的变化,探讨美好生活与个性发展的关系,提出构建中国特色社会主义文化路径。利用逻辑与历史相统一的方法,分析改革开放以来生活方式变化的表现和特点,文化的历史变化和当代特点;用比较分析和价值分析的方法,分析当代文化的多元性生态模式;利用文献研究和批判分析的方法,研究马克思社会批判和西方马克思主义文化批判的思想资源;利用描述法对我国改革开放以来的社会生活方式变化情况和文化发展情况进行梳理。

---

① 《马克思恩格斯文集》第 1 卷,人民出版社 2009 年版,第 539 页。

本书在以下四个方面实现理论的创新:第一,以人的发展作为衡量生活变迁和文化选择的标准,突出对文化的反思和批判意识,着眼于人的发展,使得本研究具有批判和发展的双重视角。第二,用辩证思维模式揭示生活与文化的关系。一方面强调生活方式对文化选择的基础作用,另一方面强化文化对生活方式的价值引导,从而更加客观地阐明了二者的关系。第三,历史和现实的双重视角,把传统文化的价值资源放到当代人的发展视野中,立足于中国特色社会主义实践,吸取优秀的传统文化资源,以人的发展为标准,提出构建中国特色社会主义文化的原则和路径,使得文化批判具有了历史和现实的双重维度。第四,以马克思主义社会批判理论为基础,借鉴西方马克思主义社会批判和文化批判的资源,分析我们当代人的生存状态,拓展了生活批判和文化批判理论。

四、 研究时段的选择

为什么选择改革开放以来这个时间段作为考察中国生活方式变化和文化选择的时间点呢? 这是因为,对于中国人来说,改革开放在中华人民共和国的发展史上,甚至是中华民族的发展史上都是具有历史意义的重要事件和重要阶段。

中国的发展从历史意义上可以划分为这样几个阶段,从先秦到秦汉以后长达两千多年的封建社会,创造了中华民族的传统文明;鸦片战争以后中国积贫积弱、被动挨打、内忧外患的近代社会;1949 年新中国成立以后的发展阶段。中国共产党的诞生和新中国的成立,对于中国的发展具有世界历史的意义。习近平在党的十九大报告中谈道,"进行了二十八年浴血奋战,完成了新民主主义革命,一九四九年建立了中华人民共和国,实现了中国从几千年封建专制政治向人民民主的伟大飞跃。"①《在纪念马克思诞辰 200 周年大会上的

---

① 习近平:《决胜全面建成小康社会 夺取新时代中国特色社会主义伟大胜利——在中国共产党第十九次全国代表大会上的报告》,人民出版社 2017 年版,第 14 页。

讲话》中,习近平更明确谈到,新中国的成立和社会主义制度的建立,使中国"实现了中华民族从东亚病夫到站起来的伟大飞跃。"[1]但新中国成立以后中国的发展并不是一帆风顺的,分为这样几个阶段,第一个阶段是社会主义改造时期,这一时期的主要任务是进行社会主义革命,"为当代中国一切发展进步奠定了根本政治前提和制度基础,实现了中华民族由近代不断衰落到根本扭转命运、持续走向繁荣富强的伟大飞跃。"[2]我们经过奋发图强的建设,经济得到发展,建立了独立的国民经济体系。第二个阶段是从社会主义改造完成到1978年底,这个时期中国的经济发展相对比较缓慢。计划经济体制建立后,最初推动了生产力的发展,但是,单一的计划经济体制在一定程度上制约了民众的劳动积极性;另外国际社会对中国发展的制约也大大影响了中国的经济发展,使得中国始终没有进入世界的中心。国家经济发展和生产力水平的滞后影响着民众生活水平的改善,民众生产方式和生活方式跟传统社会没有根本的区别。第三个阶段是1978年改革开放以后一直到现在。自从中国1978年改革开放以来,中国的经济有了飞速的发展,随着经济的发展,民众的生活水平和生活方式发生了根本性的变化。改革开放四十多年的时间,中国的"变"不仅仅具有时间的意义,更具有时代的意义,甚至对于中国来说具有世界性的意义。从中国近代以来,中国一直在变,但是一直到新中国成立,中国的变主要集中在政治领域。新中国成立后,中国的经济体制、分配体制都有根本性的变化,但是,由于生产力发展水平的限制,广大民众的生产方式和生活方式没有发生根本改变。真正触动中国民众生活改变的是改革开放以后市场经济的发展和经济政治法律等各方面的制度性变革。

改革开放以后民众生活的变化表现在方方面面,从物质生活条件到制度体制,从社会环境到精神文化生活,种种的变化使人们感受到生活的愈加美

---

[1] 习近平:《在纪念马克思诞辰 200 周年大会上的讲话》,人民出版社 2018 年版,第 13 页。

[2] 习近平:《决胜全面建成小康社会 夺取新时代中国特色社会主义伟大胜利——在中国共产党第十九次全国代表大会上的报告》,人民出版社 2017 年版,第 14 页。

好。物质生活条件的改善,从饮食到住房,从服饰到环境,从交通到通信,从医疗保障到养老保障,既有量的改变,更有质的改变。人们生活的标准,从追求温饱到小康,再到更高要求的全面小康,人们充满信心。从社会环境来说,中国人感受到法治发展的过程,逐渐享受到了法治的平等,机会的公正,生活的安稳,中国人生活得安全而从容。从精神生活来说,民众享受到了越来越丰富的文化生活,越来越自信地创造着当代文化,传承着优秀的传统文化,也享受着文化交流带来的新鲜和刺激。我们比历史上任何时期都更能感受到生活的美好。当然社会发展的过程中也会有不足和缺陷,有道德的缺失,社会的分化,社会差距的扩大。中国用几十年的时间在创造中国的历史,也在创造世界的历史,每一个中国人都在亲历中国的历史变化。正是因为改革开放以后中国社会生活的巨大变化,我们有必要将改革开放以后中国生活方式变化和文化选择的情况进行理论的总结和思考。

第一章　马克思主义社会批判思想和文化批判

第一节　马克思主义的社会批判思想

马克思主义的社会批判思想对我们分析社会现实具有重要的方法论意义。马克思主义理论是在批判中建立起来的,批判性是马克思主义理论最重要的特点,马克思主义理论在批判社会现实、指导社会实践中显示它的生命力并得到发展。马克思的社会批判思想表现为三个方面,一是对于人的生存状况的批判,表现为对于在资本主义制度下人的生存异化的批判,集中在马克思早期作品中,以《1844 年经济学哲学手稿》为代表;二是社会批判的研究方法和出发点的确立,以《关于费尔巴哈的提纲》和《德意志意识形态》为代表;三是关于现代性或者说是社会制度的批判,以《共产党宣言》和《资本论》为代表。关于社会批判的方法和出发点为分析我们生活和文化的历史变化提供了方法论的指导,关于人的生存状态和现代性制度的批判为我们展开现实批判提供了研究的方向。

一、　马克思主义社会批判的基础：科学实践观念的确立

在《关于费尔巴哈的提纲》和《德意志意识形态》中,马克思对社会现实和

人的状况的批判,实现了批判方法的改变,这就是从理想的道德批判到现实的社会批判,社会批判的基础不再是道德,而是建立在现实的实践和物质生活条件之上。在《德意志意识形态》中,马克思谈到青年黑格尔派离开现实进行思想批判的错误,"德国的批判,直至它最近所作的种种努力,都没有离开过哲学的基地。"①"这些哲学家没有一个想到要提出关于德国哲学和德国现实之间的联系问题,关于他们所作的批判和他们自身的物质环境之间的联系问题。"②这是德意志意识形态家们的根本问题,他们只在思想里兜圈子,他们进行的一切批判都是思想中的批判,和现实没有关联。在批判青年黑格尔派唯心主义思想错误,在哲学上和他们划清界限之后,马克思建立了新的批判基础,形成了他的唯物主义社会批判理论。

首先,辩证批判的基础是科学实践概念的确立。马克思实践概念的确立是马克思主义从人本主义转向辩证唯物主义的基础。在哲学史上,实践概念早就存在,亚里士多德最早对人的活动类型做了区分,他把人的活动分为生产劳动和伦理、政治活动,他认为,只有政治活动才是真正的实践活动。在近代,康德在比较严格的意义上,把遵循自由理念的道德实践看作是实践活动,其他的理性活动都不是实践,生产实践没有在康德考察范围内。马克思的实践概念主要包括三层内涵:首先,实践指的是人的感性活动。"从前的一切唯物主义(包括费尔巴哈的唯物主义)的主要缺点是:对象、现实、感性,只是从客体的或者直观的形式去理解,而不是把它们当做感性的人的活动,当做实践去理解,不是从主体方面去理解。因此,和唯物主义相反,唯心主义却把能动的方面抽象地发展了,当然,唯心主义是不知道现实的、感性的活动本身的。"③感性活动是现实的实践活动,最基本的感性活动首先是生产实践,这是人类生存的第一个前提,"第一个历史活动就是生产满足这些需要的资料,即生产物

---

① 《马克思恩格斯文集》第1卷,人民出版社2009年版,第514页。
② 《马克思恩格斯文集》第1卷,人民出版社2009年版,第516页。
③ 《马克思恩格斯文集》第1卷,人民出版社2009年版,第499页。

质生活本身"。① 人的生产过程是人改造自然的过程,必然会产生两重关系,就是人与自然的关系和人与人的关系。因此,"感性活动"包括人的物质生产活动与社会交往活动。其次,马克思的实践概念具有主体性的维度,是主体与客体的统一。主体性是马克思主义实践概念的主要因素,但马克思所说的主体性不是抽象的不变的人,而是在不同的历史条件下从事实践活动的人,因此主体性因为不同的实践手段和实践活动而具有不同的内涵,就像恩格斯所说,"人的智力是按照人如何学会改变自然界而发展的。"②并且,主体性只有在对象化的物质生产过程中才能体现出来,没有实践活动的对象,就无所谓主体性。因此马克思的主体性是主体与客体的统一。最后,实践概念体现了改变世界的功能。改变世界是马克思哲学最鲜明的特征。马克思指出,"哲学家们只是用不同的方式解释世界,问题在于改变世界。"③马克思认为哲学不仅应该是"思想中的时代",更应该是改变现实的武器,实践改造世界的功能是马克思主义哲学与其他哲学的根本区别。只有通过实践,人才能从自然、社会以及人本身的束缚中解放出来,实践是改变现实、解放人自身的唯一的途径。这样的实践是人类改变世界、改变自身、实现人的解放的历程。

马克思主义理论具有彻底的批判性,源于马克思主义理论的实践性。马克思主义理论产生于实践,应用于实践,无论是理论批判还是现实批判,都是为了解决现实问题。"对实践的唯物主义者即共产主义者来说,全部问题都在于使现存世界革命化,实际地反对并改变现存的事物。"④因为马克思主义哲学确立了改造世界的功能,因此,在实践面前,没有什么理论、思想可以藏身,思想、理论的一切价值都要在实践中证明它的真伪对错。所以无论是马克思主义理论体系,还是在社会主义建设过程中正在形成的思想、理论体系,都

---

① 《马克思恩格斯文集》第1卷,人民出版社2009年版,第531页。
② 《马克思恩格斯全集》第20卷,人民出版社1971年版,第574页。
③ 《马克思恩格斯文集》第1卷,人民出版社2009年版,第502页。
④ 《马克思恩格斯文集》第1卷,人民出版社2009年版,第527页。

必须在实践中验明正身。只有能够推动社会发展、人的发展,为人民群众带来更大福利,满足人民群众美好生活期待的思想、政策,才是正确的,要坚持的。也正因为马克思主义的实践性特点,所以它的批判是彻底的、革命的,"辩证法在对现存事物的肯定的理解中同时包含对现存事物的否定的理解,即对现存事物的必然灭亡的理解;辩证法对每一种既成的形式都是从不断的运动中,因而也是从它的暂时性方面去理解;辩证法不崇拜任何东西,按其本质来说,它是批判的和革命的。"①马克思主义理论其批判的彻底性,还源于它的根本立场,即它具有鲜明的政治立场,公开申明是为无产阶级和人民大众服务的。在《〈黑格尔法哲学批判〉导言》中马克思说:"哲学把无产阶级当做自己的物质武器,同样,无产阶级也把哲学当做自己的精神武器。"②它不是为少部分人服务的,它没有自己的利益,它是无产阶级的哲学,是人民大众的哲学,它是为无产阶级以及整个人类的解放服务的。正因为如此,它是无所畏惧,也是无所保留的。一切特权阶级的思想、一切维护旧阶级的制度都是批判的对象。无产阶级的历史使命就是解放自己、解放全人类,就是要在被自然、社会和人自身的束缚状态中解放出来,实现人的自由全面的发展。这一目的决定了,马克思不仅批判资本主义社会,而且也以批判的态度对待社会主义社会,他认为社会主义社会也是要不断发展和变革的社会。同时,马克思主义不仅批判地对待其他资产阶级理论,而且也以批判的态度对待自己的理论和思想,不把自己的思想看作是最终完成的真理体系。在人的发展面前,在无产阶级的解放面前,没有什么东西是不可被批判的。"要对现存的一切进行无情的批判"③。

二、 马克思主义社会批判的前提: 现实的人

　　马克思主义社会批判的前提首先是现实的个人。什么是现实的个人,马

---

① 《马克思恩格斯文集》第 5 卷,人民出版社 2009 年版,第 22 页。
② 《马克思恩格斯文集》第 1 卷,人民出版社 2009 年版,第 17 页。
③ 《马克思恩格斯文集》第 10 卷,人民出版社 2009 年版,第 7 页。

克思在《德意志意识形态》中谈到,"这是一些现实的个人,是他们的活动和他们的物质生活条件,包括他们已有的和由他们自己的活动创造出来的物质生活条件。因此,这些前提可以用纯粹经验的方法来确认。"①现实的个人包括人的活动形式和活动的物质生活条件。为什么要把现实的个人作为社会批判的前提? 这是因为,社会是由现实的人组成的,包括现实人的生活方式、生产方式、物质生活条件、人们之间的交往关系,现实的人包含着由人组成的社会的一切信息,要分析社会发展的历史过程和发展规律,必须从不同生活条件下的人进行分析。在马克思看来,任何个人都是现实的人。首先,从物质生活条件决定人的存在状态的意义上,现实的人就是他们的活动和他们的物质生活条件。人只有通过改变自己的物质生活条件和活动方式才能改变自己的存在状态。其次,现实的人是指人的实践活动。在一定的物质生活条件下从事实践活动,这是现实的人的现实表现,没有实践活动,人就没有现实性。在实践活动中,人在改变客观世界的同时也改变着自己的存在状态。因此,现实的人不是固定不变的存在,而是随着实践活动的变化不断变化的现实的存在,而人的现实本质就体现在物质实践活动中。人们的整个生活方式和自身的存在状态都是由物质实践活动即生产方式决定的。"人们用以生产自己的生活资料的方式……更确切地说,它是这些个人的一定的活动方式,是他们表现自己生活的一定方式、他们的一定的生活方式。"②"人们的存在就是他们的现实生活过程"③。

现实的人还表现为人的需要的现实性。人的现实需要从层次上可以分为人的生存需要和发展需要。马克思恩格斯认为,人首先是自然存在物,生存的需要是人的第一需要,这就是吃穿住行的需要。除了这些自然的物质生活需要,人们还有参与政治生活的需要以及精神文化生活需要。这种多样性的需

①　《马克思恩格斯文集》第 1 卷,人民出版社 2009 年版,第 519 页。
②　《马克思恩格斯文集》第 1 卷,人民出版社 2009 年版,第 519—520 页。
③　《马克思恩格斯文集》第 1 卷,人民出版社 2009 年版,第 525 页。

要源于人的双重存在,马克思说:"人双重地存在着:从主体上说作为他自身而存在着,从客体上说又存在于自己生存的这些自然无机条件之中。"①这说明,一方面,人作为肉体存在物存在于自然之中;另一方面,人作为自身而存在的需要使得人可以通过实践摆脱自在自然的状态而将自己提升出来。人的双重需要成为人的现实活动和人的发展的源动力。当然,人的需要的具体内容和满足方式又受到不同时代社会实践水平和社会关系发展程度的制约,人的一切需要都是由现实的物质生活条件创造出来的。因此,人的需要具有客观现实性。人的实践活动就是创造并满足人自己需要的过程,人通过实践创造了自己的全部生活和整个历史。同时,人在创造、改变客观世界的同时也在生产自己的社会关系,改变着人自身。

"现实的人"也表现为社会关系即交往的现实性。现实的人是指在一定社会关系中从事实践活动的人,人们的实践活动是在一定的社会关系中进行的,现实的社会关系是人从事社会实践活动从而成为现实的人的必备要素。"这样,生命的生产,无论是通过劳动而生产自己的生命,还是通过生育而生产他人的生命的生产,就立即表现为双重关系:一方面是自然关系,另一方面是社会关系"②。如果说生产实践活动代表了人与自然的关系,社会关系则是人与人关系上的人的本质存在。就像马克思所说:"在其现实性上,它是一切社会关系的总和。"③人的实践活动和人的社会关系形成人作为现实人的具体内容。因此,具体的物质生活条件和在一定社会关系中从事的具体实践活动,就构成了人的具体、现实的存在。

三、 马克思主义对人的"异化"生存状态的批判

黑格尔在《精神现象学》中谈到,人实际上生活在理性之中,因为我们看

---

① 《马克思恩格斯文集》第 8 卷,人民出版社 2009 年版,第 142 页。
② 《马克思恩格斯文集》第 1 卷,人民出版社 2009 年版,第 532 页。
③ 《马克思恩格斯文集》第 1 卷,人民出版社 2009 年版,第 501 页。

到的东西都是在运用自己的知觉和概念所表达出来的东西,离开这些概念,人不能表达自己的感觉。这是西方古典哲学的一种思维方式,把现实纳入统一的逻辑结构或者体系之中。康德也认为,人认识外在事物依赖人自身具有的理性,如关于时间、空间的形式,而人的道德实践则要建立在"道德律"的实践理性之上,具有理想主义色彩。在马克思的早期思想中,最初对国家和法的批判借助于黑格尔哲学的理性概念;之后经过对黑格尔法哲学的批判和反思,又借助于费尔巴哈人本主义理论,对社会现实和人的状况进行批判。不是从现实发展入手寻找发展的可能性,而是以先验的"应该"作为批判的根据。《1844 年经济学哲学手稿》中有一个重要的词就是"异化",典型地反映了这种人本主义的立场。马克思说,"一个种的整体特性、种的类特性就在于生命活动的性质,而自由的有意识的活动恰恰就是人的类特性。"①这里,马克思以"类特性"来表达人应有的状态。但是,私有财产使得这种"自由的有意识的活动"变成了"异化"的手段,"工人在他的对象中的异化表现在:工人生产得越多,他能够消费的越少;他创造的价值越多,他自己越没有价值、越低贱;工人的产品越完美,工人自己越畸形;工人创造的对象越文明,工人自己越野蛮;劳动越有力量,工人越无力;劳动越机巧,工人越愚笨,越成为自然界的奴隶。"②"因此,结果是,人(工人)只有在运用自己的动物机能——吃、喝、生殖,至多还有居住、修饰等等——的时候,才觉得自己在自由活动,而在运用人的机能时,觉得自己只不过是动物。动物的东西成为人的东西,而人的东西成为动物的东西。"③马克思赋予人活动"自由自觉的活动"的理想状态,如果不能体现这种"自由自觉"的状态,便是人的"异化"状态。这种"异化"状态实际上是人(工人)在私有财产条件下的一种现实,但马克思认为,这种状态是人不应该有的状态,比照人的应该有"自由自觉"的状态来说,它是一种"异

---

① 《马克思恩格斯文集》第 1 卷,人民出版社 2009 年版,第 162 页。
② 《马克思恩格斯文集》第 1 卷,人民出版社 2009 年版,第 158 页。
③ 《马克思恩格斯文集》第 1 卷,人民出版社 2009 年版,第 160 页。

化"状态。"私有财产不过是下述情况的感性表现：人变成对自己来说是对象性的，同时，确切地说，变成异己的和非人的对象；他的生命表现就是他的生命的外化，他的现实化就是他的非现实化，就是异己的现实。同样，对私有财产的积极的扬弃，就是说，为了人并且通过人对人的本质和人的生命、对象性的人和人的产品的感性的占有，不应当仅仅被理解为直接的、片面的享受，不应当仅仅被理解为占有、拥有。人以一种全面的方式，就是说，作为一个完整的人，占有自己的全面的本质。"①一方面，马克思从类的角度理解人的特性；另一方面认为，人的活动的理想状态是"作为一个总体的人，占有自己的全面的本质"，而不符合这一特质的活动或者说不以人为目的的活动是背离了人的"异己"的活动。在这里，马克思是从类的角度看人的状态，相对于具体的现实条件下的人来说，具有抽象性。这是一种对私有财产条件下人的生存状况的哲学批判。这种批判，已经突破了黑格尔的纯粹理性，但是仍没有超越费尔巴哈的人本主义，是带有理想色彩的道德批判。

在《德意志意识形态》中，马克思恩格斯谈到人的发展或者说"异化"的消除，必须具备两个条件，首先，生产力的巨大发展，在此基础上，人们的"世界历史性"的而不是孤立的区域性的存在才成为经验；其次，随着生产力的巨大发展，人们的普遍交往的建立，只有普遍交往，"地域性的个人为世界历史性的、经验上普遍的个人所代替。"②从现实的物质生活条件和实践出发，经过生产力的巨大发展和普遍社会关系的建立，才能最终消除"异化"。

四、　马克思主义对现代性的批判

近代以后，随着资本主义在世界范围的发展，现代社会制度、体制和关系才建立起来，现代性的许多特征，包括民主、法治、平等、自由等观念都是伴随着资本主义的发展而逐步建立起来的。马克思主义关于现代性的批判就是对

---

① 《马克思恩格斯文集》第 1 卷，人民出版社 2009 年版，第 189 页。
② 《马克思恩格斯文集》第 1 卷，人民出版社 2009 年版，第 538 页。

资本主义的批判,包括对资本主义制度本身的批判和对资本湮灭人的个性的批判。

马克思恩格斯客观评价了资本主义在人类历史发展中所取得的巨大成就,他说,"资产阶级在历史上曾经起过非常革命的作用。"①"资产阶级,由于开拓了世界市场,使一切国家的生产和消费都成为世界性的了。"②"资产阶级在它的不到一百年的阶级统治中所创造的生产力,比过去一切世代创造的全部生产力还要多,还要大。"③但是,资产阶级是资本的化身,资本存在的目的是获得利益,资本对于利益的追求是天然的、无止境的,因为资本的这种逐利本性,使得资本可以打破一切既定的关系,使得社会的一切关系、制度围绕着资本的利益重新建立起来。"资产阶级在它已经取得了统治的地方把一切封建的、宗法的和田园诗般的关系都破坏了。"④资本的原始积累靠的是掠夺和战争,资本的循环获利靠的是市场。依靠资本的力量,资产阶级在世界的各个地方开辟市场,整个世界被资本市场连接成为一个整体,也因为资本的产生,历史就成为了世界历史。

一方面,资产主义推动了整个世界生产力的发展,使各个民族都参与到世界文明进程中来。但是,由于资本的统治,历史成为世界历史的同时,世界的文明多样性也被资本阉割。"资产阶级,由于一切生产工具的迅速改进,由于交通的极其便利,把一切民族甚至最野蛮的民族都卷到文明中来了。它的商品的低廉价格,是它用来摧毁一切万里长城、征服野蛮人最顽强的仇外心理的重炮。它迫使一切民族——如果它们不想灭亡的话——采用资产阶级的生产方式;它迫使它们在自己那里推行所谓的文明,即变成资产者。一句话,它按照自己的面貌为自己创造出一个世界。"⑤"正像它使农村从属于城市一样,它

---

① 《马克思恩格斯文集》第 2 卷,人民出版社 2009 年版,第 33 页。
② 《马克思恩格斯文集》第 2 卷,人民出版社 2009 年版,第 35 页。
③ 《马克思恩格斯文集》第 2 卷,人民出版社 2009 年版,第 36 页。
④ 《马克思恩格斯文集》第 2 卷,人民出版社 2009 年版,第 33—34 页。
⑤ 《马克思恩格斯文集》第 2 卷,人民出版社 2009 年版,第 35—36 页。

使未开化和半开化的国家从属于文明的国家,使农民的民族从属于资产阶级的民族,使东方从属于西方。"①整个世界成为资本的世界,一切的文明的样式都要按照资本的标准来衡量。因此,自然的文明就这样被排挤了,建立在农耕文明基础上的一切文明形式在资本面前都失去了先前的优势,也逐渐失去了关于自己文明的自信。中国的农耕文明就是近代以来被西方的资本文明打击而逐渐失去自信的过程。在西方的资本文明占据统治地位的时代,似乎整个世界只有西方文明的一种模式,而全然看不到这种文明本身所具有的缺陷。文明的单一性摧毁的是世界多样改变的可能性。这种资本文明的缺陷,早在19世纪40年代就被马克思深刻地论述到,"资产阶级的生产关系和交换关系,资产阶级的所有制关系,这个曾经仿佛用法术创造了如此庞大的生产资料和交换手段的现代资产阶级社会,现在像一个魔法师一样不能再支配自己用法术呼唤出来的魔鬼了。"②这个魔鬼就是经济危机,在经济危机期间,大量的商品被毁灭掉,甚至已经造成的生产力被毁灭掉。原因是什么呢?"因为社会上文明过度,生活资料太多,工业和商业太发达。社会所拥有的生产力已经不能在促进资产阶级文明和资产阶级所有制关系的发展;相反,生产力已经强大到这种关系所不能适应的地步,它已经受到这种关系的阻碍;而它一着手克服这种障碍,就使整个资产阶级社会陷入混乱,就使资产阶级所有制的存在受到威胁。"③这是资本主义本身的悖论。对于这种现象的克服,在资本主义所有制内只能在有限的时间内减缓这种症状,但是不可能消除这种病症的根本,因为经济危机的根本就是资本本身。

　　资本的另外一个重大缺陷,是由资本所造就的人的单一化。"在资产阶级社会里,活的劳动只是增殖已经积累起来的劳动的一种手段。在共产主义社会里,已经积累起来的劳动只是扩大、丰富和提高工人的生活的一种手

---

① 《马克思恩格斯文集》第 2 卷,人民出版社 2009 年版,第 36 页。
② 《马克思恩格斯文集》第 2 卷,人民出版社 2009 年版,第 37 页。
③ 《马克思恩格斯文集》第 2 卷,人民出版社 2009 年版,第 37 页。

段。""因此,在资产阶级社会里是过去支配现在,在共产主义社会里是现在支配过去。在资产阶级社会里,资本具有独立性和个性,而活动着的个人却没有独立性和个性。"①在资本主义社会里,工人的劳动对于资本来说仅仅是增殖的手段,如果资本能够找到代替工人劳动的手段,那么工人就连成为手段的资格也被剥夺了。劳动者是作为资本的附属品而存在的,因此,劳动者没有独立性和个性。当劳动者的劳动仅仅作为自己生命活动的手段的时候,劳动怎么能获得乐趣,劳动怎么能确证自己呢? 所以,马克思说,"结果是,人(工人)只有在运用自己的动物机能——吃、喝、生殖,至多还有居住、修饰等等——的时候,才觉得自己在自由活动,而在运用人的机能时,觉得自己只不过是动物。动物的东西成为人的东西,而人的东西成为动物的东西。"②共产主义的使命就是要打破这种异化对人的束缚,在生产力充分发展和普遍交往的前提下,发展个人的普遍性和自由个性。人的自由个性不是天然的个性特征,而是在生产力普遍发展和普遍交往的基础上,社会为每个人的自由发展创造机会和条件,个人的自由个性才有可能。生产力的充分发展和交往的普遍化是个人个性发展的前提条件,而每个人个性的发展还要依赖于个人普遍的实践。但是在资本主义社会,工人是没有选择机会的,表面上工人到哪里去工作是自己的选择,但是这种选择是一种必然,为了生存,他必须选择其中的一个资本家,为之工作,不管他愿意不愿意。在资本主义社会,工作作为生命的手段,这是工人的宿命。因此,资本主义的发展或者说现代化的发展,一方面在总体上是促进了人的能力和交往关系的发展。但另一方面,又是以牺牲人的个性为代价的。

五、 批判的思想根基——人的发展尺度

马克思从青年时代就立下了"为人类解放"而斗争的志愿,从《共产党宣

---

① 《马克思恩格斯文集》第 2 卷,人民出版社 2009 年版,第 46 页。
② 《马克思恩格斯文集》第 1 卷,人民出版社 2009 年版,第 160 页。

言》到《德意志意识形态》,再到《资本论》,人的自由和解放是马克思主义的恒久主题,他的一生都是在为这个目标而努力。马克思不仅为人类的发展指出了发展方向,他的"为人类解放"这一主题也成为他的批判思想的指标。

马克思对人的自由而全面发展的思想有着明确而丰富的表述,在《共产党宣言》中,将共产主义社会看成"将是这样一个联合体,在那里,每个人的自由发展是一切人的自由发展的条件"①,是"一个更高级的、以每一个个人的全面而自由的发展为基本原则的社会形式"②。在《德意志意识形态》中指出,"真正的财富就是所有个人的发达的生产力"③,是"个人关系和个人能力的普遍性和全面性"④。未来的理想共产主义社会最根本的特征就是人的自由而全面的发展,在此之前都是为人的自由而全面的发展创造条件。当然这是一个过程,人的自由而全面的发展是一个逐渐实现的过程,"我们所称为共产主义的是那种消灭现存状况的现实的运动。这个运动的条件是由现有的前提产生的。"⑤因此,人的发展是马克思批判理论的主旨。

第一,对资本主义社会人的异化的批判,以人的理想发展作为批判的武器。私有制使得工人的劳动成为异化的劳动,工人的异化表现在四个方面,首先,工人和他的劳动产品相异化,本来劳动的对象是客体,劳动者是主体,但是在私有制下关系反过来,劳动的对象反过来成为统治劳动者的手段,这是物的异化。其次,劳动过程的异化。工人的活动应该是自己的活动,应该是自由自觉的活动,但是,"劳动对工人来说是外在的东西,也就是说,不属于他的本质;因此,他在自己的劳动中不是肯定自己,而是否定自己,不是感到幸福,而是感到不幸,不是自由地发挥自己的体力和智力,而是使自己的肉体受折磨、

---

① 《马克思恩格斯文集》第 2 卷,人民出版社 2009 年版,第 53 页。
② 《马克思恩格斯文集》第 5 卷,人民出版社 2009 年版,第 683 页。
③ 《马克思恩格斯文集》第 8 卷,人民出版社 2009 年版,第 200 页。
④ 《马克思恩格斯文集》第 8 卷,人民出版社 2009 年版,第 56 页。
⑤ 《马克思恩格斯文集》第 1 卷,人民出版社 2009 年版,第 539 页。

精神遭摧残。"①"在这里,活动是受动;力量是无力;生殖是去势;工人自己的体力和智力,他个人的生命——因为,生命如果不是活动,又是什么呢?——是不依赖于他、不属于他、转过来反对他自身的活动。这是自我异化"②。再次,人的关系的异化。自然是"人的无机的身体",因为人是自然界的一部分,但是在私有制拥有的意义上,自然成为攫取的对象,成为人的手段;这种人与自然之间的关系反映到人与人的关系上,彼此都是作为手段而存在。最后,人同类的异化。生产生活是人的类生活,自由的有意识的活动是人的类特性,因为人的有意识的生命活动才把人的活动和动物的本能活动区别开来,对人来说,"他自己的生活对他来说是对象。仅仅由于这一点,他的活动才是自由的活动。异化劳动把这种关系颠倒过来,以致人正因为是有意识的存在物,才把自己的生命活动,自己的本质变成仅仅维持自己生存的手段。"③这个时期,马克思具有理想的人本主义色彩,人应该具有的理想的状态是他批判资本主义私有制的武器,虽然这种武器有空想的色彩,但是体现了马克思人的发展的核心思想。

第二,对于德意志意识形态的批判,以现实的人为基础。马克思谈到,德意志意识形态沉浸在关于自己的幻象和观念中不能自拔。"迄今为止人们总是为自己造出关于自己本身、关于自己是何物或应当成为何物的种种虚假观念。他们按照自己关于神、关于标准人等等观念来建立自己的关系。"④他们认为,宗教、概念、普遍的东西统治着现存世界,是人们的枷锁,既然意识束缚着人们,那么,就"要用人的、批判的或利己的意识来代替他们现在的意识,从而消除束缚他们的限制。"⑤因此,马克思说,德意志意识形态家们只是用词句

① 《马克思恩格斯文集》第 1 卷,人民出版社 2009 年版,第 159 页。
② 《马克思恩格斯文集》第 1 卷,人民出版社 2009 年版,第 160 页。
③ 《马克思恩格斯文集》第 1 卷,人民出版社 2009 年版,第 162 页。
④ 《马克思恩格斯文集》第 1 卷,人民出版社 2009 年版,第 509 页。
⑤ 《马克思恩格斯文集》第 1 卷,人民出版社 2009 年版,第 516 页。

反对词句,"既然他们仅仅反对这个世界的词句,那么他们就绝对不是反对现实的现存世界。"①德意志意识形态家们只想用思想影响历史,抛开了现实中的个人和现实世界。他们不知道,当他们抛开现实的个人和现实世界的时候,他们并不能对历史的改变起到任何作用。马克思指出,全部人类历史的基础是"现实的个人,是他们的活动和他们的物质生活条件。"②物质生产将人和动物区别开来,个人怎样表现自己的生活,他们自己就是怎样。因此,实现人的解放,不能靠意识的解放,而要改变人的活动方式和物质生活条件,靠生产力的发展和社会关系的普遍交往。"每一个单个人的解放的程度是与历史完全转变为世界历史的程度一致的",而"个人在精神上的现实丰富性完全取决于他的现实关系的丰富性"③。因此,人的解放就是解放现存的条件,"无产者,为了实现自己的个性,就应当消灭他们迄今面临的生存条件,消灭这个同时也是整个迄今为止的社会的生存条件,即消灭劳动。"④这里,马克思建立了唯物史观的基础,同时也找到了人的解放的条件。

第三,对于资本主义社会制度的批判为人的发展创造了条件。在《资本论》中,马克思深刻分析了资本主义剥削的秘密,明确了无产阶级的历史任务。资本主义生产虽然是以对工人的剥削为条件,但并不是一无是处,而且资本主义的发展也在为共产主义的发展创造条件。马克思指出,"发展社会劳动的生产力,是资本的历史任务和存在理由。资本正是以此不自觉地创造着一种更高级的生产形式的物质条件。"⑤但是,他们认为,不能抽象地谈论未来社会,不应该在哲学家的书桌里寻找一切谜底,而应该致力于对资本主义社会现实的研究,在批判研究现实的过程中发现未来社会的特征和到达未来社会的条件。马克思指出,"新思潮的优点又恰恰在于我们不想教条地预测未来,

---

① 《马克思恩格斯文集》第 1 卷,人民出版社 2009 年版,第 516 页。
② 《马克思恩格斯文集》第 1 卷,人民出版社 2009 年版,第 519 页。
③ 《马克思恩格斯文集》第 1 卷,人民出版社 2009 年版,第 541 页。
④ 《马克思恩格斯文集》第 1 卷,人民出版社 2009 年版,第 573 页。
⑤ 《马克思恩格斯文集》第 7 卷,人民出版社 2009 年版,第 288 页。

而只是想通过批判旧世界发现新世界。"①资本主义为共产主义创造的条件就是生产力的巨大发展和社会交往的普遍化,这是人的自由而全面发展的前提。

适应高度发展的生产力的需求,共产主义在生产关系上将彻底废除私有制,恩格斯指出,"废除私有制甚至是工业发展必然引起的改造整个社会制度的最简明扼要的概括。"②《共产党宣言》中有一句话,"共产党人可以把自己的理论概括为一句话:消灭私有制。"③消灭了私有制,生产资料被社会占有,个人劳动成为社会劳动的一部分,那个时候,"迫使个人奴隶般地服从分工的情形已经消失,从而脑力劳动和体力劳动的对立也随之消失之后;在劳动已经不仅仅是谋生的手段,而且本身成了生活的第一需要之后;⋯⋯只有在那个时候,才能完全超出资产阶级权利的狭隘眼界。社会才能在自己的旗帜上写上:各尽所能,按需分配!"④最终实现人类在分配上的真正平等。生产力的巨大发展,将彻底消除工业和农业、城市和乡村、脑力劳动和体力劳动的差别。这三大差别,是在社会不平等的主要表现,也是社会不和谐的主要根源。在共产主义社会,由于私有制和阶级的消除,由于旧式分工的消除,三大对立将消失。在共产主义社会,不仅社会是和谐的,人与自然也达成和谐,人类在适于人的生命状态的条件下与自然达成平衡与和谐。同时人们的精神境界也得到极大提高,奉献精神成为主要价值。在共产主义社会,由于生产力的巨大发展,人摆脱了自然经济条件下对"人的依赖关系",也摆脱了商品经济条件下对"物的依赖性",实现了人的"自由个性"的发展。⑤ 人的发展是全面的发展,不仅包括人的各方面才能和能力的发展,也包括人的社会交往的普遍化。在共产主义社会,人类将最终从支配他们生活和命运的力量中解放出来,"人们第一

---

① 《马克思恩格斯文集》第10卷,人民出版社2009年版,第7页。
② 《马克思恩格斯文集》第1卷,人民出版社2009年版,第683页。
③ 《马克思恩格斯文集》第2卷,人民出版社2009年版,第45页。
④ 《马克思恩格斯文集》第3卷,人民出版社2009年版,第435—436页。
⑤ 《马克思恩格斯文集》第8卷,人民出版社2009年版,第52页。

次成为自然界的自觉的和真正的主人,因为他们已经成为自身的社会结合的主人了。""只是从这时起,人们才完全自觉地自己创造自己的历史……这是人类从必然王国进入自由王国的飞跃。"①因此,人的全面自由的发展是一个历史的过程。

第二节　文化与人的发展

在动态意义上,文化是一个过程,"化"本义就是变易、生成,其引申义则为改造、教化、培育等,"文""化"合起来就是以文化之,就是用语言文字和思想对民众进行教化。文化也是创造的过程,是人类在认识自然、改造自然、认识自我、改造自我的过程中,不断创造物质文化和精神文化的过程。在静态的意义上,文化是一种文明的状态,它凝结在物质之中,又超越于物质之外,通过一定的方式被历史传承,包括一个国家或民族的经典文献、语言文字、文学艺术、礼仪文化、思维方式、价值观念、科学知识等。它包括物质文化和精神文化。物质文化是看得见的文化,如建筑、交通、服饰、饮食、日常用品等,物质财富既是文化的载体,也是物质文化本身。精神文化是以思想为主要内容的文化,如宗教、信仰、哲学、道德、学术、科学、风俗习惯、各种制度等。文化的作用就是认识和记录人生和宇宙万物的形态和内涵,传达、交流人类的情感和信息,认识自然、认识人自身。文化实际上代表着人自身的进化和发展过程,是人自身存在状态的表现。

一、　文化作为人的生存模式

文化是人独有的存在方式。如果从生存模式的角度来说,每种动物都有它们的自然生存文化,但是从以文化之的意义上,人类的继承文化和动物的生

---

① 《马克思恩格斯文集》第 3 卷,人民出版社 2009 年版,第 564—565 页。

存文化有根本性的区别。虽然动物也创造了类似图像的东西可以传递信息，但它们是生存的本能，这种信息传递仅仅是生存的经验，存在于个体身上，无法记录和传承，离开了个体便不存在。因为无法传承，动物的技能和经验不会在原有基础上不断发展，而只能是不断地重复。而人类的文化则可以传承，因为文化的传承，人类可以不断进化和发展。不同的民族有不同的文化模式，因此，文化还是区分的标识，这种标识可以体现为生存模式、行为模式、行为规范、风俗习惯、文学艺术、价值标准等。从普遍的意义上说，文化聚集了人类或者说某一民族的生存模式的所有特征，而文化的内核则是各种文化形式中所包含的思想和价值。

文化产生于三个因素，一是基于人的实用的目的，是人的生存的需要。为了合作，要进行交流、传达信息，于是要进行记录、记事、计算，产生了最初的结绳记事，有了形体声音的传递，慢慢产生了语言和文字，岩壁做画记录下人的生活样态。中国最初的象形文字就是人和大自然各种事物以及人的各种动作的模型。最初，人的生活经验仅在一起生活的人群中传播，有了语言和文字，人的生活经验便可以代代相传。二是源于自我意识的觉醒。在劳动的过程中，人把自己和劳动的对象以至于自己生存的世界逐渐分开，然后又把人与人分开。认识到人和周围世界的不同，人和其他动物的不同，人和人的不同，这种把人和人之外的世界分别以及人和人分别的过程就是自我意识的觉醒过程。三是源于人的实践创造过程。人既要适应生存的环境，同时又可以创造性地改变环境现有的状态，在创造自己生存环境的过程中，人也在改变着自身，人不但创造自己生存的物质世界，也创造自己生存的精神世界。这种改造环境和改造自身的过程，也是人的文化创造过程。人最初的劳动和创造是为了生存，劳动的过程既维持了人的生存，也为人的生存积累了经验，生存和生活经验的总结便成为文化的组成部分。随着生存问题的解决，人如何活着，或者说，人怎样活着才是好的，变成了人思考的问题。思考这个问题的过程也是各民族文化创造的过程。在《历史的起源与目标》一书中，德国哲学家卡尔·

雅斯贝尔斯把公元前 500 年前后称为人类文明的"轴心时代"。① 在轴心时代里,各个文明都出现了伟大的思想家,"古希腊有苏格拉底、柏拉图,中国有老子、孔子,印度有释迦牟尼,以色列有有犹太教的先知们",②他们提出的思想形成了不同的文化传统,也一直影响着人类的生活。轴心时代不同的地区形成了各具特点的思维结构和文化形式。如中国的文化特点是顿悟和反思见长,古希腊的文化特点则是辩论和分析见长。顿悟的特点是需要较高的领悟能力和人生智慧,这种智慧因人而异,虽然圣人顿悟了那么多智慧经验,但是落实到每一个人身上还是要不断进行人生积累和思考。古希腊则将逻辑分析的过程和经验传递下来,也能在这个基础上不断地积累和发展。不同的文化智慧在几乎相同的时代都达到了人类思维的极高水平,很多内容超越了时代的限制,即便是在今天仍然有它积极和现实的意义。不同的思维方式各有不同的特点,但它们的重点是集中在人的行为模式和价值观念的选择。

文化作为人的独特的生存模式,在三层意义上存在。梁漱溟先生在《东西方文化及其哲学》中说到,"据我们看,所谓一家文化不过是一个民族生活的种种方面。总括起来,不外三方面:(一)精神生活方面,如宗教、哲学、科学、艺术等是。宗教、文艺是偏于情感的,哲学、科学是偏于理智的。(二)社会生活方面,我们对于周围的人——家族、朋友、社会、国家、世界——之间的生活方法都属于社会生活一方面,如社会组织,伦理习惯,政治制度及经济关系是。(三)物质生活方面,如饮食、起居种种享用,人类对于自然界求生存的各种是。我们人类的生活大致不外此三方面,所谓文化可从此三方面来下观察。"③作为生活方式存在的文化具有最广泛的意义。我们所说的广义的文化层面包括梁先生所说的这三个方面,这个层面的文化也就是"人化",凡是人

---

① 转引自[英]凯伦·阿姆斯特朗:《轴心时代》,孙艳燕、白彦兵译,海南出版社 2010 年版,第 2 页。
② 汤一介:《"新轴心时代"的文化超越》,《人民论坛》2008 年第 16 期。
③ 梁漱溟:《东西方文化及其哲学》,商务印书馆 1999 年版,第 19 页。

的活动及其物化、制度化和精神化成果都可以叫文化,它最直接地反映了人的生活状态。一是作为一种生活模式,包括人的衣食住行、风俗习惯、生活方式、行为规范等。这是生活中的文化,也是这种文化使得区域、民族、种族加以区分,这些文化形式既来源于生存的环境,当然也有教化的因素。这种文化占据了人们生活的方方面面,宗教文化也是这种层面的文化。二是精神层面的文化,包括不同的民族创造的各种各样形态的精神文化,以文字和语言为载体,如古代的文化经典、诗词歌赋、戏曲、历史典籍、小说等,现代的电影、电视、各种电视和网络文化作品,这是非常典型的文化形式。精神文化一方面丰富了人的生活,使人的生活不再单调、乏味;另一方面精神文化的内容也反映了人的自我觉醒程度,是对人的生活进行反思的结果。三是制度层面的文化。这是为了治理国家在不同的时代和国家形成的不同体制,包括政治制度、经济制度等。如中国历史上秦汉以后形成的大一统的政治体制,宗法制的继承原则;西方的民主政体,近代以后的三权分立制度、代议制度等。这些制度的形成都有民族历史的因素,在不同的历史时期对不同国家的发展发挥了作用,有的在一定的时期起到的是制约作用。今天,我国建立了人民代表大会制度、中国共产党领导的多党合作和政治协商制度等,选择了和西方不一样的治理国家的政治制度,走出了独特的中国特色社会主义道路,在世界上也是一道亮丽的风景线。这三种文化的核心是文化的思想和价值。生活模式多种多样,有环境的因素、历史的因素等,只要是指导生活模式选择的价值是正面和发展的,生活模式的多样性是人的自由选择。精神文化的多样性则体现了人的创造性,有差别,但没有高低贵贱之分,区分高低上下的是文化所体现的思想和价值以及艺术的水准。同样的,制度文化的好坏优劣也不是以某些人或者某类人的评价为准,而是以是否适合这个国家的发展和人民的发展为标准。

二、 文化是人类历史经验的传承

文化是人们生活经验的反思。一个民族或一个国家,其代表性文化的形成要经历一个长期的历史过程,是一个民族与自然、与自身奋斗的过程。这期间,与自然的奋斗,就是向自然攫取食物、不断改造物质生活条件的过程,这个过程也是人的能力不断提高的过程。在奋斗的过程中,人们创造了越来越先进的生产工具、机器,使用这些工具和机器的过程也是获得技术的过程。这些物质工具和技术本身都是文化的组成部分。人们创造了语言和文字,用语言进行交流、传递信息和生活经验,将生活的经验和感悟用文字记录下来。在自然与人的相处过程中,反思自己的行为和观念,逐渐形成了独特的生活模式和价值观念。人们还创造了各种各样的艺术形式,如绘画、建筑、歌舞等。这些都成为民族文化的组成部分。有形的物质产品承载着人们的精神追求,而那些文学艺术、哲学经典更是直接表达了人们的生活观念、价值追求和审美追求。文化实际上表达的是人们的精神自觉,文化的创造过程也是人们反思自己行为模式的过程。因为,人不像动物一样自然而然地生活,而是有意识地生活。人们会反思人与自然的关系,在人依附于自然的阶段,人把自然的力量看得无比强大,以至于把自然看作是左右人命运的神灵;随着人改造自然的能力越来越强,人又自负地影响了与自然的信息变换,导致人的生存环境恶化;再到人们重新认识到人对自然的依存关系,自然是人的无机的身体,人要尊重自然,和自然和谐相处。人对自然的关系经历了一个轮回,我们的先人早已认识到人的自然性以及人对自然的依存关系,现代人经历了盲目行为导致的自然的惩罚之后才又重新回到人和自然的关系的起点。人们也会反思人和人的关系,每个时代的人都在探索人与人相处的恰当方式,形成了不同时代的价值观念和行为模式。思考的结果产生了各种各样的文化形式,如哲学反思,艺术创作,等等。正是人类坎坷以及丰富的生活才成为人们精神文化创造的不尽源泉。

文化是对历史实践的记录。精神形态的文化,无论是各种文化经典,还是文学、绘画,以至于后来戏曲、电影、电视等都来源于人们的自我创造。人民创造精神文化的目的就是丰富自己的精神生活,丰富自己的生命活动。精神生活内容的创造离不开人们自己的实践基础,伟大的历史活动是史诗文学的素材,世事变迁的日常生活也可以产生经典文学,情感经历是文学故事的必备条件,哲学也是在人追问生存意义的过程中产生的。人们把对生活的感悟凝结成思想和语言,创造出不同民族的经典作品,指导、影响人们的生活选择,从而成为整个民族的经典,如中国的《论语》《道德经》等,古希腊的《理想国》《尼各马科伦理学》。在不同的历史时代,有了不同的认知,然后不断增加经典宝库的内容。各种各样的文化具有记录历史的作用,记录的是一个民族和国家的历史过程、发展脉络。而文化传承的是精神和价值,有传承才有延续,有传承才有历史,有传承才有发展,不然任何时候都是从头再来。因此,《关于实施中华优秀传统文化传承发展工程的意见》指出,我们要"坚守中华文化立场、传承中华文化基因,不忘本来、吸收外来、面向未来,汲取中国智慧、弘扬中国精神、传播中国价值。"①

文化也是差异化选择的过程。各个民族根据自己的生活环境选择生活方式和价值观念的过程也是民族文化形成的过程。具有不同生活模式和生活经历的民族有更多的差异性的选择,而这些选择也构成了各种文化的差异性,如中国人的含蓄、包容、谦恭、孝顺,西方人的自由、个性、自信、独立等。这种历史文化的传统实际上构成了不同民族不同的人格特征。

三、 文化作为人的符号标识为人的发展定位

从文化的三种形态看,生活方式实际上是文化的一种自然生态或者说基础生态。一个地区民众的生活方式的选择由这样几个因素决定,一是人所生活的自然环境,在陆地,在海边,在山区,在寒带,在温带,在热带,在条件优越的地方,在条件贫瘠的地方,都会导致不同的生活方式。二是经济基础,当人力是基本的生产力时,人的选择受制于生产力,自然的环境决定人的基本生存

---

① 《中共中央办公厅、国务院办公厅印发关于实施中华优秀传统文化传承发展工程的意见》,《人民日报》2017 年 1 月 26 日。

模式。如果经济基础发生了变化,机器的动力成为基本生产力时,人们的生存方式具有较大的选择性。三是一个群体在社会中的地位,对于高收入阶层、特权阶层和低收入阶层、平民阶层,会或主动或被动地选择不同的生活方式。因此,生活方式的选择直接受制于自己的经济基础和生存的外部环境。精神性文化代表着人们的精神追求和生命的丰富性,精神的文化形态在不同人的生活中所占的比重不同,其重要性也就不同。精神性文化的选择,一是取决于国家的文化发展水平,二是取决于个人的文化修养程度,三是取决于个人的经济基础。制度性文化形态是一种强制性的文化形态,因为它以制度和体制的形式呈现出来,是国家用强力加以实施,或者是虽不是强力实施,但也是以国家制度的形式表现为现实。因此,制度性文化,无论是以国家强制力直接作为保证,还是间接作为保证,它都以现实制度的形式决定人们的政治权利、合作方式以及分配方式。

文化即人化,文化作为人类认识世界的结果是人类文明的体现。作为文化基础的语言和文字,既是人类认识世界的方法和工具,也是认识世界的结果。这个世界,既包括人赖以生存的外部世界,也包括人自身的生命世界,既包括人与自然的关系,也包括人与人的关系。人一方面在寻找人和世界相处和谐的原则和方法,另一方面也在反思人对世界的态度。人和自然相互作用的程度也是文化发展的程度。最初的人和自然融为一体,当人有了自我意识并开始制造工具对自然加以改变时,人和自然逐渐分化,人和自然的分化程度随着人改造自然的能力和人自身科技水平的提高而加深。当然,人的文明程度并不是与人与自然的分化程度完全一致。人与自然的分化一方面代表着人对自身和世界的认识程度;另一方面也面临人与自然的和谐相处的问题。当人的能力微弱,不足以和自然相对时,人依附于自然。当人有了一定的能力,可以改造自然为我所用时,人仍然要尊重自然。因为,人无论多么强大,仍然是自然的一部分,依赖于自然,自然界"是人的无机的身体","所谓人的肉体生活和精神生活同自然界相联系,不外是说自然界同自身相联系,因为人是自然界的一部分。"①人对自然的态度,实际上就是人对自己身体的态度,人对自然的态度也是人对世界的整体教养和文明程度的体现。马克思曾以男人对女人的关系说明人与自然的关系。他说,"人对人的直接的、自然的、必然的关系是男人对妇女的关系。在这种自然的类关系中,人对自然的关系直接就是人对人的关系,正像人对人的关系直接就是人对自然的关系,就是他自己的自然的规定。因此,这种关系通过感性的形式,作为一种显而易见的事实,表现出人的本质在何种程度上对人来说成为自然,或者自然在何种程度上成为人具有的人的本质。因此,从这种关系就可以判断人的整个文化教养程度。"②文化让我们"为自然立法"(康德语),文化让人的行为成为人的行为,文化让我们以对待人的方式对待他人。我们把寻找到的与人相处、与自然相处最和谐最恰当的状态称为智慧。

文化让我们的生命越来越丰富。从钻木取火、种子的自然采集,到机械发明,电器使用,火箭升空,太空实验,人类一步步创造着自己的生活;从壁画、竹简、纸张到电影、电视、网络,人类一步步创造着文化,也创造了文化的传递方式;从简单的语言、文字、绘画到诗词歌赋、文化经典,人类创造了越来越丰富的精神文化形式,也创造着自己越来越丰富的生命。人是实践中的存在,人也是创造中的存在。在实践中,人们用自然的原材料创造出自然没有的东西,满足着人类不断增长的物质文化需要,也不断创造着新的需要,然后通过劳动创造出新的条件满足新的需要,就是在这种创造、需要、再创造、再需要的产生过程中,人的生命不再是简单的自然存在,而是丰富的社会性存在。人类越来越看重自己的精神生命质量,越来越看重人类自身生活空间的拓宽、自由时间的延长以及精神产品的丰富。有别于物质需求的有限性和物质世界的有限性,人们的精神需求和精神创造具有无限性的特点。精神产品的有些形式受限于一定的物质条件(如借助于放映机、电视、电脑等设备),但对于精神产品的内

---

① 《马克思恩格斯文集》第1卷,人民出版社2009年版,第161页。
② 《马克思恩格斯文集》第1卷,人民出版社2009年版,第184页。

容来说,则可以产生于各种各样的条件,磨难、痛苦、艰苦的生活更能磨炼人的意志,使人产生更强的精神力量,创造出更伟大的精神作品。

文化为人类提供发展的价值和方向。人类改造世界的同时,也在不断反思人对自身和对世界的态度,这种反思的结果就是历代文化经典的出现。古希腊苏格拉底关于"认识你自己"的箴言一直在人耳边,亚里士多德关于友谊、完美、精明的论述一直对我们有很大启发,康德的"人是目的"对人的行为确立了根本的原则;我国古代思想家孔子关于仁义、智慧、交友、教育的观点对我们当代人都有重要的借鉴意义,道家老子天道自然的观念对人的生活早就敲响了警钟。历代的哲学家、思想家都在反思、修正人的行为,使人的发展走在正确的道路上。现代人的生活越来越被物质包围,人类恰恰要在丰富的物质财富面前保持人自身的清醒,更应该明白人应该坚守的价值原则,更应该知道人应该努力的方向,这就是一切的活动都是为了我们活得更有质量、更完美。我们要反思我们对自然和物质的态度,创造更有价值的精神文化产品,引导民众对生活的正确选择。虽然,我们需要丰富的物质生活,但是,太绚烂的物质生活会使生命无法承受之重。我们要在基本物质生活水准之上,追求更丰富的精神生活,清扬自己的生命,才能找到人和自然相处的正确方式,才是人的发展的正确方向。这种对生命的反思,对自己生活的反思,对民众的启蒙,都需要精神文化的力量。①

四、 文化批判的根据

在中国的现代化过程中,社会的变迁始终伴随着文化的批判和选择。中国自近代以来,从来没有缺少文化的论争,从清末中体西用还是西体中用之争,到五四新文化运动时期民主科学与传统之争,传播马克思主义思想与反对马克思主义之争;20 世纪 80 年代改革开放之初产生的"文化热",实际上是西

---

①　此部分内容参见拙作:《习近平新时代中国特色社会主义文化思想研究》,《山东社会科学》2018 年第 2 期。

方文化热;90年代重新兴起国学热,传统文化出现回归;新时代之后文化的大发展,是中华文化的复兴。每一次文化批判与选择都伴随着文化的比较。文化在交流中产生比较,在比较中产生反思,在反思中展开批判,文化批判的基本根据则是现实社会生活的变迁。

20世纪70年代末,中国开始了一场史无前例的变革,这一场变革与其他的政治革命所不同的是,它并不以政权的更迭为标志,也不以暴力为主要的革命形式,它是平静的,但是在貌似平静的社会环境中,在最根本的生活底层却波涛汹涌,它推动的是人们生活方式的根本变革。在这场变革之前,中国经历了新民主主义革命和社会主义革命,中国从政权到社会制度发生了翻天覆地的变化。但是对于老百姓来说,由于生产方式没有发生根本的变革,人们的日常生活依然是日出而作、日落而息,简单而重复。农业合作的集体经济曾经调动了人们的劳动热情,但是随后分配的平均化消磨了人们的工作积极性。而始于20世纪70年代末的改革使得中国社会发生了根本性的变革。这种变革并不仅仅表现为物质生活条件的不断改善,更表现为人们生活态度和价值观念的变化。改革极大地释放了人们为改变自己的生活状态而奋斗的热情,同时也激发了人们更多的欲望。竞争激发了人们的潜能,开放使人们开阔了视野。生产力的发展不仅改善了物质生活条件,使更多的人享受到更加舒适满意的生活,而且也创造了更多样的生活方式,不同的人可以根据自己的不同追求和生活习惯选择不同的生活方式。物质生活的改善,休闲时间的增多,也使得人们对于精神生活、对于文化有了更多的要求。

文化既是人们生活的组成部分,也是人们生活的反映,生活的不同层次、不同的生活状态都产生了不同的文化追求。改革开放过程也是文化趋向多样化的过程。改革开放前期,主流文化、精英文化占主导地位。随着文化多样形式的发展,逐渐转向主流文化主导、大众文化凸显、精英文化弱化的状态,而在日常生活中,呈现大众文化主宰的状况。文化的多样化也伴随着文化的芜杂化。文化作为人的生活的高雅追求,应该在价值、精神方面产生引导作用,然而大众文化的生活性、现实性、享受性,使得大众文化就像是日常生活的一个组成部分,缺少批判和反思的维度,这也使得大众文化缺少最重要的价值引导的角度。在相当一段时间内,一方面,市场经济渗透到人们生活的方方面面,契约意识、理性意识、法治意识冲击着传统文化的人情道德观念;另一方面,主流文化还未完全找到渗透进日常生活的恰当方式,大众文化缺少价值引导的功能,从而使得文化在人们的生活和行为的价值引导作用弱化。同时,文化的发展本身对物质生活具有依赖性,一方面,社会生活的状态——消费主导、物质至上、金钱至上的观念反映到文化中来;另一方面,在市场经济社会,文化市场同样遵循着资本运营的规律。这两方面的因素导致文化在一定意义上失去了自己的独立性和批判意识,表现在以下两方面。

一是文化产品的商品化倾向。在市场经济的大潮中,文化要获得大发展、大繁荣,文化产品也一定要产业化、商品化。文化产品一方面传递着本国的文化价值,另一方面也成为拉动本国经济的重要领域。近些年,我国文化领域显现了繁荣的景象,一部电影动辄数十亿票房的佳绩,可见文化产品的商业价值。文化商品化,文化和商业的嫁接一方面带来文化的发展机遇,另一方面也使得文化具有了隶属于资本的形态,使文化失去了其独立的地位,成为受资本指挥的木偶。借着文化这个皇帝的新装,资本大行其道。住房借着文化好像具有了品位,垃圾快餐借着文化好像具有了异国的情调,消费文化因为流行的创造、广告的引导,完全成为资本的统治领域。电影借着资本进入所谓的大片时代,高昂的资本投入,宏大的场景布置,也许表达的仅是一个微不足道的没有多少价值内涵的小故事。电视文化走向媚俗,收视率作为电视节目存亡的唯一依据就是一个鲜明的体现。收视率意味着市场,意味着广告的收入,而真正具有文化内涵和价值的高品质节目可能因为很少的群体收看而被停播。文化商品重视的是市场效应,资本利润的回收,迎合市场成为文化的主导,而真正的文化内涵、价值内涵成为一种点缀品,成为资本运转的一个噱头。在资本大行其道的今天,文化成为一种附属品,成为为资本服务的侍女,失去了它本独立的批判和反思意识。

二是文化产品的非价值化倾向。开放的时代特别具有包容性,而文化在社会的包容下,也渐渐失去了它的价值内涵。这是一个玩味的时代,也许是革命年代太过悲惨,政治年代太过严肃,经济年代太过沉重,生命太过短暂,不需要负载太过沉重,于是人们需要娱乐,需要幽默,需要轻松,人们以一种娱乐的心态看着这个世界发生的一切。这也是一个"打酱油"的时代,人们以旁观者的态度关注着身边发生的一切,每天有这么多的信息需要浏览,这个世界这么多事,好像离我很近,又好像与我无关,我既可以参与评价,也可以袖手旁观。荧光幕前,置身事外,也许身边只有发生了重大事件才会触动人们平时比较麻木的神经。人们将存在的东西视为合理的,似乎不需要价值评价,正因为如此,部分价值被扭曲了。

文化本身作为人所独有的生活方式和精神追求,一方面应该反映并升华生活的逻辑,另一方面更应该承担对生活的反思功能。人类只有在反思和批判中才能进步。恩格斯说:"辩证法不崇拜任何东西,按其本质来说,它是批判的和革命的。"①客观事物的辩证法是这样,人们认识的辩证法也是这样。人类文化承担着对人类生活进行批判和反思的功能。如果文化仅仅成了生活的复制品,文化就失去了其应有的意义。对于当代社会来说,发挥文化的批判功能,必须确立文化批判的标准。文化作为对生活的反映和人对自己精神生活的追求,一方面反映生活的原生态,对人们生活的本质的生活状态反映出来;另一方面要对生活的状态进行反思和分析,目的是促进人的发展和人有意义的生活。因此,批判的标准应该是人的发展。人的发展包括人生活的各个方面,物质生活水平的提高,精神生活的丰富,健康休闲活动的开展,人自身创造能力的不断发展,都属于人的发展的内容。

人所创造一切都是人为了更好的生活,但什么是更好的生活?是无节制

---

① 《马克思恩格斯文集》第 5 卷,人民出版社 2009 年版,第 22 页。

的物质追求？还是人的各方面生活的丰富化？还是人自身创造能力的发展？人的生活内容有些东西是能够无限发展的,有些则是有限追求的。如,人的物质生活,在物质匮乏的年代,人们希望物质财富越多越好。但是,无论从人的自身需要来说,还是从地球所能提供的资源来说,人的物质需求及其满足都是有限的,太多的物质需求对于人自身需求和地球的承载能力来说都是负担。然而,对于人的精神生活和人的自身的能力发展来说,空间则是无限的。精神生活可以丰富人的生命、提高人的精神境界和自身的道德修养,这种精神追求没有止境。对于人自身的能力发展来说,只要人进行实践活动,人的实践能力的发展和创造潜力的激发也都是无限的。文化作为人的生活状态的反映和精神追求,应该对人自身的生活状态进行反思和分析,分析哪种生活是促进人的存在和发展的,哪些内容偏离了人的发展轨道。从人的生命的丰富、生活对自身和他人的意义、自身创造能力的发展、人的道德素质的提高等方面,可以衡量文化的意义。因此文化批判应该表现在两个层面上,一是文化的丰富性,代表着人的生命和生活的丰富;二是文化的价值内涵,代表着人的发展方向。

第二章　西方马克思主义文化批判理论

科尔施在 1930 年出版的《马克思主义和哲学》中谈到,"我们这些西方共产主义形成了共产国际自身内部一个敌对的哲学流派。"①是因为,西方马克思主义作为一个哲学派别与"正统的马克思主义"有不同的主题,"正统的马克思主义"以唯物主义当作马克思主义唯一正确的意识形态,而与之不同的思想就成为"旁门左派"。卢卡奇、科尔施等人的思想继承了马克思早期的批判理论,形成了以社会批判和文化批判为主题的批判理论,并尝试探索以不同于无产阶级革命的新的斗争策略,来完成人类解放的历史使命。从人类解放的共同历史使命来说,西方马克思主义没有脱离马克思的根本旨归,只是在批判的内容和方式上,形成了不同于传统马克思主义的批判理路。特别是对于当代社会人的生存困境、文化困境的批判具有独到的批判视角。以霍克海默、阿多尔诺、马尔库塞、弗罗姆、哈贝马斯等人为代表的法兰克福学派和以萨特、梅洛—庞蒂以及列斐伏尔为代表的存在主义马克思主义,对西方工业文明的困境和人的生存境遇,分别从不同的角度进行了深刻的论述。虽然他们批判的对象针对的是西方工业文明和资本文明,但是在世界经济全球化的背景下,

---

① [德]卡尔·科尔施:《马克思主义和哲学》,王南湜、荣新海译,重庆出版社 1989 年版,第 72 页。

几乎所有的国家都无法逃脱工业文明的桎梏,他们的文化批判理论对于我们分析当代社会的一系列问题,也具有重要的启示和借鉴意义。20世纪70年代以前,西方马克思主义不仅作为一种马克思主义流派而存在,而且伴随着青年学生和工人的反抗运动。70年代以后,西方马克思主义作为一种总体性运动已经结束,以一种或几种社会批判思潮的形式而存在,其中具有代表性的是后马克思思潮和晚期马克思主义思潮。后马克思批判思潮的学者自认为继承了马克思的批判性遗产,但他们明确表示不赞成马克思主义的唯物主义和革命理论,如布尔迪厄、鲍德利亚、德里达等大致如此。晚期马克思主义思潮则与早期西方马克思主义比较接近,他们坚持马克思主义的基本原则和观点,对现代资本主义社会(他们称为晚期资本主义)展开文化和意识形态领域的批判,如詹姆逊的文化批判、伊格尔顿的意识形态批判等。围绕着日常生活批判和文化批判,我们选取西方马克思主义不同时期的代表人物,阐释他们的思想对于我们当代日常生活批判和文化批判的意义。

第一节 列斐伏尔的日常生活批判理论

列斐伏尔在前期和后期对日常生活概念的理解不同,前期的"日常生活是一切活动的聚集地",后期现代社会的日常生活成为消费被控制的领域。不论是传统社会还是现代社会,日常生活都发生了异化,表现为日常生活的主体都失去了反抗的力量,但原因不同。传统社会条件下,日常生活的主体是无反思的自在主体,把日常生活看作是当然如此的既定状态,过的是向来如此的生活,他们没有反抗的能力。而在现代社会,日常生活的主体心甘情愿地享受过量消费带来的满足和安逸,从而失去了反抗的动力。

一、 现代社会日常生活的异化

无论是早期关于日常生活批判的思想,还是现代社会日常生活异化的思想,列斐伏尔都不是用日常生活之外的人本尺度或者理想尺度来评判日常生活,而是以日常生活的内在矛盾解读日常生活。在他看来,日常生活是有着鲜明的二重性及无限创造力的世界,日常生活固然有习惯性、重复性、保守性的普遍特征,但同时也具有无限的动力和创造能力。日常生活既不是原初的原始状态,也不完全是单调重复一成不变的停滞状态,而是保持着生活的希望和活力,但也处于异化状态的矛盾世界。日常生活包含着人们生活世界的一切信息,完整地表现着人们的社会关系。列斐伏尔的前期思想,以《日常生活批判》第一卷为代表,将日常生活作为传统社会文化的一种"残余物"来看待,"日常生活在某种意义上是一种剩余物,即它是被所有那些独特的、高级的、专业化的结构性活动挑选出来用于分析之后所剩下来的'鸡零狗碎',因此也就必须对它进行总体性的把握。……日常生活是一切活动的汇聚地,是它们的纽带,它们的共同的根基。也只有在日常生活中,造成人类的和每一个人的存在的社会关系总和才能以完整的形态与方式表现出来。"①

他的后期思想以《现代世界中的日常生活》为代表,重新界定了日常生活概念。他认为,在传统社会中,日常生活不是一个纯粹的独立领域,而是被整合到文化整体中;而在工业社会,日常生活的原始丰富性与杂乱无章性已经消失,整个社会被资本主义生产方式控制,日常生活被控制、分割,成为工业化的附庸,变得千篇一律。在现代社会,日常生活更是被符号化、抽象化,按照资本的需要被分割成一个个孤立的部分,整个社会被分割成相互独立的碎片,失去了有机的联系和整体性。日常生活成为一个消费—文化领域,日常生活概念主要是指消费与符号经济占主导形态的社会现象。在此意义上,列斐伏尔的"消费—文化的支配性问题域取代了马克思的生产的社会关系主导性视野。"②

---

① Henri Lefebvre, *Critique of everyday life*, volume I, London and New York: Verso, 1991, p.97.
② 刘怀玉:《现代性的平庸和神奇》,中央编译出版社 2006 年版,第 240 页。

列斐伏尔在《日常生活批判》第一卷中认为,人归根到底不是经济人、理性人,而是日常生活中的凡夫俗子。经济领域和政治领域仅仅是为人的全面解放创造经济和政治的条件,人的最终解放要在日常生活中完成。但是他又认为,通过总体性的经济与政治解放,日常生活的问题可以最终得以解决。因为,日常生活面临的主要问题是物质贫困、政治上不平等不民主、精神上受宗教奴役等问题。这些日常生活的问题可以通过经济革命、政治革命来解决。而中后期的列斐伏尔看到,现代性的政治与经济革命只是为生产力的解放和发展创造条件,然而,生产力的解放和发展、社会制度的变革,无法解决日常生活的问题。人们不再贫困,政治上获得了民主权力,科学给人们的精神以极大的解放,但是日常生活问题却愈发严重了。一方面,日常生活中的安逸和惰性无法滋生批判与革命意识;另一方面,现代性制度则成为控制日常生活的一种新的组织形式,日常生活被控制、被分割的支离破碎。列斐伏尔认为,革命是历史的非常态现象,而日常生活才是历史的常态,日常生活中的意识形态只有在革命时期才上升到政治的高度。但是,"任何政治革命与政治制度都无法根本解决日常生活及其异化问题。"①既然日常生活的问题无法通过政治和经济制度的变革来解决,那么日常生活只能在内部寻找自我救赎的道路。他认为,现代性的希望在于从平庸的日常生活中超脱出来的革命与艺术狂欢节,日常生活的希望在于某种瞬间狂欢。

列斐伏尔认为,任何人都无法摆脱日常生活,但是,要想发现日常生活的真相,必须首先批判日常生活的意识形态神秘性,揭露其控制日常生活的秘密。日常生活的异化主要表现为意识形态的异化,表现为人们被这种意识形态所控制,失去了选择的自由。首先是抽象的"私人"意识掩盖了日常生活的具体内容。私人意识实际上是占有意识,法律上表现为对私人所有财产的保护。但是在社会中不存在所谓纯粹的"私人",因为每个人都是一定社会关系

---

① 刘怀玉:《现代性的平庸和神奇》,中央编译出版社 2006 年版,第 32 页。

的存在。财产实际上是一种社会关系,作为财产拥有者来说,除了代表和他人的社会关系之外,财产并没有其他的含义,所谓的私人拥有只有在和他人发生关系时,财产的意义才能表现出来。而纯粹的私有实际上掩盖了实际的生活内容和现存生活条件,这种占有的私人意识使每个人成为孤立的存在,而没有更多的内容。① 因此,这是一种抽象的意识形态。其次是个体意识的模糊性。现代社会,分工的精细化使得工人的工作普遍地被碎片化,工人只是整体工作过程的一个环节,工人的工作是局部的片面的。因此,工人在工作之中的整体联系被肢解,工人之间的交往也不是发生在生产过程中,而是在工作之外,"这就使得工人阶级的社会关系的发生似乎是以一个小资产阶级的私人身份来进行的。"而且,"资产阶级也经常把个人主义作为一种阶级思想武器来利用,以便麻醉无产阶级的阶级意识,作为一种组织日常生活的实际方式而起着现实作用。"②因此,对于无产阶级来说,实际的作为工人阶级的个体意识是模糊的,反而因为其追求一般的也就是中产阶级的日常生活而无意识地被同化了。再次是需求的异化。在资本主义条件下,衡量人存在价值的最直接的尺度是金钱,金钱表现的是对物的占有需求,这种人的需求的单一性也就造就了人的需要仅仅表现为人对物的占有性需求,这种占有的需求的单一性与人的全面发展是背道而驰的。列斐伏尔借用青年马克思的观点说:"一个人需求越多他便越能够存在,他能够行使的权力与天性越多,他便越自由。"③但是资产阶级的政治经济学却创造了这种对金钱的单一需求,在这种基础上,实际上人的多方面价值被抽象为一种价值,就是市场价值。而且,"资本主义生产过程并没有实现与满足人类的真实欲望,并且没有把人的'粗俗的'需求改造成为真正的人的需求,却使一切完全颠倒过来。也就是说,资本主义创造出了最

① Henri Lefebvre, *Critique of everyday life*, volume I, London and New York: Verso, 1991, p.150.

② 刘怀玉:《现代性的平庸和神奇》,中央编译出版社 2006 年版,第 159 页。

③ Henri Lefebvre, *Critique of everyday life*, volume I, London and New York: Verso, 1991, p.161.

为复杂的需求体系,却使人的需求倒退到最简单的最原始的状态。"①最后是由劳动导致的人与人关系的异化。劳动之所以是异化的,是因为劳动被分割成一个个孤立的部分,劳动被碎片化。在这种劳动支配下,工人把劳动看作是与自己本质相悖的行为,只有当一个人进行吃喝住行这些动物性活动时,才感觉像"一个人"。②　就像马克思所说:"私有制使我们变得如此愚蠢而片面,以致一个对象,只有当它为我们所拥有的时候,就是说,当它对我们来说作为资本而存在,或者它被我们直接占有,被我们吃、喝、穿、住等等的时候,简言之,在它被我们使用的时候,才是我们的。""因此,一切肉体的和精神的感觉都被这一切感觉的单纯异化即拥有的感觉所代替。"③在这个异化劳动基础上形成的人与人关系,失去了人的根本目的,由此便不再是基于人的意义上的交往,而成为手段的关系。

列斐伏尔的日常生活批判理论继承了马克思早期的异化批判理论,但他的批判不是指向宏观的制度变革,而是指向日常生活中的个体生存状况。在《现代世界中的日常生活》中,列斐伏尔"颠覆了生产与消费的关系,强调了消费而不是生产的主导作用,贬抑劳动异化而夸张消费异化","突显了现代性日常生活这个微观的主体批判向度"④。因为日常生活是现代社会异化得以普遍化的中介和领域,因此,异化的消除,无法依赖社会制度的变革,只能是日常生活主体性的批判与解放。

二、　日常生活的消费控制

列斐伏尔认为,日常生活成为现代性进攻的主阵地,现代性对日常生活进

---

① Henri Lefebvre, *Critique of everyday life*, volume I, London and New York：Verso, 1991, pp.161-162.

② Henri Lefebvre, *Critique of everyday life*, volume I, London and New York：Verso, 1991, p.166.

③ 《马克思恩格斯文集》第 1 卷,人民出版社 2009 年版,第 189—190 页。

④ 刘怀玉:《现代性的平庸和神奇》,中央编译出版社 2006 年版,第 322—323 页。

行全面的控制,导致日常生活的全面异化,这种状态是通过控制日常生活的生活模式和控制人的日常生活欲望而实现的。

首先,休闲成为被控制的领域。现代社会,休闲成为日常生活的一个组成部分,日常生活的三个要素——工作、家庭与休闲,是不可分割的统一整体。然而现代社会日常生活的突出问题之一就是休闲与劳动与家庭生活的分裂,休闲成为商品,休闲活动的商品化是消费社会的本质内涵。① 当休闲被商品化后,休闲不再是真正的作为自由时间的休闲,而成为一种"时尚",休闲也被意识形态化。这使得"休闲"失去了自主性,成为由市场经济制作出来的景观。而这种景观借助于广告、宣传、商品、免费体验等方式被描写成一种"时尚""健康""绿色""环保"的生活方式,当休闲被贴上这样的标签的时候,休闲活动参与者会感觉自己的人生意义提升,自己的价值在一定程度上得以体现。但列斐伏尔认为,休闲世界是一种虚幻的想象世界,给人一个虚幻的快乐世界取代现实中的不快乐,用一种虚假的快乐来代替真实的快乐需要。电影、电视、新闻、音乐厅、剧院就是这样一个巨大的休闲的世界,而且是一个彻头彻尾神秘化的世界。② 当然,也要对休闲活动做辩证的分析,一方面休闲活动由于市场的安排具有消极被动性,另一方面休闲世界本身也具有批判日常生活的能动性因素,具有摆脱日常生活重复性和约束限制的渴望,所以休闲活动也内在地包含着日常生活批判的萌芽。

其次,日常生活成为消费被控制的领域。现代社会,引导人们行动的不再是某种神圣的理想,而是流行的神话——"流行的就是美好的"(马尔库塞语),即巴特与列斐伏尔所说的"流行体系"。人们最为恐惧的不是贫困而是"过时"。"在这个社会里,每种已知的和想象到的需要都会——或将会——

---

① Henri Lefebvre, *Critique of everyday life*, volume I, London and New York: Verso, 1991, p.31.

② Henri Lefebvre, *Critique of everyday life*, volume I, London and New York: Verso, 1991, p.35.

得到满足。……对消费的控制已经达到了如此程度,不仅为消费设计着对象,而且也设计出如何通过这些对象而获得满足的方式。"①而且,"在消费的社会,消费者总是被消费的……被消费的不是自身的自由,而是他的生活时间"。②也就是说,新资本主义社会的合法性根据就是满足人的需要,而且,这种需要不断地被制造出来,它恰恰通过不断地制造欲望来控制人,从而这是一个让人焦虑不安的社会。所以满足成为一种控制与异化的手段。消费社会"最大的矛盾或悖论就在于:消费本质上是在制造新的匮乏"③,"消费之所以无法克制,其最终原因便在于它是建立在欠缺之上"。④ 消费社会制造的是匮乏感,以此获得对日常生活的全面控制。如生产者制造的"饥渴消费",就是让市场上没有足够的货物,造成供不应求的假象;还有一些奢侈品制造出所谓的限量定制款,激起人们消费的欲望。对于消费社会的人来说,消费不是要满足生存的需要,而是需要的满足,人们消费的不是某种商品或服务的使用价值,而是消费品的符号价值或者是消费本身带来的满足感。

最后,日常生活也成为符号创造的意义世界。符号创造出一个新的日常生活世界,这个日常生活世界不再是以实用作为基本的功能,而是新的意义构成。就像罗兰·巴特在《流行体系》中谈到的,"时装描述的功能不仅在于提供一种复制现实的样式,更重要的是把时装作为一种意义来加以广泛传播",⑤它"激起欲望的是名而不是物,卖的不是梦想而是意义"⑥"杂志用文字来描述某种衣服,不过是在传递一种信息,其内容就是:流行",而流行则是一

---

① 　Henri Lefebvre,*Everyday life in Modern World*,New Brunswick and London:Transaction Publishers,1984,p.79.

② 　Henri Lefebvre,*Everyday life in Modern World*,New Brunswick and London:Transaction Publishers,1984,p.94.

③ 　刘怀玉、伍丹:《消费主义批判:从大众神话到景观社会——以巴尔特、列斐伏尔、德波为线索》,《江西社会科学》2009 年第 7 期。

④ 　[法]让·鲍德利亚:《物体系》,林志明译,上海人民出版社 2001 年版,第 227 页。

⑤ 　[法]罗兰·巴特:《流行体系》,敖军译,上海人民出版社 2000 年版,第 9 页。

⑥ 　[法]罗兰·巴特:《流行体系》,敖军译,上海人民出版社 2000 年版,第 4 页。

种"专断的价值观"。① 流行使时装变成了一种景观性的法则,变成了现实的律令。这种符号—物的组合成为一种新的技术语言系统,这种语言体系引导、控制了人们的生活内容和节奏。推而言之,不是宗教、哲学、伦理、法律、道德等意识形态观念,而是语言成为日常生活最有力的引导者。但由于语言总是在伪装、替代甚至设计现实,这便导致了整个日常生活世界的意义退化、肤浅、平庸:象征堕落为符号,再堕落为信号。② 这种由符号控制生活的背后力量是资本,它当然不是要反映人们的真实需求,而是获得符号价值后的假装的满足,所以说这是一种社会性的假装。当然,假装不仅仅存在于服装领域,还有饮食、汽车、家具、住宅等,几乎遍及生活的所有方面。铺天盖地的广告宣传传递着各种符号和观念,模糊着人们的自我意识,掩盖着人们对生活的真实感受,使得人们对符号组成的景观世界信以为真,符号成为一种真实的世界,人们的真实世界被符号遮蔽了。在前现代社会,语言是内心的表达,人们通过聆听语言达到相互的理解和沟通。现在语言被纯粹视觉刺激、图像所取代;符号泛滥取代了人们对社会的参与。其结果造成这样的悖论,即"因拥挤不堪而孤独,因沟通信号的泛滥反使沟通匮乏"③。信息时代的信息反而不能实现沟通的功能,人"在拥挤的人群中却深感孤独,在交流符号铺天盖地的情况下却缺乏交流"④。人们的真实感受被符号掩盖,日常生活被符号赋予了各种各样的意义,但是却遮蔽了生命的真实状态。在符号无孔不入的现代社会,就像梦魇一样,想要冲破被压的状态,却怎么也无法摆脱。这种符号主导的日常生活状态,是新资本主义统治日常生活的状态,它的力量在于它成为一种精神文化心理的控制,落实到物质和消费领域。这种通过符号形成的意识形态控制便

---

① [法]罗兰·巴特:《流行体系》,敖军译,上海人民出版社 2000 年版,第 44 页。

② Henri Lefebvre, *Everyday life in Modern World*, New Brunswick and London:Transaction Publishers,1984,p.62,87.

③ Henri Lefebvre, *Everyday life in Modern World*, New Brunswick and London:Transaction Publishers,1984,p.185.

④ 刘怀玉:《现代性的平庸和神奇》,中央编译出版社 2006 年版,第 353 页。

是列斐伏尔所说的"恐怖主义"社会,它是隐形的无处不在的,而且通过接受符号所代表的观念成为一种自我压抑。当这些符号在社会形成普遍的统治时,资本不用再扬起它的鞭子,日常生活中人自己就快马加鞭地奋蹄消费了。

当然,在列斐伏尔看来,这种恐怖主义的日常生活并不是不可改变,人们可以通过反抗,重建自己的日常生活空间。列斐伏尔认为,现代人的身体至少可以在节日的狂欢瞬间,摆脱社会权力的束缚。这种实践形式就是以日常生活为平台的文化革命。

三、 异化消除的出路:总体性的文化革命和"游戏城"的节日狂欢

列斐伏尔看到日常生活正在蜕变成为没有温度、没有人情的消费世界,他认为这是一种异化,必须找到克服日常生活异化的途径,使日常生活成为个性发展的领域。于是,要从日常生活这个被控制的失去主动性和选择性的世界中寻找一种创造性的激情。对于如何使日常生活恢复生动自由的状态,成为个性发展的舞台,列斐伏尔的设想在于总体革命和节日的狂欢。"经典马克思主义曾经设想革命就是'一天等于二十年'",①"革命是被压迫者和被剥削者的盛大节日"②,革命将使重复不变的日常生活纳入历史的进程中。但列斐伏尔认为,政治革命并不能解决日常生活问题,日常生活的问题需要以日常生活为平台来解决,这就是总体性的都市日常文化革命。由于日常生活已经被殖民化,现代革命的首要目标是日常生活,而不是资本主义政治或者经济。"今天,日常生活已经代替了经济而占主导地位,它来自一个阶级的全面性策略(同时是经济的、政治的、文化的)。需要进攻的便是这个层面。"③资本主

---

① 刘怀玉:《为日常生活批判再辩护——论〈日常生活批判〉第二卷的基本意义》,《江苏行政学院学报》2005 年第 5 期。

② 《列宁选集》第 1 卷,人民出版社 2012 年版,第 616 页。

③ Henri Lefebvre, *Everyday life in Modern World*, New Brunswick and London: Transaction Publishers, 1984, p.197.

义对日常生活的进攻是一种总体性的统治阴谋,而对日常生活的革命同样要提出总体性的策略,这就是"总体性文化革命"。

在《现代世界中的日常生活》中,总体性文化革命有这样几层含义:首先,"文化革命"的目标是创造一种全新的生活风格的文化,它是艺术与日常生活的创造性融合。"文化革命不能被想象为美学的,它不是建立于文化革命基础上的革命,也不是文化自身的目标和它的动机;我们的文化革命的目标与方向是,创造一种不是制度的而是生活风格的文化;它的基本特征是哲学精神的实现。"①这种文化革命作为艺术与日常生活的融合,主要的是实践的意义,而不是文化的意义,文化革命的目的是"使文化走向对日常生活的变革。"②"我们的目标也可以表述如下:'让日常生活成为艺术品!让每一种计数方式都被用来改变日常生活'!"③其次,文化革命是一种"都市变革与革命"。这种新型的日常生活将打破工业化社会科层制度的束缚,走出消费社会的恐怖统治,在都市化的日常生活中,人们将按照自己的意愿创造出属于自己的生活空间,日常生活将重新显现农业社会节日喜庆的欢乐场面。都市日常生活的特点是创造性,"日常生活将变成其中的每个公民与共同体各显其能的创造(实创的而不是实践的)活动"④,都市社会的创造性与被符号控制的消极被动的消费行为形成对立。同时都市革命将是传统节日的复活与复兴,"都市生活包含着这种趋势,即走向节日的复活的趋势",都市社会将"以其自身的日常方式来改变日常性。"⑤最后,文化革命将实现日常生活的转型,创造理想化

① Henri Lefebvre, *Everyday life in Modern World*, New Brunswick and London: Transaction Publishers, 1984, pp.203-204.

② Henri Lefebvre, *Everyday life in Modern World*, New Brunswick and London: Transaction Publishers, 1984, p.202.

③ Henri Lefebvre, *Everyday life in Modern World*, New Brunswick and London: Transaction Publishers, 1984, p.203.

④ Henri Lefebvre, *Everyday life in Modern World*, New Brunswick and London: Transaction Publishers, 1984, p.190.

⑤ Henri Lefebvre, *Everyday life in Modern World*, New Brunswick and London: Transaction Publishers, 1984, pp.190-191.

的日常生活,即节日化的日常生活,让节日融进日常生活中,克服二者间的冲突。在前现代社会,节日与日常生活融为一体,与自然的节奏相一致,所有的成员不分等级贵贱平等参与,每个人无拘无束地全情倾注。而在资本主义社会,分层与制度化达到了极点,节日屈从于商品化,失去了内在的创造力与激情。节日的复活意味着日常生活中民众娱乐精神的复苏和日常生活创造性的还原。

总体性文化革命归结到一点,就是节日狂欢中的身体释放。列斐伏尔认为,现代社会的日常生活被消费控制,日常个体被潮流和欲望簇拥,身体失去了主动性。如何克服日常生活这种压抑、被动性的状态?列斐伏尔认为,日常生活虽然具有压抑的一面,却也隐含着否定和变革的潜能。虽然日常生活被同质化、商品化,但日常生活中欲望的身体仍然存在批判的潜能。重要的是恢复欲望的感性特质,与重复的日常性分离,创造一个快乐自由的空间。列斐伏尔描绘了理想的"游戏城"。"游戏城"是自由的空间,在其中每个人都可以自由创造,从而远离平庸、单调的日常工作,远离消费和技术的控制。这种"游戏城"的理想典范就是节日,这就是前现代社会的人和自然一体的快乐状态。列斐伏尔指出:节日与日常生活在古代是浑然一体的,是活动的共同体,本真的节庆活动的复兴,就能解决游戏与日常生活的冲突。① 作为节日的典型表现就是狂欢节,狂欢节是艺术与生活的交融,狂欢节是所有人的生活,没有人例外。在狂欢节期间,取消了平常生活的一切等级限制,大家一律平等,狂欢节带来一种新型的、纯粹的人与人的关系。总之,"狂欢节弹冠相庆的是暂时的解放,即从占统治地位的真理与既定的秩序中脱身的解放,它标志着对所有的等级地位、一切特权、规范与禁律的悬置。""它的功能乃是解放,……是从流行的世界观中解放出来,也是从常规的习惯与既定的真理、从陈词滥调、从所有无聊单调的与普遍接受的事物中解放出来。""狂欢节堕落的方面,完全

① Henri Lefebvre, *Critique of everyday life*, volume I, London and New York: Verso, 1991, p.207.

在于它将万事万物都拉低到身体原则的平等性上。狂欢节要瓦解的是强加于身体之上的一种意识形态的社会的精神性的紧箍咒"。①

在整个西方马克思主义理论谱系中,列斐伏尔的日常生活批判理论具有独特的路向。首先,列斐伏尔强调实践性,重视感性和日常生活。针对日常生活的批判,他关注的是现实的社会变革,这一思路与法兰克福意识形态或审美革命截然不同。其次,在日常生活批判的路径方面,列斐伏尔主张以民众的节庆、身体狂欢来抵制和改造平庸重复的日常生活,他强调日常生活中感性和欲望的解放,将审美融进日常生活中,这是对审美现代性的一种独特见解与表达。最后,列斐伏尔认为,日常生活本身具有复杂的矛盾和多种可能性,虽然现代社会日常生活被科层制度和意识形态双重压制,但是,日常生活并不是"单面的",日常生活本身具有压制和反压制的双重可能性。所以不需要到别的领域寻找解决日常生活的出路,而是在日常生活本身中进行变革。

总结看来,列斐伏尔日常生活批判理论是丰富而深刻的,但是,他关于日常生活革命道路的探索,却显得天真而浪漫。列斐伏尔对于节日充满着乌托邦的情怀。其实,在现代社会,节日像休闲活动一样早已被资本收入囊中,节日早已失去了那种自由而疯狂的状态。另外,节日仅仅是生活的一种特殊状态,不可能是日常生活的一种常态,如果天天是节日的狂欢,恐怕人自身也难以承受其疯狂。或者也可以说,人们如何走出被控制、安排的秩序状态,进入疯狂的节日游戏?"列斐伏尔的'让日常生活成为艺术'的乌托邦追求,并没有超出西方马克思主义新人本主义传统"②,其深刻的日常生活的现实批判和其简单的日常生活革命路径形成鲜明的对比。列斐伏尔极端地把人的自由和解放(都市文化革命)和工业化对立起来,他没有看到,人的发展是以生产力的巨大发展和交往的丰富性为条件,而生产力的发展无法脱离开工业化,没有

---

① [美]约翰·费斯克:《理解大众文化》,王晓珏、宋伟杰译,中央编译出版社 2001 年版,第 99—102 页。

② 刘怀玉:《现代性的平庸和神奇》,中央编译出版社 2006 年版,第 386—387 页。

工业化强大的物质基础,"在极端贫困的情况下,必须重新开始争取必需品的斗争,全部陈腐污浊的东西又要死灰复燃。"①脱离工业化物质基础的都市文化革命,只能是一种存在于理想状态的海市蜃楼。同时,他完全抛开经典马克思主义关于资本主义社会制度批判与变革的核心思想,而试图在文化领域寻找医治现代性痼疾的良方,只是对现实制度变革无能为力的一种愿望而已。没有现代工业生产方式的支撑,纯粹的"文化革命"不可能胜任社会革命和人的解放的伟大事业。当然,他对现代社会日常生活被控制、被分割的现实的批判,对于所有正在或者已经现代化的国家都具有振聋发聩的警醒和启示作用。

第二节　鲍德利亚消费社会的文化追求

让·鲍德利亚的著作《消费社会》揭示了大型技术统治组织是怎样引起无法克制的欲望,欲望由变幻莫测永无止境的物质需求到形象、名誉、权力、心理的满足,物质消费从有形的使用价值,到物的符号功能和象征功能,物品逐渐失去了某种明确的需求或功能。根据物的消费等级和符号功能,又形成了不同于传统社会阶级区分的新的社会等级。

一、　丰盛社会消费的文化意义

在传统社会,我们看到了不同的人、不同的社会角色,看到了人和人不同的关系,每个人不同的社会关系和不同的特征使得每个人成为社会上有差别的存在。这种差别是人的差别,人和人的存在状态从而也是人的本质的不同。但是在现代社会,这种人和人的差别正在被同质化消灭,这种同质的基础就是物的消费。鲍德利亚认为,现代社会是一个人被物包围的社会,物的丰盛掩盖了人的差别,或者说人的差别区分以物作为衡量。"今天,在我们的周围,存

---

① 《马克思恩格斯文集》第 1 卷,人民出版社 2009 年版,第 538 页。

在着一种由不断增长的物、服务和物质财富所构成的惊人的消费和丰盛现象。它构成了人类自然环境中的一种根本变化。恰当地说,富裕的人们不再像过去那样受到人的包围,而是受到物的包围。"①在过去,富裕的人可以是才华的人、有能力的人、物质富有的人,他们的才华和能力吸引着别人向他们靠近,因此会受到包围,每个人都想学习或者受到熏陶。但是,鲍德利亚认为,今天,无止境的物质消费已经成为人类的一种自然景观,在社会上每个人都逃离不了物的森林,在这种物的森林里,人的生活内容被物填充,人的生活节奏跟随物的节奏。"正如狼孩因为跟狼生活在一起而变成了狼一样,我们自己也慢慢地变成了官能性的人了。我们生活在物的时代:我是说,我们根据它们的节奏和不断替代的现实而生活着。"②各种各样的物本来是工业文明的产物,代表人的智慧和文明,但是当人被物支配、由物引导,整个人的心理变化、心情都随着物的有无或者多少而变动时,在人身上,看不到人的影子,看到的是物的覆盖。"物既非动物也非植物,但是它给人一种大量繁殖与热带丛林的感觉。现代新野人很难从中找到文明的影子。这种由人而产生的动植物,像可恶的科幻小说中的场景一样,反过来包围人、围困人。"③

形成这种物的堆积和包围样态的原因,并非一个个单个物的生产和累积,因为,如果是按照人的生存要求,人也许可以不需要这么多的物。许多现代物的功能传统产品也同样具有,如烙饼用的鏊子和电饼铛,它们的功能是一样的,电饼铛更快捷、简单,代表着现代的生活方式,而鏊子则代表一种传统的自然的生活方式。于是,在现代的小家庭,鏊子已经不多见了,而代之以更方便的电饼铛,电饼铛替代鏊子实际上取代的是自然的味道。有了微波炉,我要买,有了电烤箱,我要买,有了蒸烤箱,我还要买,这些东西的功能可能是重复的,或者只是偶尔地用一下,甚至可能没用。但是,它们依然存在。无论是厨

---

① ［法］让·鲍德利亚:《消费社会》,刘成富、全志刚译,南京大学出版社 2008 年版,第 1 页。
② ［法］让·鲍德利亚:《消费社会》,刘成富、全志刚译,南京大学出版社 2008 年版,第 1 页。
③ ［法］让·鲍德利亚:《消费社会》,刘成富、全志刚译,南京大学出版社 2008 年版,第 2 页。

房还是浴室,这些物以全套或整套的形式组成,"消费者与物的关系因而出现了变化:他不会再从特别用途上去看这个物,而是从它的全部意义上去看全套的物。"①空调、洗衣机、电冰箱、洗碗机等,这些东西,不仅仅是作为一种具有某种功能的物件,它们代表着一种意义,一种生活方式,代表着现代生活方式,与父辈的传统的主要依靠手工的自然生活方式区分开来。这与整套的服装、化妆品是一回事。这种对物的拥有不是购买和占据丰富商品的欣喜和眩晕,而是代表着一种生活方式,如果不是这样,那我就是落伍的,或者说不属于这个时代。就连文化也被包括在商品之中,"文化中心成了商业中心的组成部分。但不要以为文化被'糟蹋':否则那就太过于简单化了。实际上,它被文化了。"②被商业化了,商业化是现代社会的重要"文化"形式。大型商场不仅有各种各样而且分类排列的商品,如百货商场将服装分为少女系列、少淑系列、职业女性系列,还有运动休闲系列,男装也分为休闲、正装、职业休闲等系列,满足各种层次的需求。商场里有空调、有咖啡馆、有电影院、有读书吧;在写字楼下也会有咖啡馆,咖啡馆里有时尚杂志;在候机厅里,有品牌服装、咖啡馆、书亭;等等。这些代表着一种氛围,一种生活方式,代表着现代生活。

当然,这些都要以消费为前提。现代人处在"消费"被控制的境地,消费环境按照顾客的满意、舒适标准来布置,消费效果被广告、宣传、售货员的许诺整个地勾画出来。商品从制造、销售、购买、使用,都被纳入一个早已安排好的体系中,纳入这种生活方式、这种文化中。"这种对生活、资料、商品、服务、行为和社会关系总体的空气调节,代表着完善的'消费'阶段。其演变从单纯的丰盛开始,经过商品链接网到行为与时间的总体影响。"③消费是被引导、被控制的,但是消费者确是心甘情愿接受这种安排。汽车最初只有富人买得起,高档消费代表着高档生活,于是所有的人都要买汽车,购买这种生活方式。现在

---

① [法]让·鲍德利亚:《消费社会》,刘成富、全志刚译,南京大学出版社 2008 年版,第 3 页。
② [法]让·鲍德利亚:《消费社会》,刘成富、全志刚译,南京大学出版社 2008 年版,第 4 页。
③ [法]让·鲍德利亚:《消费社会》,刘成富、全志刚译,南京大学出版社 2008 年版,第 5 页。

大街上已经车满为患了,汽车甚至赶不上自行车方便快捷了,依然有很多人把有汽车当作奋斗的动力。房子是用来住的,人用来住的房子不需要很多栋,不需要很多间,但是大房子代表着一种高档的生活方式,于是房子大了才好,别墅更好,有游泳池高尔夫球场更好。越大越好、越多越好,这种观念和追求是现代人不断努力奋斗挣更多钱的动力,攀比、羡慕也是努力奋斗的动力。现代人没有问,更多更大是否意味着更多的舒适和享受,更多更大是否是自己的身体和自然更多的接触。不用问,时尚杂志的文章,广告里的宣传,已经告诉我们,更多更大就是最好的生活方式。

鲍德利亚谈到,消费者的消费心态,就像土著人用树枝和藤条建造模拟飞机场,等待飞机前来着陆一样,消费者在消费中也像"受过圣迹显示的人也布置了一套模拟物、一套具有幸福特征的标志,然后期待着幸福的降临。"①鲍德利亚认为这是不可能的事情,也就是说,这就像是土著人的想象一样,消费者力图通过消费想获得幸福的感觉也是一种想象和模拟,这"是一种原始人的心态。这种心态的意义是建立在对思想具有无比威力的信仰之上的:这里所信仰的,是标志的无比威力。"②而这种标志就是这些物品代表的一种生活方式,家用电器代表着现代生活,富有代表着幸福,物品成为幸福的标志。物品本身所提供的满足感类似于模拟飞机场给土著人带来的满足感,那是一种期待的满足,但是总来不了满足,因为飞机来不了。但是,如果没有这些物品的话,那就根本没有满足的条件,因为物品是满足的标志,如果没有这些物品,那就没有满足的标志,就没有满足。但是即便有了这些物品,也仅仅是有了满足的标志,而不是真正的满足。于是,满足的标志和富有及物质划了等号,物就是满足的标志。在这个因为物质消费而划分等级的社会,满足的标志比满足

---

① [法]让·鲍德利亚:《消费社会》,刘成富、全志刚译,南京大学出版社 2008 年版,第 7—8 页。

② [法]让·鲍德利亚:《消费社会》,刘成富、全志刚译,南京大学出版社 2008 年版,第 8 页。

本身更重要,人们更需要别人看到的满足。物品代表满足,所以拥有某种物品代表的是一种信息、一种符号,而"信息的内容、符号所指的对象相当微不足道。"①正因为如此,消费作为一种生产力是一种文化现象,消费什么代表着选择一种什么样的生活方式,标志着你进入某一个阶层,至于这种生活方式给你带来的真正内心感受是舒适、幸福,还是仅仅是面子的满足,那不重要,消费的符号意义遮蔽着人的真实状态。"这也是我们这个'消费社会'的特点:在空洞地、大量地了解符号的基础上,否定真相。"②可以说,消费掩盖了人的真正的需求和内心的恐慌。在符号即意义的社会中,人们的内心时时充满恐慌,恐怕自己落伍流行和时代。只有在消费过程中,在拥有消费品代表的符号意义上,才会有些许的安定与安慰,至于个人生命所需要的东西,已经被堆积的物品湮灭。在消费的丛林中,消费者实际上迷失了自己,并不知道走出丛林的路,或者说大多数人自愿在丛林中迷失。

二、 消费与日常生活

为什么消费社会的消费会以压倒性态势控制了人们的日常生活? 这源于日常生活的平庸与重复。按照东欧社会学家阿格妮丝·赫勒的认识,日常生活从模式和结构上是一个"自在的"对象化领域,这一领域代表被"理所当然"占用的人可经验的领域,而"自为的类本质"如科学、艺术和哲学等则代表着运用自由意志的对象化领域。③ 自在代表着以朴素唯物主义的实用态度对待日常生活里的一切事情,重复、效率是日常生活的基本特征,日常生活的对象和人自身几乎是一体的。而自为则是以理性的态度把对象当作对象。当然,

---

① [法]让·鲍德利亚:《消费社会》,刘成富、全志刚译,南京大学出版社 2008 年版,第 11 页。

② [法]让·鲍德利亚:《消费社会》,刘成富、全志刚译,南京大学出版社 2008 年版,第 11 页。

③ 李霞:《个性化的日常生活如何可能——赫勒日常生活理论研究》,人民出版社 2011 年版,第 46 页。

"作为日常生活主体的个人是整体的个人,他是在日常生活中不断适应社会环境,不断成长为社会人的过程。在这个过程中,个人既有以自我为中心、以自我生存为目的特性,也有力图自我超越、改变现实条件并不断提升自己的个性。特性和个性的统一构成了日常生活中的个体,但是,在不同的历史条件下,特性或个性在日常生活中所占的比重不同,这反映了社会的发展程度和个体的发展程度。"①现代社会,科技文明的发展代表了人的智力发展程度,但是并不代表人的理性认识能力的提高,理性是人对于人本身的目的、意义、可能性、发展目标等的认识能力。尤其当科技发明用于日常生活中时,日常生活中的人并没有因为使用高科技的东西而变得更加聪明,因为,在日常生活中,人们的态度是实用的。大多数人并不懂得冰箱的制冷原理和其他家用电器的原理,只是在实用的态度上把它们作为一种方便的具有特定功能的器皿在用,就像用其他的不包含科技含量的使用工具一样;不断更新换代的手机不论包含多少科技因素和多少功能,对于使用者来说还是最喜欢它的方便实用功能。所以,无论科学、艺术、哲学有多高的成就,无论科技给我们带来了多么方便的生活,在日常生活中,这些工具仅依赖它们的功能而存在,丝毫没有因为使用这些新科技工具而使得人们在日常生活变得更加理性。

日常生活是最有效率的领域,以重复和方便为特征,人们花费最小的力气来做日常生活的工作,因为它不需要学很多东西,也不需要多少技能,一般的智力足以使日常生活顺利进行。在日常生活中,人们是平等的,没有因为智力的差别、能力的差别而使日常生活成为某些人的特殊领域,日常生活的功能就是维持人生活和生命的简单继续。正是日常生活的这种特性,才使得日常生活主体成为消费社会最忠实的追随者,也使得日常生活最容易成为被消费控制的领域。资本在日常生活中可以发现无尽的可能性,譬如,最初的收音机,后来的电视,后来的数字电视、电冰箱、洗衣机、电热锅、微波炉、洗碗机、烤箱、

---

① 李霞:《个性化的日常生活如何可能——赫勒日常生活理论研究》,人民出版社 2011 年版,第 50 页。

风扇、空调,等等,这些东西表面上使得人们的生活越来越方便,但也使得人们越来越懒惰,使得人们越来越远离自然。以前,人们生活的一切都离不开自然,在农村种地,在城市里骑车,现在是机器栽种、收割,城市里换了汽车,在汽车里开空调,把自己和自然隔开。在家里,夏天开着空调不出门,出门太热;冬天有暖气不出门,出门太冷。因为有了空调,似乎所有的时候在家里都舒服,但也正是这种舒服,使我们远离了自然,我们感觉不到夏天是热的,甚至在空调屋里冻得感冒,我们感觉不到冬天是冷的,暖气屋子使得冬天也是温暖如春。我们就是被这种舒适包围,乐享消费带来的便利和舒适,无法抵挡。但是,我们也知道,我们并没有因为这种舒适使我们的身体变得更加强壮,反而滋生了空调病、富贵病。人们在舒适的屋子里吃着药,开着车去锻炼身体。我们也没有因为更多的消费而使得我们对自己的活着的意义、活着的目标有更多的思考,反而这舒适使得人们变得更加麻木。如此,日常生活成为消费最直接肆虐的领域。鲍德利亚说,"借此机会,我们可以给消费地点下个定义:它就是日常生活。后者不仅是日常行为举止的总和。平庸和重复的一面是一种诠释体系。"①

正因为日常生活的平庸和重复,它需要在消费的刺激中找到存在的感觉。"作为封闭的日常生活,没有世界的幻影,没有参与世界的不在场证明,是令人难以忍受的。它需要这种超越所产生的一些形象和符号。我们已经发现,它的宁静需要对现实与历史产生一种头晕目眩的感觉。它的宁静需要永久性的被消费暴力来维系。这就是它自身的猥亵之处。它喜欢事件与暴力,条件是只要后者充当它的同室战友。"②就像人们平静地看待战争的残酷一样,不论这种残酷是以戏剧的方式呈现,还是以真实画面的形式出现,不论它是历史

---

①　[法]让·鲍德利亚:《消费社会》,刘成富、全志刚译,南京大学出版社 2008 年版,第 11 页。

②　[法]让·鲍德利亚:《消费社会》,刘成富、全志刚译,南京大学出版社 2008 年版,第 12 页。

的还是当时的。人们可以在别国的战乱和乱象面前感觉轻松,这与我们的安稳生活形成对比。有人为了表达自己的"爱国"作出极端的举动,他只是以这种方式获得一种关注、获得存在感而已,如果真的需要走向战场或者要付出自己的利益甚至生命时,我们不知道他会怎么做。也就是说,这种偶尔的激情什么也证明不了,它只是在日常生活的平庸中试图打破这种平庸的一种愚蠢的举动。"消费在这个'感受'层面上,把对世界(现实的、社会的和历史的)最大范围的排斥竟变成了最大的安全系数。"①人们重复和平庸的日常生活需要异于日常生活贫乏的事件激起关注和激情。正是外在世界的事件使得日常生活中的人感觉到一天天地变化,有变化每一天才被感觉到,如果没有事件、没有新闻,那么日常生活的一天是模糊的。而对于各种事件的"命定性就是这样处处被暗示和表示,其目的正是为了使平庸得到满足并得到宽恕。电波中、报刊上,以及个人之见的和全国性的讨论中,有关交通事故的异常收益证明了这一点:这是'日常命定性'中最为美好的不幸"②。人们正是从外在世界的各种事件中获得一种安慰:平庸即是幸福!也从这些消息中获得了谈资,由于信息的及时和泛滥,每个人都似乎变得比之前博学,每个人都觉得自己的生活提升了一个层面。但实质上,人们并没有因为信息的获得而变得更加博学,也没有因为喝了一碗心灵鸡汤而变得更加豁达,也没有因为消费了各种物品而使人生更有价值。你不能说因为享受了现代生活而使你的生命比李白更有价值,也不能因为在网络上看到更多信息而就认为自己的生命更加丰富了。这种被动地接受,丝毫没有改变日常生活的重复和实用性的特点,仅仅是对日常生活重复性的一种安慰。人们的日常生活被物的消费掩盖着,被信息的消费掩盖着,人们用信息的获得和物的消费掩盖着日常生活的贫乏与无聊。

---

① [法]让·鲍德利亚:《消费社会》,刘成富、全志刚译,南京大学出版社 2008 年版,第 12 页。

② [法]让·鲍德利亚:《消费社会》,刘成富、全志刚译,南京大学出版社 2008 年版,第 12 页。

三、 消费社会的丰盛与匮乏

传统社会,物品是用来消费的,每件物品落实到使用价值上才是有用的,物品因为其有用性而显示它的价值。因此,对于消费有一个道德概念,就是物品是用来用的,它一定要有用途,浪费是最大的罪恶。当然,精神的产品是用来陶冶精神的,是无用之用。"正因为这样,所有的道德家才与资源的浪费和侵吞展开了积极的斗争。简而言之,浪费始终被视为一种疯狂的、精神错乱、本能的官能障碍,因为它使得人们焚毁储备物资,并通过非理性之举殃及生存条件。"①但是,人不是在生存所必需的范围内生产,生产一定要有剩余,"所有社会都是在极为必需的范围内浪费、侵吞、花费与消费。简单之极的一个道理是,个人与社会一样,在浪费出现盈余或多余情况下,才会感到不仅是生存而且是生活。"②鲍德利亚指出,"这种消费可以发展为'消耗',甚至是地地道道的破坏,而且具有特别的社会功能。"贵族就是通过无用的浪费来证明他们的优越感,而其他富有的人通过赠送、抛弃获得优越感,而在现代社会则表现为慈善。浪费才会体现富足,"但浪费远远不是非理性的残渣。它具有积极的作用,在高级社会的功用性中代替了理性用途,甚至能作为核心功能——支出的增加,以及仪式中多余的'白花钱'竟成了表现价值、差别和意义的地方——不仅出现在个人方面,而且出现在社会方面。"③前些年,在全球金融危机的冲击下,各国的经济都有下滑,我们当时还以"爱国"的名义多购物,多购物是为了消化已经生产出来的商品,然后带动生产的进一步进行。如果生产的产品销售不下去,生产就无以为继,生产不能进行下去,整个国家经济就进

---

① ［法］让·鲍德利亚:《消费社会》,刘成富、全志刚译,南京大学出版社 2008 年版,第 22 页。
② ［法］让·鲍德利亚:《消费社会》,刘成富、全志刚译,南京大学出版社 2008 年版,第 22 页。
③ ［法］让·鲍德利亚:《消费社会》,刘成富、全志刚译,南京大学出版社 2008 年版,第 22 页。

入萧条。但是,多购物说明购的不是必需品,而是多出来要加以"消耗"的东西。因此,"消耗"成为现代社会维持下去的必需的过程。

"由消费产生的基本问题是:生活是否根据其生存,或根据所赋予个人或集体的生命意义组织起来的呢?"①如果是这样,那消费不会成为一种生活方式,仅仅是间断性的。是什么东西可以让人们一直消费,这是资本和市场要解决的问题,也是主宰消费社会的理念。资本通过广告、流行导向、心理暗示,刺激人们的消费,通过各种手段让人们接受,消费是一种必然的生活方式,消费代表着时尚,代表着地位和尊严,代表着自己的价值。它使人们相信,消费是必需的,是正常的,是现代的,不消费代表着落伍,甚至是不正常。就这样,"消费从以往的生活手段变成了一种时代潮流、一种生活方式,不仅渗透于社会生活的各个方面,而且成为一种普遍的心理享受和经常性的文化活动。消费不仅仅是甚至主要不是为了满足消费者生理上的物质性需要,而是为了满足其品位、虚荣、炫耀等心理需要。"②别墅、高档汽车、手表、收藏品,代表的是拥有者的社会等级。"在这种社会里,许多人不是为了生存而消费,而是为了消费而生存,消费俨然已成为时代的标志性符号。"③因为消费社会被分成了多个阶层,资本引导着这种划分,它让高收入者以消费显示其地位,低收入者向往着高消费,从而使消费主导着人们的生活,消费成为人基本的存在方式。

消费的泛滥与人的生存意义的缺失是同步的,它导致人的真正个性的缺失,人的攀比、贪婪、浪费等心态的滋长。

首先是个性的缺失。现代社会,资本通过各种各样的方式创造出人们对物质的匮乏感,创造出人对商品的欲望,从而使人通过不断地购买商品而获得满足,但这种满足是暂时的,因为持续不断地制造人对物质的匮乏感和欲望是

---

① [法]让·鲍德利亚:《消费社会》,刘成富、全志刚译,南京大学出版社 2008 年版,第 22 页。

② 陈新夏:《人的发展的新路向》,《马克思主义与现实》2010 年第 2 期。

③ 陈新夏:《人的发展的新路向》,《马克思主义与现实》2010 年第 2 期。

资本实现其逐利本性的途径。这是消费社会的本质,只有不断地消费,资本才能持续下去。这样,不断消费的结果是物质的丰盛与泛滥,物质甚至成为人们生活的负担,无论是对于利用还是储存,物质的丰盛远远超出了人的身体对它的需求。但是,纯粹的消费无论多少也无法体现人的个性发展,反而以物质的消费掩盖着人的个性差异。消费社会,所有的人都想以独特性来获得关注或者存在感,如服装商制作明星定制款,但是这种形式上的差别丝毫无法体现真实的差别,因为衣服如何独特,也是商品,与人的个性无关。或者说,对于物质的过度追求反而掩盖了人的个性差异,使人趋向统一化。消费社会使人趋向一致,因为消费社会的标准是以消费品来衡量,无关个性的差异。因此,消费社会丰富的是物质,匮乏的是人的个性。从人的个性发展来说,物品的过度丰盛,除了满足人的虚荣之外,没有实质性的意义,甚至是有害而无益的。

其次是真正幸福和平等的缺失。物品的丰盛是否和幸福相连呢? 鲍德利亚认为,由于在现代社会中,幸福概念被赋予了更多的政治和社会因素(鲍德利亚称为"毒性"),所以,"幸福概念的意识力量,并不是来自于每个个体为实现本人幸福的一种自然倾向。"平等也是包含在幸福概念之中的,平等意味着什么? 意味着你有的我也要有,包括权利和利益,其中很大一部分是关于物的拥有。"幸福首先有了这种意识意义和意识功能,于是在内容上引起了严重后果:幸福要成为平等的神话媒介,那它就得到可测之物,必须是物、符号、'舒适'能够测得出来的福利。"[1]"民主社会的这种趋势总是想得到更多的福利,以此作为社会命定性的消亡和所有命运的平等。这种独立于众人眼里表现它的符号之外的幸福,这种不需要证据的幸福,作为完全的或内心享受到的幸福,一下子被排除到了消费的理想之外。"[2]人们的幸福不是依靠自己的主

---

[1]　[法]让·鲍德利亚:《消费社会》,刘成富、全志刚译,南京大学出版社 2008 年版,第 28 页。

[2]　[法]让·鲍德利亚:《消费社会》,刘成富、全志刚译,南京大学出版社 2008 年版,第 28—29 页。

观感受,也不是表现为能力、贡献的价值表现,而是可以平等地获得各种物,甚至不是这些物,而是这些物所代表的符号。因为,物是用来用的,而现代社会的人要获得的是对物的拥有,而不是对物的使用。拥有的意义是一种符号,伴随着物的符号而对人的阶层、等级的认定,它对现代人的意义比使用它的价值要大得多。"'福利革命'是资产阶级革命或简单地说是任何一场原则上主张人人平等,但未能(或未愿意)从根本上加以实现的革命的遗嘱继承者或执行者。因此,民主原则便由真实的平等如能力、责任、社会机遇、幸福(该术语的全部意义)的平等转变成了在物以及社会成就和幸福的其他明显标志面前的平等。这就是地位民主,电视、汽车和音响民主,表面上具体而实际上又十分形式的民主。两者互为借口,共同形成了一种总体民主意识,而将民主的缺席以及平等的不可求的真相掩藏了起来。"①物的平等拥有替代了能力、责任和发展机遇的平等。当然,福利对于弱势群体来说是平等的第一步,但是这种最终体现在获得物上的平等,对于追求人的发展的平等来说,等于是缘木求鱼。福利对于根据经济来划分等级的社会中的大多数人是必要的,但是以它作为衡量平等和民主的最终的根据,只是消费社会的物的符号意识在制度层面的表现。对它的过度追求,使得真实民主和人的发展的平等性的缺失被掩盖。

第三节　弗洛姆的健全人格

弗洛姆在《占有还是存在》这本专著中,指出了现代社会形成的"占有"型存在方式和"市场人格",对现代社会人的存在状态从存在和人格方面进行了深刻的批判。

---

① 〔法〕让·鲍德利亚:《消费社会》,刘成富、全志刚译,南京大学出版社 2008 年版,第 29 页。

一、 什么是占有型存在方式，什么是存在型生存方式？

弗洛姆认为，"存在（being）是指人的一种生存方式"①，在这种存在方式中，人不希求占有什么，他只是创造性地发挥自己的能力，表现自己的生存的现实性。而占有型也是一种人的存在方式，"占有取向是西方工业社会人的特征，在这种存在方式中，人以对金钱、荣誉、权力的追求"②为生活的中心，个人的尊严和价值是以对这些东西的占有来体现的。这种占有型的生存方式在现代社会最突出的表现是什么？就是消费主义。我们可以比较一下，消费在传统社会和现代社会的不同表现，就可以知道消费主义代表了什么。人只要活着就是要吃喝住行，这是毋庸置疑的。人的消费内容和消费形式在不同的历史条件下有很大的差异。原始社会的消费资料是人直接从大自然攫取，捕鱼、打猎、采集，到有了生产工具之后的种植、养殖，人利用大自然的原材料自己生产消费资料，在生产工具上，从利用天然的材料制造手工工具，一直到产生了机器工业。这个时间，人的消费发生了一个重大的转折。传统社会的消费就是使用，人生产的消费资料是为了使用，它的价值是由使用价值体现出来的。但是，当机器工业产生之后，消费资料的价值已经不再纯粹是由使用价值体现，或者说不是由使用价值体现出来的。现代社会的消费资料，不见得一定要消费它，我买了这些消费品可能仅仅是为了向别人证明，我有这些东西，或者为了满足我购买（无论买什么）的欲望，消费成为一种生活方式。传统社会的消费是为了使用某种东西，消费社会的消费是消费的过程，我买了，我有了，就可以了。这种所谓的消费资料带给消费者的价值可能仅仅是拿钱购买（消费）瞬间的满足感和拥有它的一种骄傲情绪。总之，"消费是一种占有方式"。③ 对于占有的生存方式来说，消费有两种作用，一是"消费可以减轻人的恐惧心理，因

---

① ［美］埃里希·弗洛姆：《占有还是存在》，李穆等译，世界图书出版公司2015年版，第7页。
② ［美］埃里希·弗洛姆：《占有还是存在》，李穆等译，世界图书出版公司2015年版，第16页。
③ ［美］埃里希·弗洛姆：《占有还是存在》，李穆等译，世界图书出版公司2015年版，第16页。

为消费掉的东西不会被别人拿走,但是这迫使我越来越多地去消费,因为一度消费了的东西不能永远满足我的要求。"①二是消费可以暂时地填补我的空虚。这两者是相关的。我不知道我在追求什么,我的生命就是靠金钱、权力、荣誉、物质支撑的。这些东西的暂时获得会令我有一种满足感,但是这种满足感支撑不了一会儿,甚至在我获得的同时,我已经感觉无聊。下一个成功的到来还需要时机和时间,无法支撑空虚的时间,于是消费成为不时地填满时间的一种方式,在貌似紧凑的时间中获得一种虚假的满足感。实质上,消费永远无法给人真正的满足,因为它不是内在生命的过程。

消费是生活的重要内容,广义的生活方式是指人们整体的生存方式和生活方式,而在狭义上,生活方式就是指消费方式,即消费者同消费资料的结合方式。现代社会,消费成为生活的主要内容,甚至是我生存的体现,用弗洛姆的话来说,"现代的消费可以用这样一个公式来表示:我所占有的和所消费的东西,即是我的生存。"②在占有型的生存方式中,我(作为主体)等于"我所拥有的东西",即我自身并没有独立的存在,我的全部都是以我所拥有的东西体现的。因此,我拥有的物(权力、荣誉也是一种物)构成了我的全部。如果我失去了这些物,那么我就是空的了。在占有这种生存方式中,我拥有的物代表了我,但是,"我与我所拥有的物之间不存在有生命的关系。""我拥有它,因为我具备占有它的力量。"③它也拥有我,因为我以依赖于它的方式而存在。在占有的生存方式中,我和物之间,"并不是通过主体和客体之间一种有生命力的、创造性的过程建立起来的"④,因为我作为主体本身就是一种物,主体和客

①　[美]埃里希·弗洛姆:《占有还是存在》,李穆等译,世界图书出版公司 2015 年版,第 16 页。

②　[美]埃里希·弗洛姆:《占有还是存在》,李穆等译,世界图书出版公司 2015 年版,第 16 页。

③　[美]埃里希·弗洛姆:《占有还是存在》,李穆等译,世界图书出版公司 2015 年版,第 65 页。

④　[美]埃里希·弗洛姆:《占有还是存在》,李穆等译,世界图书出版公司 2015 年版,第 65 页。

体都是物。

占有型的生存方式是以所占有的各种东西如金钱、权力、荣誉、物支撑他的存在,反映在精神上就是信仰的产生。在占有型的人身上,信仰并不表示一种内心的信念,而是作为进入一个群体的入场券,可以获得一种可靠感和安全感,"从而他也就摆脱了一项困难的任务:独立思考和作出决定。"①信仰可以帮助他寻找生活的意义,这样他就免去了寻找的艰难和寻找不着的无助感,无论这种意义是否代表了他的生活的真实意义,他都可以躲到信仰的后面安心下来,因为"他们没有勇气自己去探索"②。这样,信仰就不是价值的追求,而是安全感的追求,"上帝本来是我们内心所体验到的那种至高无上的价值的象征,然而,在重占有的生存方式中却成了一尊偶像"③。而在重存在的生存方式来说,信仰是自己寻找到的,根据自己的人生经历和生活经验获得的真实的体验,是自己选择的"一种内在的价值取向"④,是一种人生选择。

作为存在型的存在方式,它的"先决条件是独立、自由和有批判精神。其基本特征是存在的主动性。"⑤主动是创造性地使用自身的力量,自身的生命体验过程是生命的表现形式,这种体验不管是不是获得了预期的结果,只要去发现、创造,有生命的体验过程,就是一切。这里并不是不要目标,也不是不要成功,而是不以是否获得了预期的结果作为验证自身存在的标准,生命的标准就是发挥创造性。对于占有型的人来说,由于其所占有的物和其本身具有同一性,因此,如果他没有或者失去了他所占有的东西,那他就是一个失败者。

①　[美]埃里希·弗洛姆:《占有还是存在》,李穆等译,世界图书出版公司2015年版,第30页。

②　[美]埃里希·弗洛姆:《占有还是存在》,李穆等译,世界图书出版公司2015年版,第31页。

③　[美]埃里希·弗洛姆:《占有还是存在》,李穆等译,世界图书出版公司2015年版,第30页。

④　[美]埃里希·弗洛姆:《占有还是存在》,李穆等译,世界图书出版公司2015年版,第31页。

⑤　[美]埃里希·弗洛姆:《占有还是存在》,李穆等译,世界图书出版公司2015年版,第75页。

他不允许失去他所占有的东西,包括金钱、权力、荣誉、物质等,他要靠更多的占有来获得存在感和成就感。而对于重存在的生存方式来说,他的存在是他自己的生命过程,他不需要通过占有那些外在的东西来获得存在感,他的生命和个性是跟随他自身的,损失任何外在的东西都影响不了他的生命和个性。因此,他不存在那种担心失去占有东西的恐惧感和不安全感。在重存在的人身上,理性、爱、创造力,这些本质力量在实际运用中才能得到发展,在实际运用中才能体现出来。对于重存在的人来说,也许唯一能威胁他们存在的就是对自身发展信心的不足和创造力的缺乏。由于重存在的生存方式是通过生命过程来体验的,因此必须具有体验的能力,如欣赏艺术作品,必须具有欣赏艺术性的能力。马克思在《1844 年经济学哲学手稿》谈到,"即从主体方面来看:只有音乐才激起人的音乐感;对于没有音乐感的耳朵来说,最美的音乐也毫无意义,不是对象,因为我的对象只能是我的一种本质力量的确证,……因为任何一个对象对我的意义(它只是对那个与它相适应的感觉来说才有意义)恰好都以我的感觉所及的程度为限。因此,社会的人的感觉不同于非社会的人的感觉。只是由于人的本质客观地展开的丰富性,主体的、人的感性的丰富性,如有音乐感的耳朵、能感受形式美的眼睛,总之,那些能成为人的享受的感觉,即确证自己是人的本质力量的感觉,才一部分发展起来,一部分产生出来。"①这就是存在的体验。存在的体验并不需要占有才能享有,如你可以去艺术馆里去欣赏一幅画,你可以在花园里欣赏一朵花,而不必把它买回家里,或者把它摘下来放到自己的花盆里。而且,也只有在非占有的基础上,这种美才可以共享,在共享的状态下,人和人的交流才是生动和具体的。

占有和存在的生存方式也导致人的情绪和态度的不同。占有的生存方式的一种体验叫享乐,享乐可以理解为"某种欲望的满足"②,如获得成功、荣誉、

---

① 《马克思恩格斯文集》第 1 卷,人民出版社 2009 年版,第 191 页。
② [美]埃里希·弗洛姆:《占有还是存在》,李穆等译,世界图书出版公司 2015 年版,第103 页。

挣钱、生理享受,等等,但这种享乐受激情支配,这种激情与理性无关,与人的发展无关,并不能增加人的内在力量,并不会使人内心真正的快乐,而且极端的享乐带来的刺激也会使人的神经麻木。这种刺激并不能使人充实和满足,而是带来更大的虚无感,为了获得享乐又会挖掘新的刺激方式。而存在体验的"生动和活力是一种快乐(joy)"①,"快乐是伴随创造性活动而产生的","是伴随着一个人的创造性发挥自己的能力而出现的一种情感状态"②,而且,创造的活动和能力具有持续性,这种情感就具有持续性,它伴随着理性、爱和奉献的力量。

二、 存在和占有的时间体验

存在的生存方式是通过生命自身的体验,因此,它呈现的是人的当下的感觉。重占有的生存方式通过占有物来体现,而占有物代表着过去的积累、现在的获得和未来的期望。因此,"重存在的生存方式只存在于当下,而重占有的生存方式只存在于过去、现在和将来的时间。"③在"占有"的生存方式中,人在时间线上就是过去一切东西的累积,金钱、荣誉、知识、经验等,这些东西代表着他人生的过去;未来也是对一个人状态的期许,现在是联结过去和未来的,但它曾是未来,又即将成为过去,它的体现也是现在的获得。占有的生存方式在时间经验上是一条线,哪些东西对应着哪个时间点,这些时间的痕迹就构成了人的一生。而"存在不是说一定就没有时间因素,但是,时间并不统治着存在。"④时间本是事物的运动过程,但时间如果被记忆,那就是

---

① [美]埃里希·弗洛姆:《占有还是存在》,李穆等译,世界图书出版公司 2015 年版,第103 页。

② [美]埃里希·弗洛姆:《占有还是存在》,李穆等译,世界图书出版公司 2015 年版,第104 页。

③ [美]埃里希·弗洛姆:《占有还是存在》,李穆等译,世界图书出版公司 2015 年版,第114 页。

④ [美]埃里希·弗洛姆:《占有还是存在》,李穆等译,世界图书出版公司 2015 年版,第115 页。

因为时间和物的同一性。对于存在者来说,时间虽然在事物的过程中,但是创造却不要时间来计量,就像艺术家创造一件艺术品,虽然他用了时间来创造,但是创造本身却不是对时间的体验,它超越了时间,它是一种感受,一种体验,这种体验不是时间可以来记忆的。就像那么多美好的诗词,它们的产生有它们的背景,但是这种时间背景只是缘由而已,后人可以欣赏到这些诗词的美和体验,它们跟时间无关,只与情感和体验有关。"对于爱、快乐以及领悟真理的体验都是当下的,没有时间上的先后。"①没有体验的话,这些东西对于当下的人来说就不存在,因为它和你占有的东西无关。但存在并不是不要过去和未来,"一切历史都是当代史"②,过去如果有意义,是要拿到现在来认识和体验的,那些东西虽然产生于过去,但是它在现在的存活是因为它对现在的意义,就像经典的传统文化依然在精神上滋养着现代人的成长和发展一样。对于未来的东西,存在的体验并不是要未来获得什么或者达到什么目标,而是这个目标在当下发挥了它的导向作用。就像由于对"乌托邦"的设计对当期人产生为之努力的无限动力,就像在革命战争年代,很多革命者牺牲自己的生命为的是心中的信念和希望。这个时间,未来是存在于现在的,未来是在人的生命体验中的,否则,就不会有如此大的动力。

在重占有的生存方式中,时间(过去、现在、未来)把我们的生命痕迹串起来,你看得见我们有什么;在重存在的生存方式中,时间就是当下,就是生命的体验,它不需看见过去怎么样,也不需看未来会怎样,它只看我们当前的生命体验,过去和未来不是不存在,而是渗透到当下的体验中。弗洛姆所说的占有实际上是私有制的表现。马克思谈到"占有"的本质,"私有制使我们变得如

① [美]埃里希·弗洛姆:《占有还是存在》,李穆等译,世界图书出版公司 2015 年版,第 115 页。

② [意]贝奈戴托·克罗齐:《历史学的理论和历史》,傅任敢译,商务印书馆 1982 年版,第 6 页。

此愚蠢而片面,以致一个对象,只有当它为我们拥有的时候,就是说,当它对我们来说作为资本而存在,或者它被我们直接占有,被我们吃、喝、穿、住等等的时候,简言之,在它被我们使用的时候,才是我们的。""因此,一切肉体的和精神的感觉都被这一切感觉的单纯异化即拥有的感觉所代替。"①马克思所说的是重"占有"的生存方式。马克思谈到"存在"的人的状态,"人对世界的任何一种人的关系——视觉、听觉、嗅觉、味觉、触觉、思维、直观、情感、愿望、活动、爱,——总之,他的个体的一切器官……是通过自己的对象性关系,即通过自己同对象的关系而对对象的占有,对人的现实的占有……"②,这种"占有"不是"拥有"某些物,而是人对对象物的现实把握,这是以人的主体性为前提的,就像没有音乐感的人,最美的音乐对他也没有意义,因为他没有欣赏音乐的能力,音乐对于他来说不是"存在"的。"我们现在假定人就是人,而人对世界的关系是一种人的关系,那么你就只能用爱来交换爱,只能用信任来交换信任,等等。如果你想得到艺术的享受,那你就必须是一个有艺术修养的人。如果你想感化别人,那你就必须是一个实际上能鼓舞和推动别人前进的人。"③你想爱一个人,必须用自己的爱唤起他对你的爱,才能享受到爱。所以人的"存在"状态是以人的方式,以人的感觉、思维和情感对对象物的占有,"存在"状态的人是主体性和对象的统一。

三、 关于"市场性格"

弗洛姆选择"市场性格"来描述当代社会人在社会中的一种存在状态,"人成了'人格市场'上的商品,其价值标准如同在商品市场上一样。"④而"一个人的成功主要是看他的人格是否畅销,因此,一个人总是把自己体验为一种

---

① 《马克思恩格斯文集》第 1 卷,人民出版社 2009 年版,第 189—190 页。
② 《马克思恩格斯文集》第 1 卷,人民出版社 2009 年版,第 189 页。
③ 《马克思恩格斯文集》第 1 卷,人民出版社 2009 年版,第 247 页。
④ ［美］埃里希·弗洛姆:《占有还是存在》,李穆等译,世界图书出版公司 2015 年版,第135 页。

商品",与此同时,"人所关心的不是自身的生活和幸福,而是自己的销路。"①
"市场性格的最高目标就是全面适应,以便在人格市场的各种条件下都能成
为抢手货。"②因此,这种类型的人没有真正的个性,没有坚持的原则和目标,
因为他要不断适应变化的人格市场,改变自我,他的原则是:"你愿意我怎样,
我便怎样。"③他像一个泥团,人格市场需要什么样的性格,他就要把自己塑造
成什么样的性格。这样的人,也许在世俗的眼中是成功的,因为他受到人格市
场的欢迎,但是他对自己作为一个人是不成功的,因为他没有坚持人必须坚持
的东西,他已经不知道怎样把自己塑造成有个性的人。

市场性格的人的一切活动围绕着效率进行,他有理智,但没有理性;他有
效率,但没有价值;他有逻辑,但没有情感。理性是指人类能够运用理智的能
力,理性的意义在于对自身存在的认知和负责。人的智能不断发展,但没有人
类理性控制的智能是危险的。市场性格的人关注办事的效率,关注是否升迁,
但是对于人未来的发展方向,人生活的目的,以及自身应该坚持人之为人的价
值,如善良、爱、奉献、分享不关注,因为这些对于他的成就的获得没有帮助。
他办事很有效率,思维很有逻辑,但是他不会有情感的左右,情感并没有倾注
到他的生命里。他是情感枯萎的人,他甚至不会表达爱,不知道怎么享受爱。
因此,他只会享乐,而没有真正的快乐。他不是一个活生生的情感丰富的人,
因此,他是淡漠的,他对别人是淡漠的,对自己也是淡漠的,对这个世界也是淡
漠的。他所谓的发展是技能的发展,而不是人的发展。他与物的关系延伸到
他与人的关系,对于物的使用价值不关注,他看中的是物给他带来的面子和成
就感,对于朋友和与他有情感的人,也是一样,他享受的是由于拥有他们而带

---

① [美]埃里希·弗洛姆:《占有还是存在》,李穆等译,世界图书出版公司2015年版,第
135—136页。
② [美]埃里希·弗洛姆:《占有还是存在》,李穆等译,世界图书出版公司2015年版,第
136页。
③ [美]埃里希·弗洛姆:《占有还是存在》,李穆等译,世界图书出版公司2015年版,第
136页。

来的炫耀。因此,无论是家庭、工作、开的车、用的物、交的朋友,对于他们来说,都是面子、地位和成就的象征,他们用这些来炫耀自己的成功。在他们看来,这一切是成功的标志,他炫耀这些来获得一种被仰视的感觉。他享受被仰视和被羡慕的目光,认为这才是人生价值的体现。而真正的人的情感,爱、奉献、分享的能力在他那里是匮乏的。他无法在人面前展示他的脆弱,在他看来,一旦展示这些脆弱,就会被人看不起,就会被当作言谈笑料。他所拥有的都是看得见的物,他费尽周折,就是拿到更多的看得见的物、金钱、权力、荣誉,因此,他不容许自己在某一方面失败。在他们看来,人类恒久的价值不是价值,信仰的力量不是力量,没有获得的人生是不值得过的。他把人当作机器,当作机械运转的物。这种市场性格的状态,放弃了人的自然尺度,夸大了人的智能尺度,同时也抛弃了人的价值尺度。马克思在《1844 年经济学哲学手稿》中谈到动物和人的区别,“动物只是按照它所属的那个种的尺度和需要来构造,而人却懂得按照任何一个种的尺度来进行生产,并且懂得处处都把固有的尺度运用于对象;因此,人也按照美的规律来构造。”①市场性格的人恰恰丢掉了美的尺度和价值尺度,如果说有价值尺度的话,仅仅是经济价值。

市场性格的人最大的不足,就是没有把人看成是具有丰富情感的、有理性的、有价值追求的一个群体,对于技术和管理的效率来说,也许他们是有贡献的,但是对于人来说,这无疑是一种偏执。“市场性格”并不是描述这类人的唯一名称,马克思曾称之为“异化的性格”,马尔库塞称之为“单向度的人”。

四、 生存方式转变的先决条件：人格的变化

如何达到这种重“存在”的生存方式,弗洛姆谈到人发生转变的先决条件,即人的性格发生根本变化。重存在的生存方式当然不可能靠一个人的转

---

① 《马克思恩格斯文集》第 1 卷,人民出版社 2009 年版,第 163 页。

变就能扭转整个社会观念和存在状态。"那么就会出现这样一个问题:大规模的性格变化是否可能,如果可能的话,这种变化又是怎么发生的?"①弗洛姆认为,"只要下述条件存在,人的性格是能够发生变化的。一是人们知道自己在受苦;二是认识到这种不幸的根源;三是认识到有方法消除这种不幸;四是为了消除这种不幸,我们必须遵循某些生活准则,并改变我们现有的生活方式。"②弗洛姆认为,马克思给出解决这个问题的第一个步骤是让工人阶级了解自己不幸的生活状况,揭开蒙在生活表面的面纱,让工人看到自己生活和劳动的本质,消除工人的种种幻想,这些幻想使工人无法认识自己的境遇。正如马克思所说,"首先,劳动对工人来说是外在的东西,也就是说,不属于他的本质;因此,他在自己的劳动中不是肯定自己,而是否定自己,不是感到幸福,而是感到不幸,不是自由地发挥自己的体力和智力,而是使自己的肉体受折磨、精神遭摧残。因此,工人只有在劳动之外才感到自在,而在劳动中则感到不自在,他在不劳动时觉得舒畅,而在劳动时就觉得不舒畅。"③让理论掌握群众,让工人对自己的社会地位有清醒的认知。"马克思采取的第二个步骤是,解释产生这种痛苦的根源:在于资本主义的本质以及资本主义制度所产生的人的贪婪性格和依存性。"④也就是对资本主义制度进行分析,马克思在《资本论》中有深刻的论述。"马克思采取的第三个步骤是,证明假如产生痛苦的条件被取消的话,痛苦也就随之消失。最后,马克思提出了一种新的生活方式、新的社会制度,这种社会制度会使人摆脱旧制度必然会产生的痛苦。"⑤同时,

---

① [美]埃里希·弗洛姆:《占有还是存在》,李穆等译,世界图书出版公司 2015 年版,第 156 页。
② [美]埃里希·弗洛姆:《占有还是存在》,李穆等译,世界图书出版公司 2015 年版,第 156 页。
③ 《马克思恩格斯文集》第 1 卷,人民出版社 2009 年版,第 159 页。
④ [美]埃里希·弗洛姆:《占有还是存在》,李穆等译,世界图书出版公司 2015 年版,第 157 页。
⑤ [美]埃里希·弗洛姆:《占有还是存在》,李穆等译,世界图书出版公司 2015 年版,第 157 页。

马克思给出了达到这种新的生活方式和新的社会制度的条件。

弗洛姆在探讨如何改变人在资本和市场条件下所形成的"市场性格"时，虽然没有规避社会制度的因素，但是他把生活方式放在首位，似乎在社会制度不变的情况下，生活方式的变化可以改变人的性格。但关键是在社会制度不变的情况下，生活方式的改变如何可能？整个社会由资本和市场主宰的话，生活方式如何抗衡资本和市场的力量。主张生活方式、社会制度可以改变人，这一点，在资本主义社会对人的市场性格的塑造，在中国市场经济发展过程中对人的性格的改造中，已经得到证实。因此，改造人的性格不是不可能，关键是人们生活准则、生活方式和社会制度的选择。在笔者看来，社会制度具有根本性的意义，而生活方式和生活准则是把性格改造的必要途径。

那么，重存在的生存方式的"新人"应该具有哪些特征呢？也就是说，我们应该给"新人"一个什么样的定位和方向呢？弗洛姆对于"新人"的性格特征做了比较详细的构想，其中关键的有这样几点：放弃一切"占有"的方式；相信自己的存在，自己需要与他人建立关系，需要兴趣、爱和世界相一致；承认这样一个事实，即除了自己，没有任何人或物会赋予生命的意义；"人的存在是他当下充分显示的那个样子"；从给予和分享中获得快乐；从各方面表现对生活的热爱和尊重，从知识方面而非从物品和权力方面；"培养自己的爱的能力和批判思维、理性思维的能力"；"让自己和自己的同胞得到全面发展，并使之成为生活的最高目标"；意识到自己与一切有生命之物的统一性，从而放弃征服自然、掠夺、践踏和摧残自然的目的，而是努力去认识自然、与自然通力合作；在充满生机和活力的不断发展过程中获得幸福。①

对于新社会的模式，弗洛姆仅谈到，"新社会的模式必须是由摆脱了异化的、具有存在倾向的个人的需求所决定。这就是说，人既不能生活在非人的贫困中（这依然是大多数人的主要问题），也不能被迫成为像富裕的工业社会那

---

① ［美］埃里希·弗洛姆：《占有还是存在》，李穆等译，世界图书出版公司 2015 年版，第 158—160 页。

样受资本主义市场的内在规律所制约的消费人。""如果人类要获得自由,不再通过病态的消费来维持工业发展的话,那么必须在经济体系方面进行一场根本性的变革,必须结束目前的这种状况,即以不健康的人为代价换取一种健全的经济。我们的任务是,要为健康的人们确立一种健全的经济。"①对于怎样实现这样的目标,弗洛姆的答案并不明确,但他认为起码新社会要为人的全面发展创造条件,要恢复人们在生活上主动性和创造性,"使人民体验到幸福和快乐,而不是最大限度地满足享乐欲望"②。

弗洛姆揭示了重存在和重占有的两种人的存在状态,具体分析了现代社会由于资本和市场所导致的"市场性格"的异化特征,对于"新人"和"新社会"进行了理想的设计。它对于现代社会两种人的存在状态的理论,对于我们分析当代人的生存状况有重要的启示意义,对于"新人"特征的设想,对于我们当代社会理想人格的构建具有重要的借鉴意义。但是,他对于"新人""新社会"的设计仍然处于理想的状态,是一种相对于"市场性格"异化状态的一种理想状态,并没有进入实质性的变革层面。特别是关于改变"市场性格"的条件,如何进入新社会,如何选择新的生活方式,并没有给出革命性的出路。或者我们可以说,对于新的社会制度选择和促进人的自由全面发展的路径选择,中国特色社会主义道路和制度的建设经验更具有现实意义。

---

① [美]埃里希·弗洛姆:《占有还是存在》,李穆等译,世界图书出版公司 2015 年版,第 165 页。

② [美]埃里希·弗洛姆:《占有还是存在》,李穆等译,世界图书出版公司 2015 年版,第 163 页。

第三章　当代中国社会生活方式变迁与文化选择的现状调研

第一节　调查研究的总体概况

一、 关于"改革开放以来社会生活方式变迁与文化选择"的研究方法

对整个社会生活方式与文化状况的研究,一是要有一定的理论基础,二是要建立在对民众具体生活状态了解和认知的基础上。我们的理论基础就是马克思主义理论生活与意识的辩证关系。马克思认为,意识并不"纯粹","语言也和意识一样,只是由于需要,由于和他人交往的迫切需要才产生的。""意识一开始就是社会的产物"。① 社会发展的变化、人们生活方式的变化以及交往的变化产生了对文化的不同的需要,同时推动了文化的发展。对中国民众具体生活状态的了解,我们是通过实地考察、问卷调查、访谈等实证研究方式完成的。

---

① 《马克思恩格斯文集》第 1 卷,人民出版社 2009 年版,第 533 页。

二、 调查问卷的设计

"关于改革开放以来社会生活方式变迁与文化选择的调查问卷",力图通过选定地方的调查,比较全面地反映我国改革开放以来生活方式变化与文化选择的状况。问卷设计完成之后,经过了试调查,征求专业人士的意见,再经过修改,最后形成六个方面,47 个小问题。第一个方面是关于被调查者的基本情况,分为年龄、职业、所在地区是城市还是乡村以及月收入。设计这样几个选题的原因在于,年龄不同、职业不同、生活环境不同以及收入不同,所选择或者可以选择的生活方式和文化都会有差别。第二个方面是关于被调查对象的社会认知状况,包括认为我国改革开放以来最大的变化是什么? 对这些变化的满意度,对于社会变化最满意的是什么,最不满意的是什么,我国目前急需解决的问题是什么,对我国总体发展状况的看法,目前最关心什么问题。设计这些问题的目的,是要了解民众对我国改革开放以来社会发展的认同度以及民众的呼声。第三个方面是关于物质生活条件和民生问题的变化,包括改革开放以来物质生活条件变化最大的是什么,在民众的消费结构中什么占比重最大,恩格尔系数状况,人均住房面积多大,民众最主要的交通工具,对自己的物质生活条件是否满意,对物质生活条件最不满意的是什么,关于我国医疗水平和条件的认识,对义务教育现状的认识。这些问题关系到民众的物质生活条件、医疗教育等民生问题,都是与老百姓日常生活密切相关的最基本的问题,看得见摸得着,最为基本地反映了我国社会发展的状况。第四个方面是交往状况,交往状况是判断人的发展的基本指标之一,马克思谈到人的发展的三种形态——人的依赖性阶段、物的依赖性阶段、人的自由个性阶段,[1]判断的标准一是生产力发展状况,二是人的交往状况。人交往的范围、形式、内容、目的在一定程度上反映了人的全面发展状况和价值选择情况。包括的问题有家

---

[1] 《马克思恩格斯文集》第 8 卷,人民出版社 2009 年版,第 52 页。

庭结构状况,交友的途径,最重要的人际交往类型,人际交往的目的,人际交往的主要原则,人际交往对自身生活的影响。第五个方面是价值观选择情况,包括持何种家庭观念,人际交往中最美好的品德,处世原则,改革开放之前和之后社会道德状况的区别,我国目前最根本的价值缺失表现,对社会主义核心价值观的认知状况,传统文化中哪些观念值得我们传承,我们目前价值观念宣传的状况。这些问题集中地反映了民众日常生活的价值选择,也在一定程度上反映了我国目前道德建设的紧迫性,同时反映了我们传承优秀传统文化、建立当代中国特色社会主义价值文化的重要性。第六个方面是民众的休闲生活和文化生活状况,包括锻炼身体的时间,旅游的情况,主要的休闲活动,网络在生活中的地位,通过网络主要做什么,主要联系方式,获得信息的主要方式,主要的文化活动有哪些,读书时间,所喜欢的传统文化活动,对我国目前总体文化现状的认识。这些问题实际上是民众高质量生活的表现。休闲活动时间是自由时间,马克思认为,在社会生产力迅速发展的条件下,"财富的尺度决不再是劳动时间,而是可以自由支配的时间。"①只有自由时间才能为人的全面的关系和自由发展提供可能性。当然,自由时间不一定用来休闲,但休闲时间一定是自由时间。休闲的目的是享受生命、享受生活,休闲的状态是自主选择。因此,休闲是生命活动的拓展,它是真正为了人的幸福和发展进行的自由选择。对于休闲活动的安排,一是可以反映民众的生活品质,二是可以看出民众的整体素质。一个国家的全面发展要表现为从整体上提升民众的生活质量,物质生活水平的提高是基础,民众整体生活品质的提高需要在休闲生活和自由时间中体现出来。调查的时间是 2014 年底和 2015 年暑期。

三、 关于调查区域的选择

调查选择了山东省、安徽省、上海市、山西太原市四个大的区域,省份以山

---

① 《马克思恩格斯文集》第 8 卷,人民出版社 2009 年版,第 200 页。

东省和安徽省作为代表。安徽省是农村改革发展起步省份,改革取得了什么样的结果,具有一定的代表性;山西省作为中部的代表;上海作为中国最发达城市的代表;山东省是东部发展的代表省份,山东省不是改革力度最大的,但是经济发展进步比较大,并对山东省进行了典型剖析,分别选择了改革发展最快的临沂市和农村社区改造的典型——禹城市梁河社区进行调查分析。课题组对山东省青岛市部分地区、菏泽市和德州市都进行了调研,限于篇幅,对这些地区的调查不在书中体现。

安徽的调查是重点,因为安徽是中等发展程度的省份,又是农村改革开放的起点,能基本反映内陆省份的总体发展状况。调查的地区涵盖面比较广,调查人员生源地是安徽的大学生,对安徽本地的发展比较了解,分别选取了省会城市合肥、六安县、舒城区、肥西区、芜湖市区、淮南市区、舜耕区、巢湖农村、安庆市区和农村、凤阳县、小岗村等地方,三个学生利用 2014 年寒假发放了共620 份问卷,有效问卷 600 份,能够比较全面地反映安徽的状况。

上海是我国经济发展的排头兵和改革开放的前沿,也是国际性大都市,作为我国最发达的城市,民众对改革开放的认识当然具有一定的代表性。本次调研分别选取了上海市普陀区、浦东区、虹口区的两个,共发放问卷 480 份,收回 474 份。

山西太原作为内陆的省会城市,属于中西部城市代表。本次调研委托山西大学哲学院哲学社会学学院的学生进行,分别在山西大学、居民社区还有街头发放问卷,共发放问卷 400 份,有效问卷 375 份。

临沂是山东省很有代表性的城市,在历史上是革命老区,在改革开放以后又发展很快,建立了以物流和度假旅游为支柱产业的经济发展模式。临沂人朴实、能干、具有牺牲精神,无论临沂的经济发展还是民风,都很有特点。本次调查涉及临沂市、沂水县城、蒙阴县农村,共发放问卷 480 份,收回 450 份。

山东省禹城市梁河社区是由 11 个自然村合并而成,人口 6000 余人,从2012 年改建,目前已经成为规划完好的社区。10 个自然村的居民已经全部搬迁到新居民楼,还有一个自然村的楼房正在建设。各家各户的自留地被集体租种出去,大部分年轻人到各个城市去打工或者创业,留下较少的年轻人租种耕地,社区大量的是中年妇女和老人。梁河社区现在有一个一至四年级的小学,五、六年级的孩子去距离社区五里路的苏庄高小读书,初中部分孩子去乡里中学,更多的孩子去县城中学。社区的管理纳入乡级政府,除了各村仍然保留村支书外,社区设有社区支部书记和副书记,进行社区的日常管理工作。此问卷在春节期间进行,社区里的大部分人都在家,发放问卷 220 份,有效问卷200 份。

第二节　改革开放以来社会生活方式与文化选择调研报告

调研报告根据调查问卷的六个方面,分别按照安徽、上海、山西太原、山东临沂、禹城市梁河社区五个地方的顺序,对调研内容加以说明。

一、　关于被调查对象的基本情况

在安徽的 600 余份问卷中,生于 1960 年以前的 24 人,60 年代 60 人,70年代 92 人,80 年代 178 人,90 年代 262 人,涵盖了各个年龄层次。职业选择上,工人、农民、公务员、事业单位人员、企业管理人员、公司职员、民营老板、个体、律师等专业人员、离退休人员、无固定职业人员、出租车司机等都占有一定的比例,涵盖范围比较广。涵盖地区城市 436 人,农村 164 人。收入方面,领低保的占 9.33%;月收入 1000 元以下的占 20%;1000—2000 元的占 21.35%;2000—3000 元的占 13.33%;3000—5000 元的占 25.33%;5000—10000 元的占 4.33%;1 万元以上的占 6.33%,能基本涵盖各层次收入人员的情况。从调查对象的选择也可以看出,收入差别层次比较明显。

在上海的 474 份问卷中,生于 1960 年以前的 36 人,60 年代 120 人,70 年代 60 人,80 年代 102 人,90 年代 156 人,70 年代以后的占 67.09%。职业选择上,工人、公务员、事业单位人员、企业管理人员、公司职员、民营老板、个体、律师等都占有一定的比例,涵盖范围比较广。涵盖地区城市 474 人。收入方面,领低保的 0 人;月收入 1000 元以下的 0 人;2000—3000 元的占 22.78%;3000—5000 元的占 34.18%;5000—10000 元的占 35.45%;1 万元以上的占 7.59%。从收入调查看,上海的收入比其他地区普遍高。

在山西太原的 400 份问卷中,生于 1960 年以前的 36 人,60 年代 65 人,70 年代 96 人,80 年代 158 人,90 年代 45 人,70 年代以后的占 74.75%。职业选择上,工人、农民、公务员、事业单位人员、企业管理人员、公司职员、民营老板、个体、律师等专业人员、离退休人员、无固定职业人员、出租车司机等都占有一定的比例,涵盖范围比较广,其中事业单位最多 138 人,占 37%,涵盖地区城市 330 人,农村 70 人。收入方面,领低保的占 2.5%;月收入 1000 元以下的占 21%;2000—3000 元的占 27%;3000—5000 元的占 37.5%;5000—10000 元的占 12%;1 万元以上的 0 人。从收入调查看,太原的收入总体偏低。

在临沂的 450 份问卷中,生于 1960 年以前的 33 人,60 年代 60 人,70 年代 114 人,80 年代 144 人,90 年代 99 人,70 年代以后的占 80%。职业选择上,工人、农民、公务员、事业单位人员、企业管理人员、公司职员、民营老板、个体、律师等专业人员、离退休人员、无固定职业人员、出租车司机等都占有一定的比例,涵盖范围比较广。收入方面,领低保的占 2.67%,月收入 1000 元以下的占 25.33%,2000—3000 元的占 36.67%,3000—5000 元的占 25.33%,5000—10000 元的占 8%,1 万元以上的占 2%。农村中收入在 1000 元以下和 2000—3000 元的比例比较高,城市中 2000—5000 元的比例高。

在梁河社区的 200 份问卷中,生于 1960 年以前的 15 人,60 年代 35 人,70 年代 56 人,80 年代 64 人,90 年代 30 人。职业选择上,农民 104 人,公务员 4 人,事业单位 6 人,工人 24 人,公司职员 50 人,民营老板 12 人。收入方面,1000—2000 元的占 18%;2000—3000 元的占 30%;3000—5000 元的 20 人,占

40%;5000—10000 元的占 12%。这是 2014 年的统计数字。

二、 关于社会认知

（一） 安徽关于社会认知的基本情况

对于改革开放以来变化最大的(可多选),认为是物质生活条件的占 46.67%,认为是价值观念的占 49%,认为是人际关系的占 24.33%,认为是社会风气的占 39%。这种认识说明了什么问题呢? 改革开放以来物质生活条件的变化是有目共睹的,但是占比重最大的却是认为价值观念变化最大,这说明,人们关注的重点并不仅仅是物质生活条件,还有整个社会的价值导向和社会环境。对于我国改革开放以来的变化,认为各方面都在变好的占 38%;认为物质水平提高,道德水平下降的占 34.33%;认为物质水平提高,但是社会两极分化严重,公平指数下降的占 23%;认为除了物质水平提高,其他都在下降的占 4.67%。认为道德水平下降、公平指数下降的总共占 57.33%,这说明老百姓对美好生活的要求是多方面的,道德水平、社会公平这些影响着人们的整体生活品质。

关于对现在社会的变化最满意的地方,43%的人选择物质生活不断改善,22%的人选择文化生活不断丰富,9.33%的人选择社会公平和文明,16.67%的人选择社会保障制度逐步完善,9%的人选择人民幸福指数高。从选择看出,社会变化中最满意的还是物质生活的改善,但是也仅仅是 43%,也就是说,人们对物质生活的改善还有不小的期望。而对机会公平、分配公平、法律公平等制度和运行机制以及人的文明素质民众满意率较低。对于最不满意的社会现状,人们对于社会分配差距越来越大最不满意,占到 26.67%;分配差距、教育不公平再加上社会差距扩大占到 67.67%。其次,是不满意人们文明素质降低,占到 17.33%;对于法治建设和社会保障制度不满意率较低,分别是 6%和 4.67%,说明我国的法治建设和社会保障制度建设在不断进步。关于我国目前最急需解决的问题,47%选择道德建设和信仰缺失,25%选择生态环境建设,15%选择法治建设,7.53%选择经济发展,4.33%选择文化建设。一方面反映了民众对国家经济建设的信心,另一方面说明道德建设和信仰建设是中国目前最重要的内容之一。

　　对于我国目前的社会发展状况,认为经济发展、政治清明、文化繁荣、越来越好的占17.67%;认为经济发展,但道德法治建设需要加强的占48%;认为经济发展,但政治体制需要改革的占13.33%;认为经济发展进入瓶颈,文化根底空虚,政治腐败严重的占21%。可以看出,民众对于道德建设的呼声最强,这也是民众对于社会中最不满意的地方。对于政治腐败问题,民众也有很大的不满,但是这几年党和国家重典治吏,严惩腐败,已经在民众中获得了极大的认可。对于最关心的社会问题(可多选),54.33%选择收入问题,63.33%选择食品安全,46.67%选择环境安全,49.67%选择社会公平,36.67%选择个人权益,30%选择国家体制改革和政策变化。可以看出,民众关心的都是关系民众切身利益而且是问题比较突出的领域,食品安全、收入、社会公平、环境安全等。

(二) 上海关于社会认知的基本情况

　　对于改革开放以来变化最大的(可多选),54.43%认为是物质生活条件,49.37%认为是价值观念,40.51%认为是人际关系,27.85%认为是社会风气。物质生活条件变化最大,价值观念、人际关系、社会风气变化也很大,变化是综合的。对于我国改革开放以来的变化,认为各方面都在变好的占37.97%;认为物质水平提高,道德水平下降的占35.65%;认为物质水平提高,但是社会两极分化严重,公平指数下降的占24.05%;认为除了物质水平提高,其他都在下降的占2.53%。对于都在变好评价上海比例较高,认为道德水平下降、公平指数下降的总共占59.7%,反映了社会变化的一个现实,无论是发达地区还是一般地区,社会的道德建设要普遍加强,公平机制要改善。

关于对现在社会的变化最满意,27.85%选择物质生活不断改善,21.52%选择文化生活不断丰富,16.46%选择社会越来越公平,12.66%选择社会越来越文明,12.66%选择社会保障制度逐步完善,8.86%选择社会安定、人民幸福指数高。社会变化中最满意的还是物质生活的改善,对于社会公平、社会文明、社会保障制度满意度三者达到41.78%,在所有的调查地区中是最高的,说明上海在文明程度和社会规范程度确实较高。我国各个地区的经济发展和文明程度发展有较大差异。

对于最不满意的社会现状,选择社会分配差距越来越大的占25.32%;选择教育机会和资源分配不公平的占18.99%;选择文化生活贫乏的占17.72%;选择人们文明素质降低的占10.13%;选择社会阶层差距越来越大的占11.39%;选择人治大于法治的占12.66%;选择社会保障制度不公平的占3.80%。可以看出,各地民众对社会认知在某些方面有差别,如上海人对文化生活要求高,所以不满意文化生活贫乏的比例高;社会保障程度较高,因此,对于社会保障制度不满意率低。最不满意的还是社会分配差距,关于社会分配差距和阶层差距二者之和为36.71%,加上教育不公平和社会保障不公平,占59.5%。对于最不满意的,相对于其他地方,上海选择民众文明素质低的比率也比较少,说明上海民众整体文明素质较高。关于我国目前最急需解决的问题,29.11%的人选择经济发展,17.72%的人选择道德建设,16.46%选择信仰建设,18.8%的人选择法治建设,16%的人选择生态环境建设,10.13%的人选择文化建设。上海是我国经济发展的前沿,因此,民众对经济的发展认识比较深刻,因此比较关注经济发展的问题。

对于我国目前的社会发展状况,认为经济发展、政治清明、文化繁荣、越来越好的占36.71%;认为经济发展,但道德法治建设需要加强的占29.11%;认为经济发展,但政治体制需要改革的占17.72%;认为经济发展进入瓶颈,文化根底空虚,政治腐败严重的占16.46%。比较其他地区,上海对社会发展状况的评价相对较高,其次就是对道德建设的呼声最强,还有政治体制改革、政治腐败问题以及文化问题。对于最关心的社会问题(可多选),78.48%选择收入问题,54.43%选择食品安全,59.70%选择环境安全,48.10%选择国家体制改革和政策变化,41.77%选择个人权益,36.71%选择社会公平,36.71%选择领导人事变动。民众关心的都是切身利益而且是问题比较突出的领域,最关心的是收入,因为这关系到生活的水平和质量以及社会地位;其次是环境安全、食品安全等,这些关系到民众的生活品质、身体健康和个人权益。值得注意的是,上海民众对于国家体制改革和政策变化、个人权益,还有领导人事变动,和其他地区相比也是高很多,说明上海民众的整体素质较高,视野比较开阔。

(三) 山西太原关于社会认知的基本情况

对于改革开放以来变化最大的(可多选),认为是物质生活条件的占53.5%,认为是价值观念的占38.25%,认为是人际关系的占24%,认为是社会风气的占40.75%。物质生活条件变化最大,社会风气、价值观念变化也很大,变化是综合的。对于我国改革开放以来的变化,认为各方面都在变好的占27.25%;认为物质水平提高,道德水平下降的占33.5%;认为物质水平提高,但是社会两极分化严重,公平指数下降的占27.25%;认为除了物质水平提高,其他都在下降的占12%。认为道德水平下降、公平指数下降或者其他方面在下降的总共占72.75%。这样的数据说明社会的一个现实,民众对于社会的道德建设和价值建设是不满意的,中国的总体文明素质和中国经济发展的进步也是有差距的,从人的现代化、文明化的角度说,现代化的路还很长。

关于对现在社会的变化哪些方面最满意,48%选择物质生活不断改善,20%选择文化生活不断丰富,3.25%选择社会越来越公平,0人选择社会越来越文明,17.5%选择社会保障制度逐步完善,11.25%选择社会安定、人民幸福指数高。从选择看出,社会变化中最满意的还是物质生活的改善,其次是文化生活和社会保障,对于社会公平满意度很低,文明程度为零,说明人们对美好生活的追求不仅仅限于物质生活,社会公平、文明成为美好生活的主要因素。

对于最不满意的社会现状,选择社会分配差距越来越大的占 27.25%;选择教育机会和资源分配不公平的占 22.5%;选择文化生活贫乏的占 3.25%;选择人们文明素质降低的占 17.5%;选择人治大于法治的占 21.5%;选择社会保障制度不公平的占 8%。关于社会分配差距加上教育不公平和社会保障不公平,占 57.75%,说明人们对于社会公平和社会差距的不满意率最高;民众的文明素质降低,这是民众的普遍认知,应该加强国民的文明修养水平。还可以看出,各地民众对社会认知在某些方面有差别,如不满意人治大于法治,太原占到 21.5%,安徽仅占 6%,说明各地法治和社会规范程度不一样。

关于我国目前最急需解决的问题(可多选),选择经济发展的占 12%;选择道德建设加上信仰缺失的共占 57.5%;选择法治建设的占 28.75%;选择生态环境建设的占 16%;选择文化建设的占 12.75%。一多半选择道德建设和信仰建设,说明了民众对社会道德现状的不满。在所有地区最急需解决的问题调查中,太原对于法治建设的要求是最高的,说明该地区的法治和规范建设确实需要加强。关于急需解决的问题,经济发展占的比重较低,反映了民众对国家经济建设的信心。对于我国目前的社会发展状况,认为经济发展、政治清明、文化繁荣、越来越好的占 9.5%;认为经济发展,但道德法治建设需要加强的占 38.5%;认为经济发展,但政治体制需要改革的占 18.5%;认为经济发展进入瓶颈,文化根底空虚,政治腐败严重的占 33.5%。可以看出,民众依然是对道德建设的呼声最强,其次是政治腐败问题,道德建设、法治建设以及政治腐败问题的解决是我们国家一直要努力的工作。对于最关心的社会问题(可多选),选择收入问题的占 49.5%;选择食品安全的占 44.75%;选择环境安全的占 36%;选择社会公平的占 29.5%;选择国家体制改革和政策变化和领导人事变动的占 16%;选择个人权益的占 17.5%。可以看出,民众依次关心的是收入、食品安全、环境安全、社会公平等,这些都关系到民众的基本生活品质和身体健康。

（四）山东临沂关于社会认知的基本情况

对于改革开放以来变化最大的（可多选），认为是物质生活条件的占68.67%，认为是价值观念的占26.67%，认为是人际关系的占24%，认为是社会风气的占47.33%。改革开放以来物质生活条件的变化最大，社会风气变化也比较大，主要从人与人的关系上少了五六十年代那种相互的信任和互助。对于我国改革开放以来的变化，认为各方面都在变好的占45.33%；认为物质水平提高，道德水平下降的占25.33%；认为物质水平提高，但是社会两极分化严重，公平指数下降的占18.67%；认为除了物质水平提高，其他都在下降的占10.67%。认为道德水平下降、公平指数下降的总共占44%，在临沂这样具有奉献精神的革命老区和民风朴实的地方也未能幸免，但认为各种都在变好的比率比较高，很多人对社会各方面的进步比较满意。

关于对现在社会的哪些变化最满意，选择物质生活不断改善的占50%，选择文化生活不断丰富的占19.33%，选择社会越来越公平的占6%，选择社会越来越文明的占1.33%，选择社会保障制度逐步完善的占16%，选择社会安定、人民幸福指数高的占7.33%。从选择看出，社会变化中最满意的还是物质生活的改善，其次是文化生活和社会保障，对于社会公平、文明程度仅占7.33%，说明我国物质生活的改善与社会公平和民众文明素质的提高并没有同步，也是影响民众幸福感受的主要因素之一。对于最不满意的社会现状，选择社会分配差距越来越大的占40.67%；选择教育机会和资源分配不公平的占15.33%；选择文化生活贫乏的占4.33%；选择人们文明素质降低的占16.67%；选择社会阶层差距越来越大的占13.33%；选择人治大于法治的占4.67%；选择社会保障制度不公平的占6%。人们对于社会差距的现状最不满意，再加上不满意社会差距越来越大，占到54%；其次是文明素质、教育资源不公平；而对于法治建设和社会保障制度不满意率最低，说明了这些年中国法治建设和社会保障制度的进步。关于我国目前最急需解决的问题，选择道德建设的占 27.33%;选择信仰缺失的占 10.67%;选择生态环境建设的占 30%;选择法治建设的占 14%;选择经济发展的占 14%;选择文化建设的占 4%。生态环境建设排在第一位,道德建设排在第二位,经济发展和法治建设其后,一方面反映了民众对国家发展的信心,另一方面说明生态建设和道德建设的紧迫性,不仅需要国家层面的价值和规范制定,社会层面的多方面监督,还需要民众日常行为中的自我约束和自觉修养。

对于我国目前的社会发展状况,认为经济发展、政治清明、文化繁荣、越来越好的占 29.33%;认为经济发展,但道德法治建设需要加强的占 31.33%;认为经济发展,但政治体制需要改革的占 12%;认为经济发展进入瓶颈,文化根底空虚,政治腐败严重的占 27.33%。可以看出,民众对于道德建设的呼声最强,其次是政治腐败问题,经过党和国家重典治吏,特别是十八大以来的无缝反腐,民众对国家和党的领导也充满信心。对于最关心的社会问题(可多选),选择收入问题的占 55.33%;选择食品安全的占 52%;选择环境安全的占 32.67%;选择社会公平的占 19.33%;选择个人权益的占 26.67%;选择国家体制改革和政策变化的占 20.67%;选择领导人事变动的占 6.67%。民众关心的都是与民众切身利益相关而且是问题比较突出的领域,收入问题排第一,收入关系到整体的生活质量,依次是食品安全、环境安全、个人权益、国家政策变化、社会公平等。

(五) 禹城梁河社区关于社会认知的基本情况

对于改革开放以来变化最大的(可多选),认为是物质生活条件的占 82%;认为是价值观念的占 78%;认为是人际关系的占 38%;认为是社会风气的占 32%。认为物质生活条件和价值观念的变化最大。对于我国改革开放以来的变化,认为各方面都在变好的占 54%;认为物质水平提高,道德水平下降的占 30%;认为物质水平提高,但是社会两极分化严重,公平指数下降的占 10%;认为除了物质水平提高,其他都在下降的占 6%。大多数人认为各方面都在变好,但认为道德水平下降的比重也比较大。可以看出,在农村,民众更肯定国家的改革和发展成果;也可以反映出,农民积极乐观,少抱怨,他们重视的是最真实的利益,对社会和国家更多宽容。对现在社会变化最满意的(可多选),选择物质生活不断改善的占48%,选择文化生活不断丰富的占34%,选择社会越来越公平的占18%,选择社会越来越文明的占20%。从选择看出,社会变化中最满意的还是物质生活的改善,其次是文化生活,对于社会公平、文明程度的不断提高也持肯定态度,制度的公平、社会的文明和文化的发展是社会努力的方向。

对于最不满意的社会现状,选择社会分配差距越来越大的占34%,选择教育机会和资源分配不公平的占24%,选择文化生活贫乏的占6%,选择人们文明素质降低的占4%,选择社会阶层差距越来越大的占16%,选择人治大于法治的占16%,选择社会保障制度不公平的0人。可以看出,对于社会分配差距、教育资源不公,人们的不满意率最高,还有社会阶层差距和法治建设。相反,社会保障制度的建立与逐渐完善,得到民众的拥护。农民关注的都是切身利益、社会分配、教育问题等,也最能深刻体会国家法治和文明的发展情况。关于我国目前最急需解决的问题(可多选),认为是经济建设的占44%,选择道德建设的占26%,选择信仰缺失的占12%,选择法治建设的占8%,选择文化建设的占26%,选择生态环境建设的占4%。可以看出,对于农民和工人来说,最关注国家的经济发展和收入提高,还有道德建设与文化建设。对于我国目前的社会发展状况,认为经济发展、政治清明、文化繁荣、越来越好的占36%;认为经济发展,但道德法治建设需要加强的占44%;认为经济发展,但政治体制需要改革的占14%;认为经济发展进入瓶颈,文化根底空虚,政治腐败严重的占8%。部分民众对于国家的各方面发展信心比较足,但对于道德建设的呼声最强。对于最关心的社会问题(可多选),选择收入问题的占76%;选择食品安全的占66%;选择环境安全的占68%;选择社会公平的占4%;选择个人权益的占44%;选择领导人事变动的占22%;选择国家体制改革和政策变化的占14%。民众最关心的是收入、环境安全、食品安全、个人权益等与民众的切身利益相关的问题,对于国家体制改革和政策变化关注也较多,说明老百姓关心国家稳定和政策变化。

三、 关于物质生活条件和民生问题

(一) 安徽关于物质生活条件和民生问题的基本情况

关于改革开放以来什么物质生活条件变化最大,51%选择饮食,49.33%选择住房,65.33%选择交通,59.67%选择通信,29%选择服饰。改革开放以来,我们的物质生活条件发生了巨大的变化,首选交通和通信,交通的发达与便利和通信的方便与多样化,极大地改变了人们一成不变的生活方式,既是推动我国经济发展的基础,也是经济发展的主要标志。饮食和住房的变化也是巨大的,饮食结构的改善,饮食质量的提高,居住环境和空间的改善,使得人们的生活质量比改革开放之前不仅仅有量的提高,更有质的提升。原来是要求能够吃饱,现在是要吃好,原来是要有房住,现在是要住好房。收入的提高也使得服饰不再仅仅有遮体避寒的功能,更是审美的需要,需要的多样化推动了经济的发展。

在个人的消费结构中,占比重最大的,选择饮食的占32.33%,选择住房的占29%,选择教育的占17%,选择人际交往的占8%,选择休闲活动的占6.33%,选择服饰的占5%,选择交通的占3%。可以看出,基本的需求和发展性需求占最大比重,这也符合中国人的消费习惯。多数人解决了住房问题,如果是需要新购住房的,住房应该是最大的消费。近几年旅游在中国民众的消费结构中占的比重越来越大,成为促进经济发展的重要引擎。当然,民众的生活差距很明显地表现在住房、教育、服饰、休闲活动这些项目上,收入高的消费就多,收入少的相对消费就少。关于住房,人均住房20平米以下的占11.67%,20—50平米的占40.67%,50平米以上的占37%,有房的比例

89.33%，无房的比例 10.67%。关于饮食消费在收入中比重占收入 30% 以下的占 26%，占收入 30%—50% 的占 47.67%，占 50%—80% 的占 18.33%，占 80% 以上的占 8%。恩格尔系数(Engel's Coefficient)是食品支出总额占个人消费支出总额的比重，家庭收入越少，用来购买食物的支出所占的比例就越大，随着家庭收入的增加，家庭收入所用来购买食物的支出比例则会下降。联合国根据恩格尔系数的大小，对世界各国的生活水平有一个划分标准，即一个国家平均家庭恩格尔系数大于 60% 为贫穷；50%—60% 为温饱；40%—50% 为小康；30%—40% 属于相对富裕；20%—30% 为富足；20% 以下为极其富裕。根据调查安徽近一半家庭为小康和相对富裕，26% 为富足和极其富裕，温饱和贫穷的占 26.33%。

关于交通工具，选择自行车的占 6.67%，选择步行的占 23%，选择电动车的占 40.33%，选择公交车的占 13.33%，选择家庭汽车的占 16.67%，前四项比例占了 83.33%。交通工具的采用，一方面说明的是家庭富裕程度，另一方面是选择的生活方式。交通工具不选择汽车的不见得没有汽车，特别是近十几年，家庭拥有汽车的数量年年上升，现在大部分家庭都有汽车，有的家庭不止一辆。自行车、步行、电动车、公交车属于绿色出行方式，特别是步行和自行车还起到锻炼身体的作用。看一看各个城市街道上汽车挤得行人几乎没有走路和骑行的空间，就知道我们的道路上不是汽车少，而是太多了。

问到对现在的物质生活满意吗？满意和比较满意的占 56.67%，跟别人差距大不满意的占 32%；因为条件差不满意和非常不满意的占 8.33%。关于物质生活条件最不满意的是什么，9.33% 选择因为住房条件差，24.33% 选择收入低，23% 选择社会保障不均衡，31.67% 选择民众生活水平差距太大，没有不满意的占 11.67%。可以看出，民众的不满意集中在生活差距大、收入低和社会保障不均衡，其中社会差距最不满意。

关于医疗水平和服务，认为整体医疗水平差的占 9.33%；认为医院和医护人员道德素质低，一切向钱看的占 35%；看病太贵老百姓看不起的占 38%；

认为医疗水平和服务都不错的占 17.67%。可以看出,对于医疗水平和服务的现状,老百姓是比较不满意,一是对医护人员的道德素质,二是对医疗的机制,这也是我国目前医护系统所要解决的根本性问题。关于对我们目前的医疗保障是否满意,选择满意的占 6.33%;选择比较满意的占 37.67%;选择医疗保障不健全,老百姓看不起病的占 31%;选择医疗保障不公平、阶层差距大的占 24.67%。这个调查数据反映了医疗保障的差别,地区之间医保水平差距大。虽然我们国家在逐渐健全医疗保障,报销部分医疗费用,但是医疗保障差距大,特别是还没有实现跨地区医保,大病治疗有些老百姓还是负担不起。

关于义务教育现状,很满意和比较满意的共占 64.33%,因为教育质量差和教育资源分布不均衡不满意的共占 35.67%,中小学义务教育满意率较高,但是教育资源公平问题也是一个较为突出的问题。

(二) 上海关于物质生活条件和民生问题的基本情况

关于改革开放以来什么物质生活条件变化最大(可多选),61.18%选择交通,59.07%选择通信,56.96%选择饮食,59.49%选择住房,32.91%选择服饰。改革开放以来,我们的物质生活条件都发生了巨大的变化,从影响人们的生活方式来说,交通的变化最大,它使我们生活的空间距离大大缩小,工作效率大大提高,从而有更多可以自由支配的时间。通信、住房、饮食包括服饰都有很大的变化,这些影响人们的生活品质。

在个人的消费结构中,占比重最大的,35.44%选择饮食,34.18%选择住房,12.66%选择教育,7.59%选择服饰,5.06%选择通信,2.53%选择休闲活动,1.27%选择人际交往。依次是饮食、住房、教育、服饰、通信、休闲、交往,依次是基本需求、发展性需求、享受性需求、交往需求,基本需求占最大比重,在上海、北京这样的大城市,贷款买房的话,应该是住房占消费比重最大。交往的消费需求占比重最小,说明上海人际交往比较淡。但是休闲需求占的比重很小,与上海人的收入不成正比,大城市工作压力大更应该通过多样化的休闲活动缓解压力,休闲活动偏少,说明生活方式并不健康。相反,很多中小城市或者农村的休闲活动并不少。民众的生活多样性和生活幸福指数并不总与收入成正比。关于住房,25.32%人均住房 20 平米以下,20—50 平米的占36.71%,50 平米以上的占 17.72%,由单位提供住房的占 8.86%,租房住的占11.39%。有房的比例是 79.75%,无房的比例 20.25%,我们的调研主要是在居民区,打工者的比例相对少。关于饮食消费,54.43%消费占收入比重 30%以下,37.97%消费占收入 30%—50%,7.59%消费占 50%—80%,占 80%以上的 0 人。根据恩格尔系数的国际标准,54.43%为富足和极其富裕,37.97%家庭为小康和相对富裕,温饱和贫穷的占 7.59%,富裕比例高于其他地区。关于交通工具,选择自行车的占 6.3%,选择步行的占 17.72%,选择电动车的占22.78%,选择公交车的占 34.18%,选择家庭汽车的占 18.99%,前四项比例占80.98%。上海作为大都市,公共交通比较发达,特别是地铁大大方便了人们在市内的出行,绿色出行是生活的主导方式。

问到对现在的物质生活满意吗?满意和比较满意的占 77.22%,跟别人差距大不满意的占 17.72%,5.06%选择条件差不满意。在所有的调查区域中满意程度最高,可以看出上海发展给民众带来的利益和希望。关于物质生活条件最不满意的是什么,29.11%选择收入低,15.19%选择住房条件差,10.13%选择社会保障不均衡,18.99%选择民众生活水平差距大,没有不满意的占 26.58%。可以看出,民众的最不满意集中在收入低,其次是生活水平差距大、住房条件差,没有不满意的比例也较高。

关于医疗水平和服务,认为整体医疗水平差的占 34.18%;认为医院和医护人员道德素质低,一切向钱看的占 35.44%;看病太贵老百姓看不起的占20.25%;认为医疗水平和服务都不错的占 10.13%。可以看出,民众最不满意的是医疗水平和医护人员的道德素质。关于对我们目前的医疗保障是否满意,选择满意的占 30.38%,选择比较满意的占 34.18%,满意和比较满意的共64.56%;选择医疗保障不健全,老百姓看不起病的占 26.58%;选择医疗保障不公平、阶层差距大的占 8.86%。从上海和其他地区的比较看,对医疗保障的满意度较高,反映了我们国家大城市,像北京、上海这些地区,社会保障程度比较高,但是疾病特别是重大疾病依然是部分民众的重大负担。

关于义务教育现状,选择很满意和比较满意的共占 64.56%,选择不满意、中小学教育质量差的占 17.72%,选择不满意、教育资源分布不均衡的占 17.72%,不满意的共占 35.44%。在大城市中小学义务教育满意率比较高,但是也存在教育资源公平的问题。

(三) 山西太原关于物质生活条件和民生问题的基本情况

关于改革开放以来什么物质生活条件变化最大(可多选),56%选择通信,44%选择交通,39.25%选择住房,29.5%选择饮食,23.25%选择服饰。统计结果基本上反映了中国人物质生活条件的变化,通信、交通的变化大大拓宽了人们的活动空间,旅游成为一种生活方式是以交通、通信的发展为基础的;居住空间、居住环境的改善是人们生活质量提高的切实表现;饮食选择的多样化使得饮食的功能发生了变化,从最初的寻求温饱到现在的注重养生,中国的饮食文化也因为生活水平的提高被发扬光大;服饰的变化更多的是体现服饰功能的变化,从原来的遮身蔽体到现在审美需求。当然这一切都以经济的发展和人们收入的提高为前提。

在个人消费结构中,占比重最大的,选择住房的占 35%,选择饮食的占 27%,选择通信的占 8.25%,选择教育的占 11.5%,选择休闲活动的占 7.25%,选择服饰的占 4.5%,选择人际交往的占 6.5%。依次是住房、饮食、教育、通信和休闲活动,顺序是基本需求、交往需求、发展性需求、享受性需求,这也符合中国人的消费习惯。特别是通信消费和休闲消费占这样大的比重,说明民众越来越追求生活品质。关于住房,人均住房 20 平米以下的占 28.75%,20—50 平米的占 40%,50 平米以上的占 23.25%,由单位提供住房的占 8%,租房住的占 0 人。有房的比例是 92%,无房的比例为 8%。住房条件大大改善,但是农民进城对住房的需求以及城市居民的改善性住房成为需求的方向。关于饮食消费在收入中比重，占收入30%以下的占24%；占收入30%—50%的占58.5%；占50%—80%的占12.75%；占80%以上的占4.75%。按照联合国恩格尔系数对世界各国的生活水平的划分标准，58.5%家庭为小康和相对富裕，24%为富足和极其富裕，温饱和贫穷的占17.5%。但是这样的标准并不是在任何地方都是有效的，因为在中国，生活节俭历来被认为是优良的传统，而且部分民众还有住房还贷、医疗等费用，而占去民众的大部分收入，甚至会举债。中国人的饮食占的比重低，按照前面统计的收入，不一定是收入很高，即便是不高的收入，也有一定的储蓄，储蓄有可能是以各种消费的节省实现的。因此，联合国恩格尔系数标准并不一定能完全代表所有地方的生活水平。关于交通工具，选择自行车的占7.25%，选择步行的占27.5%，选择电动车的占18.5%，选择公交车的占15.25%，选择家庭汽车的占31.5%，前四项总共68.5%。统计说明，家庭轿车的比例较高。交通工具的采用，既与生活方式的选择有关，也与城市的公交系统的方便程度有关。

问到对现在的物质生活满意吗？满意和比较满意的占54.5%；选择条件中等，但跟别人差距大不满意的占38.25%；因为条件差不满意和非常差不满意的占7.25%。选择因为与别人差距大不满意的比重在所有的调查地区是比较高的。关于物质生活条件最不满意的是什么，选择因为住房条件差的占12.75%，选择收入低的占32.75%，选择社会保障不均衡的占17.5%，选择民众生活水平差距太大的占24.5%，没有不满意的占12.5%。不满意的比重较高，最不满意是收入低，其次是生活水平差距大、社会保障不均衡。

关于医疗水平和服务，认为整体医疗水平差的占16.75%，认为医院和医护人员道德素质低，一切向钱看的占24%；看病太贵老百姓看不起的占52%；认为医疗水平和服务都不错的占7.25%。可以看出，老百姓对医疗保障不满意率较高，因为对于收入不高的家庭来说，医疗费用是家庭的负担。对于医疗水平和服务的现状，老百姓也有较大的不满意。与此相关的是，是对我们目前的医疗保障是否满意,选择满意的占 8.75%;选择比较满意的占 25.75%;选择医疗保障不健全,老百姓看不起病的占 41.5%;选择医疗保障不公平、阶层差距大的占 24%。数据反映了医疗保障的差别,包括地区差别、群体差别,看病难、看病贵依然是很大的社会问题。健全医疗保障制度和措施,是关系老百姓生命利益的问题,应该在全国范围内逐渐完善。

关于义务教育现状,选择很满意和比较满意的共占 41%,选择不满意、中小学教育质量差的占 17.5%,选择不满意、教育资源分布不均衡的占 41.5%,不满意的共占 59%,中小学义务教育满意率不高,反映了中部教育和东部教育的质量差别,还有教育资源公平问题。

(四) 山东临沂关于物质生活条件和民生问题的基本情况

关于改革开放以来什么物质生活条件变化最大(可多选),选择饮食的占 43.33%;选择住房的占 42.67%;选择交通的占 58%;选择通信的占 48%;选择服饰的占 32%。依次是交通、通信、饮食、住房、服饰,基本上反映了社会的物质生活条件变化。

在个人的消费结构中,占比重最大的,选择饮食的占 24.67%,选择住房的占 34.67%,选择服饰的占 12%,选择通信的占 8%,选择教育的占 10%,选择休闲活动的占 2.67%,选择人际交往的占 8%。依次是住房、饮食、服饰和教育,生活需求和发展性需求占最大比重,休闲活动的消费所占比重很小,休闲活动的消费如旅游跟收入的多少直接相关。关于住房,人均住房 20 平米以下的占 21.33%;20—50 平米的占 46%;50 平米以上的占 22.67%;由单位提供住房的占 5.33%;租房住的占 4.67%。有房的比例是 90%,无房的比例是 10%。关于饮食消费在收入中比重,占收入 30% 以下的占 39.33%,占收入 30%—50% 的占 42%,占 50%—80% 的占 16.67%,占 80% 以上的占 2%。依据联合国根据恩格尔系数的大小对世界各国生活水平的划分标准,显示 42% 家庭为小康和相对富裕,39.33% 为富足和极其富裕,温饱和贫穷的占 16.67%。

数据一方面显示民众收入水平的提高,另一方面说明我国民众依然保持节俭的美德。

关于交通工具,选择电动车的占 56.67%,加上选择自行车、步行和公交车的,这四项比例占了 80.67%,选择家庭汽车的占 19.33%。我们的自行车大国正在被电动车大国取代,电动车以其环保、低耗费、相对快捷的方式取代了自行车,比较适应快节奏的生活。交通工具的采用一方面是因为家庭条件,如一般打工者因为收入的原因比较少选择汽车作为日常的交通工具。但是,有些人不是因为收入的原因选择绿色交通,而是选择了一种生活方式。现在各个城市,包括农村,几乎家家有汽车,但是在城市中上班,由于道路拥挤和停车不方便,汽车上下班不是最佳的选择。

问到对现在的物质生活满意吗? 满意和比较满意的占 48.67%,选择条件中等,但跟别人差距大不满意的占 36.67%;因为条件差不满意和非常不满意的占 14.67%,因为差距和条件差不满意的比例都较高。关于物质生活条件最不满意的是什么,选择因为住房条件差的占 10%,选择收入低的占 36%,选择社会保障不均衡的占 20.67%,选择民众生活水平差距太大的占 27.33%,没有不满意的占 6%。民众最不满意的是收入低,其次是生活差距大、社会保障不均衡,而收入是与经济发展水平一致的。

关于医疗水平和服务,认为整体医疗水平差的占 12%;认为医院和医护人员道德素质低,一切向钱看的占 28%;看病太贵老百姓看不起的占 34.67%;认为医疗水平和服务都不错的占 25.33%。可以看出,民众首先对医疗机制不满意,其次对于医护人员的道德素质有较大不满意,但对医疗水平和服务持肯定态度在调查地区是最高的。关于对我们目前的医疗保障是否满意,选择满意的和比较满意的二者占 50%;选择医疗保障不健全,老百姓看不起病的占 34.67%;选择医疗保障不公平、阶层差距大的占 15.33%,满意和不满意各占 50%。近些年国家的医疗保障逐渐全面覆盖,但是保障的幅度地区、人员之间有差别,大病治疗对普通家庭仍是很大的负担。

关于义务教育现状,选择很满意和比较满意的共占 68.67%,选择不满意、中小学教育质量差的占 12%,选择不满意、教育资源分布不均衡的占 19.33%,中小学义务教育满意率较高。

(五) 禹城梁河社区关于物质生活条件和民生问题的基本情况

关于改革开放以来什么物质生活条件变化最大(可多选),选择饮食的占 80%;选择住房的占 84%;选择服饰的占 62%;选择通信的占 54%;选择交通的占 42%。在梁河社区,因为社区改造,人们从平房进入楼房,居住环境、舒适度都有很大的改善,所以人们感受最深刻的是住房;其次因为收入提高而改变的是饮食;再是服饰,一是社会发展提供多样化的选择,二是收入提高可以进行选择;再就是通信、交通。对于在农村的农民来说,生活水平的提高最主要的是住房和饮食的改善。

在个人的消费结构中,占比重最大的,选择住房的占 32%,选择饮食的占 26%,选择服饰的占 18%,选择通信的占 8%,选择教育的占 4%,选择休闲活动的占 6%,选择人际交往的占 6%,依次是住房、饮食和服饰等,基本的需求占最大比重;对于教育来说,除了考上大学花的钱较多,中小学义务教育,花费较少。关于住房,人均住房 20 平米以下的 0 人;20—50 平米的占 68%;50 平米以上的占 34%;由单位提供住房的占 4%;租房住的 0 人,无房的占 4%,这些基本是去外地打工者。关于饮食消费在收入中比重,占收入 30% 以下的占 30%;占收入 30%—50% 的占 54%;占 50%—80% 的占 16%;占 80% 以上的没有。根据联合国恩格尔系数大小对世界各国生活水平的划分标准,调查显示,30% 为富足,小康和相对富裕的占 54%,16% 家庭为温饱和贫穷,可以看出农村的生活水平确实有很大改善。关于交通工具,选择自行车的占 5%,选择步行的占 2.5%,选择电动车的占 14%,选择公交车的占 27.5%,选择家庭汽车的占 51%。在农村,自行车作为交通工具,主要是老年人,年轻人选择电动车或者汽车,汽车的使用比例较高,一是距离较远适合汽车,二是也能看出农村人要面子的特点。

问到对现在的物质生活满意吗？满意和比较满意的占 72%,选择条件中等,但跟别人差距大不满意的占 28%;满意程度较高,仅次于上海。没有人选择条件差不满意和条件很差非常不满意,可以看出农民知足常乐的特点。关于物质生活条件最不满意的是什么,选择因为住房条件差的占 14%,选择收入低的占 44%,选择社会保障不均衡的占 18%,选择民众生活水平差距太大的占 8%,没有不满意的占 26%。可以看出,最不满意的是收入低,其次是社会保障不均衡,和其他地区相比,没有不满意的比重较高。

关于医疗水平和服务,认为整体医疗水平差、医院和医护人员道德素质低、看病太贵老百姓看不起的三项总共占 14%;认为医疗水平和服务都不错的占 86%。一方面反映国家整顿医疗行业有成效,另一方面说明农村老百姓因为医疗保障减轻了看病负担,特别是有些老年病免费看,使得农村的老百姓比较知足。关于对我们目前的医疗保障是否满意,选择满意的占 34%,选择比较满意的占 66%,没有人选择老百姓有病看不起和医疗保障阶层差距大。对于医疗社会保障的逐步完善,老百姓感受最明显,现在医疗保障社会全覆盖,虽然是部分保障,但是老百姓已经比较满足。

关于义务教育现状,选择很满意和比较满意的共占 92%,选择不满意、中小学教育质量差和教育资源分布不均衡的共占 8%,中小学义务教育满意率很高。

四、 交往状况

(一) 安徽关于社会交往的状况

关于家庭结构,选择核心家庭的占 53.33%,三代以上同堂的占 36.33%,丁克家庭占 0.67%,单身占 9.67%。比起传统社会的注重三代以上大家庭结构,现在核心家庭成为家庭的主要模式,说明代际之间的生活模式有比较大的差别,也说明家庭生活模式的多样化。

关于交友途径,选择因为工作关系的占 30.67%,选择血缘亲情的占 13.33%,选择同学的占 40.67%,选择休闲活动的占 9.33%,选择网络的占 2.67%,选择偶然机会的占 3.33%。工作关系和同学关系这些传统的方式依然是交友的主要途径,对于休闲活动和网络交友占少数,这说明虽然人们的活动方式多样化,但是朋友的信任关系还是建立在长期交往的基础上,网络或者休闲活动那些交往密度不大的方式还不足以建立作为朋友的信任。关于最重要的人际交往,选择亲戚的占 17.67%,选择同学的占 28.67%,选择朋友的占 32%,选择同事的占 14%,选择生意伙伴的占 6.33%,选择同乡的占 1.33%。朋友、同学、亲戚、同事是主要的人际交往范围,说明在人际交往的密度上,一是建立在经常性交往的朋友之间,二是因为各种渊源而进行的人际交集,人自身的生活范围就是自己的活动圈子。关于人际交往的主要目的选择联系感情的占 27.67%,选择互相帮助的占 26%,选择人情往来的占 14.67%,选择趣味相投的占 9%,选择生意往来的占 4.33%,联系感情、互相帮助、人情往来占据人际目的的前三项。在城市生活中,休闲活动成为除工作之外的主要生活方式,但是还不是人际交往的主要方式,也就是说,很多人是休闲活动的伙伴,但是这种伙伴关系联系并不紧密,也没有情感的约束性,而且随意性较强。只有那些基于个性欣赏的朋友,有共同学习和生活经历的同学,有工作关系和生活交集的同事,以及基于血缘亲情而在生活上有交集的这些人才有了情感上的联系和密度。关于人际交往的主要原则,选择对我发展有利者无论人品好坏都交往的占 6.33%,选择基于人品认可的占 64%,选择兴趣爱好相投和选择看缘分的两者相加占 28.67%,说明纯粹基于功利交往的占很少数,大多数人是有基本的价值原则和人品要求的。关于人际交往对生活的影响,18.33%选择有朋友不孤独,53%选择生活圈子扩大、丰富自己的生活,11.33%选择过家庭小日子、人际交往没有对自己没有影响,17.33%选择可以获得很多信息和机会。人最离不开的是他人,健康的人际交往是丰富人生命的最主要的方式,也是进行比较、不断进步的主要途径之一。

（二）上海关于社会交往的状况

关于家庭结构，选择核心家庭的占 54.43%，三代以上同堂的占 26.58%，丁克家庭占 7.59%，单身占 11.39%。核心家庭成为现代社会的主要家庭模式，城市中三代同堂的情况一部分是老人养老，另一部分是年轻人打拼，老人帮助照看孩子。

关于交友途径，选择因为工作关系的占 35.44%，选择血缘亲情的占 11.39%，选择同学的占 21.52%，选择休闲活动的占 16.46%，选择网络的占 6.33%，选择偶然机会的占 8.86%。工作关系和同学关系这些传统的方式也是城市居民交友的主要途径，休闲活动、偶然机会和网络交友占 31.65%，说明活动方式的多样化使人们获得了更多的交往机会。关于最重要的人际交往，选择亲戚的占 22.78%，选择同学的占 16.46%，选择同事的占 26.58%，选择生意伙伴的占 17.72%，选择朋友的占 10.13%，选择同乡的占 6.33%。同事、亲戚、生意伙伴、同学是最重要的人际交往圈，说明在人际交往的密度上，一是建立在有工作关系的同事之间，二是有更多日常生活交往的亲戚，三是由于生意而建立的交往关系，四是由于学缘而建立的同学关系，其他还有性格或者其他因缘而建立的朋友关系等。值得注意的是，在上海，因为生意关系而建立的交往关系在人际交往中占较大比重，这说明上海作为亚洲金融中心，经济生活比较活跃。关于人际交往的主要目的，选择联系感情的占 21.52%，选择互相帮助的占 20.25%，选择生意往来的占 17.71%，选择人情往来的占 24.05%，选择趣味相投的占 16.46%，依次是人情往来、联系感情、互相帮助、生意往来、趣味相投，这个现象说明，大城市人的生活比较自由，有更多的个性选择。关于人际交往的主要原则，选择对我发展有利者无论人品好坏都交往的占 29.11%，选择基于人品认可的占 39.24%，选择兴趣爱好相投的占 16.46%，选择看缘分的占 15.19%。基于人品选择交往还是第一位的，但是在上海这样的金融和经济中心,基于利益交往也成为交往的重要来源。关于人际交往对生活的影响,选择有朋友不孤独的占 29.11%,选择生活圈子扩大、丰富自己生活的占 45.57%,选择过家庭小日子、人际交往没有对自己没有影响的占 13.92%,选择可以获得很多信息和机会的占 11.39%,绝大多数有比较开放的人际交往。各种形式的人际交往承担着不同的功能,满足着人的不同要求,由于每个人的性格、兴趣不同,对于人际交往以及人际交往的范围都有不同的认识和要求。健康的人际交往是人的生命的正确打开方式,抱着开放的心态与他人进行交往,既丰富了自己,也可以在学习比较中不断进步。

（三）　山西太原关于社会交往的状况

关于家庭结构,选择核心家庭的占 46.5%,三代以上同堂的占 24.25%,丁克家庭占 11%,单身占 18.25%。比起传统社会注重三代以上大家庭结构,核心家庭成为家庭的主要模式,特别是年轻人,更希望有自己的生活空间,但是在养育孩子和养老问题到来的时候,三代同堂依然是很多人生活的常态。

关于交友途径,选择因为工作关系的占 40.75%,选择血缘亲情的占 17.5%,选择同学的占 18.75%,选择休闲活动的占 9.5%,选择网络的占 7%,选择偶然机会的占 6.5%。工作关系、同学关系、血缘亲情这些传统方式依然是交友的主要途径,这说明虽然人们的活动方式多样化,但是朋友建立的基础仍然是彼此的信任和帮助。关于最重要的人际交往,选择亲戚的占 16.75%,选择同学的占 23%,选择朋友的占 22%,选择同事的占 32.75%,选择生意伙伴的占 1.5%,选择同乡的占 4%。同事、同学、朋友、亲戚是主要的人际交往圈子,人的交往圈子就是因为各种渊源而进行的人际交集,人际范围就是一个人的工作和生活活动范围。关于人际交往的主要目的选择联系感情的占 41.5%,选择互相帮助的占 25.5%,选择人情往来的占 14.5%,选择趣味相投的占 12%,选择生意往来的占 6.5%,联系感情、互相帮助占据人际目的的前两项,再有就是人情往来和趣味相投。这是中国人生活的一个特点,说中国人情味浓,就是因为中国人注重情感的交流和互助。关于人际交往的主要原则,选择对我发展有利者无论人品好坏都交往的占 12%,选择基于人品认可的占 61%,选择兴趣爱好相投的占 17.5%,选择看缘分的占 9.5%。人品是交往的首要原则,再就是趣味相投。关于人际交往对生活的影响,选择有朋友不孤独的占 14.5%,选择生活圈子扩大、丰富自己的生活的占 44%,选择过家庭小日子、人际交往没有对自己没有影响的占 20.75%,选择可以获得很多信息和机会的占 20.75%。健康的人际交往对人的生命和谐和丰富具有重要意义,城市作为陌生人社会,更需要志趣相投的人之间联系感情、互相帮助,丰富自己的生活,感受情谊上的温暖。从数据看,多于五分之一的人只过自己的日子,较少人际交往,这既与性格有关,也与城市生活环境有关。

(四) 山东临沂关于社会交往的状况

关于家庭结构,选择核心家庭的占 48%,三代以上同堂的占 38.67%,丁克家庭占 3.33%,单身占 10%。核心家庭成为家庭的主要模式,但在朴实实在、讲究孝道的临沂,三代以上同堂占的比重还比较大。

关于交友途径,选择因为工作关系的占 47.33%,选择血缘亲情的占 21.33%,选择同学的占 17.33%,选择休闲活动的占 8.67%,选择网络的占 1.33%,选择偶然机会的占 4%。工作关系、血缘亲情、同学关系这些传统的方式仍然是交友的主要途径。关于最重要的人际交往,选择亲戚的占 30.67%,选择朋友的占 22.67%,选择同事的占 22.67%,选择同学的占 16%,选择生意伙伴的占 5.33%,选择同乡的占 2.67%。亲戚、同事、朋友、同学是主要的人际交往圈子,说明临沂比较传统,亲戚占了最大的比重。关于人际交往的主要目的,选择联系感情的占 30.67%,选择互相帮助的占 28%,选择人情往来的占 24%,选择趣味相投的占 9.33%,选择生意往来的占 8%,依次是联系感情、互相帮助、人情往来、趣味相投、生意往来,人际交往更多的是工作和日常生活中的交往。关于人际交往的主要原则,选择对我发展有利者无论人品好坏都交往的占 10.67%,选择基于人品认可的占 62%,选择兴趣爱好相投的占 18%,选择看缘分的占 9.33%。由于临沂经济发展聚合效应的影响,基于利益进行人际交往占一定的比例,但大多数人交友是有基本的价值原则和人品要求的。关于人际交往对生活的影响,选择有朋友不孤独的占 28%,选择生活圈子扩大、丰富了自己的生活的占 40%,选择过家庭小日子、人际交往没有对自己没有影响的占 12.67%,选择可以获得很多信息和机会的占 19.33%。健康的人际交往不但可以丰富自己的生活,也是很重要的情感之源,也是健康生活、不断进步的主要途径之一。

(五) 禹城梁河社区关于社会交往的状况

关于家庭结构,选择核心家庭的占 34%,三代以上同堂的占 66%,丁克家庭和单身无。在农村,由于生活、照顾孩子和养老问题,三代同堂占较高比重。农村的家庭结构模式相对更传统一些。

关于交友途径,选择因为工作关系的占 26%,选择血缘亲情的占 18%,选择同学的占 20%,选择休闲活动的占 22%,选择网络的占 14%。可以看出,工作关系、休闲活动、同学关系和血缘亲情是交友的主要途径,休闲活动成为主要的交友途径,说明农村人们之间的交往没有距离感,属于熟人社会的特点。关于最重要的人际交往,选择亲戚的占 22%,选择同学的占 22%,选择朋友的占 20%,选择同事的占 24%,选择生意伙伴的占 8%,选择同乡的占 4%。同事、亲戚、同学、朋友是主要的人际交往圈,实际上就是自己的生活活动圈。关于人际交往的主要目的选择联系感情的占 34%,选择互相帮助的占 22%,选择人情往来的占 14%,选择趣味相投的占 18%,选择生意往来的占 12%,依次是联系感情、互相帮助、趣味相投、人际往来、生意往来,多种的交往目的说明了人们的活动方式的多样化。关于人际交往的主要原则,选择对我发展有利者无论人品好坏都交往的 0 人,选择基于人品认可的占 46%,选择兴趣爱好相投的占 54%。在农村这种熟人社会中,兴趣相投成为联系的最主要原则,看出当代社会人们日常生活的个性凸显。关于人际交往对生活的影响，选择有朋友不孤独的占 6%，选择生活圈子扩大、丰富自己生活的占 58%，选择过家庭小日子、人际交往没有对自己没有影响的占 6%，选择可以获得很多信息和机会的占 30%。可以看出，农村人的生活观念有了很大的改变，不再是囿于农村生活的狭小圈子，有了更开放的生活理念和更广阔的人际交往。

五、 关于价值观

（一） 安徽关于价值观的情况

关于持何种家庭观念，认为夫妻之间忠诚、真诚相待最重要的占 37.33%；认为宽容理解更重要的占 39.33%；认为家和万事兴的占 16.33%；认为婚姻是维持门面的占 1%。家是个人情感的归属地，宽容理解是维持家庭和谐最重要的品质，真诚地对待彼此才会互相温暖，才会为事业发展提供坚强的后盾。对于人际交往中最美好的品德，认为是以诚相待的占 51%；认为是善良的占 14.67%；认为应该是己所不欲勿施于人的占 22.33%；认为是助人为乐和无私奉献的二者共占 12%。人际交往最美好的品德是以诚相待，这也是人和人相处最基本的品质；其次己所不欲勿施于人，这是一种基本的尊重别人的优良品质；选择助人为乐和无私奉献的较少。关于处事原则，选择赠人玫瑰手留余香的占 36%；选择己所不欲勿施于人的占 63.67%，选择事不关己高高挂起的占 6.67%；选择人不为己天诛地灭的占 3.67%。更多的人能做到独善其身，少部分人能够做到助人为乐、奉献社会，只关注自我、自我至上的占少数，虽然是少部分，但是对社会风气产生的负面作用不可小觑。

关于社会道德现状以前好还是现在好，选择五六十年代好、风清气正和选择改革开放之前好、道德水平比较高的共 21.67%；30.67%选择现在好、自由；22.67%选择改革开放之后道德水平整体下降，现在逐渐恢复；25%选择改革开放前后各有优缺点，市场机制、法治建设、自由竞争、改革开放少了很多清规戒律,法不禁止即自由,这都是社会的进步;44.33%的人认为改革开放之前道德建设比较好,反映了改革开放之后我国道德建设和人的文明素质教育的缺失。关于我们目前最根本的价值缺失,18.33%认为党的干部队伍腐败严重,18.67%认为民众个人道德素质低下,22.33%认为金钱至上,14.33%认为自私自利、个人主义严重,7.33%认为法治意识淡薄,5%认为无理想、无信念,14%认为社会整体道德水平下降。可以看出,金钱至上、道德素质降低、干部腐败、自私自利是当前社会价值缺失的主要表现。

关于是否知道社会主义核心价值观的内容,全部知道和知道一些的达到了61.67%,38.33%仅仅知道一点或者一点也不知道,说明社会主义核心价值观宣传效果较好,当然社会主义核心价值观的培育和践行还有很多工作要做。关于现在宣传的价值观念有什么不足,68.33%认为宣传和老百姓日常生活有距离或者假大空。这里所反映的问题,不是价值方向的问题,而是价值观念的可操作性问题,如何让老百姓内心信仰并愿意身体力行,这是核心价值观教育的关键。价值观念的制度化运行,榜样的作用,国家对模范人物的尊重与奖励,法治和道德的结合,舆论的引导,特别是社会风气的改良,只有发挥社会的合力,价值观才能重塑。

关于我国传统文化中,哪些观念值得我们传承下去,30%选择仁义礼智信,14.67%选择孝的观念,19.67%选择尊老爱幼,16.33%选择和谐宽容,22.67%选择凡是有利于人的发展、适合社会发展的都应该传承下去。因此,我们应该好好挖掘传统文化中优秀的价值观念,尤其是仁义礼智信的内容,对这些内容进行创造转化,使其成为当代文化中最有价值和特色的一部分。

(二)上海关于价值观情况

关于持何种家庭观念,认为夫妻之间忠诚、真诚相待最重要的占45.57%;认为宽容理解更重要的占31.65%;认为夫妻之间是物质生活相互支持、精神安慰的占6.33%;认为家和万事兴的占16.46%;认为是为了孩子凑合过的 0 人;认为婚姻是维持门面的 0 人。几乎所有人对家庭的理解都具有正能量,可以看出,家庭在每个人中的地位。家是人最"放心"的地方,只有真诚,才会"放心",宽容理解是维持家庭和谐的基础,家庭和谐才会为事业发展提供坚强的后盾。在大城市中,打拼在外的人更需要家庭的温暖,家庭依然是人生活最核心、最重要的部分。

对于人际交往中最美好的品德,认为是以诚相待的占 36.71%;认为是善良的占 35.44%;认为应该是己所不欲勿施于人的占 6.33%;认为是助人为乐的占 20.25%;认为是无私奉献的占 1.27%。虽然无私奉献只是个别人坚持的品德,但是在市场经济社会,以诚相待、善良、助人为乐这些积极的品德占据绝大部分,整个社会的价值导向是向上的,这种对美好价值的坚持是社会发展的动力。关于处事原则,选择赠人玫瑰手留余香的占 44.31%;选择己所不欲勿施于人的占 35.44%;选择事不关己高高挂起的占 20.25%;选择人不为己天诛地灭的 0 人。更多的人选择善待他人、助人为乐,有三分之一多的人能做到尊重他人,有五分之一的人不多管闲事,没有人选择只关注自我,说明大城市中人的文明素质在提高,人与人的关系不再那么冷漠。

关于社会道德现状,认为以前好还是现在好,选择五六十年代好,风清气正的占 29.11%;选择改革开放之前好,道德水平比较高的占 24.05%;选择现在好、选择自由的占 25.32%;选择改革开放之后道德水平整体下降,现在逐渐恢复的占 15.19%;选择改革开放前后各有优缺点的占 6.33%。多于二分之一的人选择改革开放之前风气好和道德水平高,仅有四分之一选择现在好、选择自由,这说明,人们对于社会风气和民众的道德素质有很大不满,期待民众道德素质提高、社会风气好转。关于我们目前最根本的价值缺失,认为党的干部队伍腐败严重的占 29.11%,认为民众个人道德素质低下的占 20.25%,认为金钱至上的占 8.86%,认为自私自利、个人主义严重的占 12.66%,认为法治意识淡薄的占 17.71%,认为社会整体道德水平下降的占 8.86%,认为无理想、无信念的占 3.80%。可以看出,干部腐败、道德素质降低、法治意识淡薄、自私自利等是当前社会价值缺失的主要表现。

关于是否知道社会主义核心价值观的内容,全部知道和知道一些的达到了70.89%,29.11%仅仅知道一点或者一点也不知道。社会主义核心价值观的宣传取得了较好的效果,这是基础,更重要的是对社会主义核心价值观的信仰和践行。关于现在宣传的价值观念的不足,13.92%的人很全面、能落实现实生活中,86.08%认为宣传和老百姓日常生活有距离或者假大空。对于老百姓来说,宣传和价值生活化的过程是非常必要的,尤其是对榜样人物的精神鼓励和物质鼓励,会成为普通老百姓价值行为的方向标。

关于我国传统文化中,哪些观念值得我们传承下去,22.78%选择仁义礼智信,30.38%选择孝的观念,18.99%选择尊老爱幼,12.66%选择和谐宽容,2.53%选择凡是有利于人的发展、适合社会发展的都应该传承下去。实际上,人们的日常生活中,传承最好的也是孝道,孝围绕着血缘亲情,是中国人的人情味的最有特色的表现。传统的优秀文化是我们的精神瑰宝,要构建当代中国特色的先进文化,必须传承优秀传统文化,以音乐、绘画、电影、电视、比赛、教育等方式进行转化,成为当代中国文化中最亮眼和具有特色的部分。

（三）山西太原关于价值观的情况

关于持何种家庭观念,认为夫妻之间忠诚、真诚相待最重要的占37.5%;认为宽容理解更重要的占30.75%;认为夫妻之间是物质生活相互支持、精神安慰的占9.5%;认为家和万事兴的占20.75%;认为是为了孩子凑合过的占1.5%;认为婚姻是维持门面的0人。忠诚、真诚相待的家庭才是情感的归属地,宽容理解才能维持家庭的和谐,家庭和睦则是事业发展的支撑。对于人际交往中最美好的品德,认为是以诚相待的占38.5%;认为是善良的占23.25%;认为应该是己所不欲勿施于人的占24.5%;认为是助人为乐的占12.25%;认为是无私奉献的占1.5%。以诚相待,相处才会简单、轻松,己所不欲勿施于人是尊重他人的品质,善良是社会和谐的重要品质,助人为乐、无私奉献则使人感受到社会的温暖。关于处事原则,选择赠人玫瑰手留余香的占50.5%,选择己所不欲勿施于人的占44%,选择事不关己高高挂起的占4.75%,选择人不为己天诛地灭的占0.75%。一半多的人选择善待他人、助人为乐,还有近一半选择能做到己所不欲勿施于人,只有极少数只关注自我、自我至上。这说明社会正能量居于主流地位。

关于社会道德现状,认为以前好还是现在好,24%选择五六十年代好,风清气正;24%选择改革开放之前好,道德水平比较高;16.75%选择现在好、选择自由;24%选择改革开放之后道德水平整体下降,现在逐渐恢复;11.25%选择改革开放前后各有优缺点。可以看出,道德水准的下降是绝大多数人的共识。关于我们目前最根本的价值缺失(可多选),33.5%认为党的干部队伍腐败严重,14.5%认为民众个人道德素质低下,24%认为金钱至上,15.25%认为自私自利、个人主义严重,12.75%认为法治意识淡薄,11.25%认为无理想、无信念,10.5%认为社会整体道德水平下降。可以看出,干部腐败、金钱至上、自私自利、道德素质降低,是当前社会价值缺失的主要表现。

关于是否知道社会主义核心价值观的内容,全部知道和知道一些的达到了56.75%,相比于其他地区来说比例较低,43.25%仅仅知道一点或者一点也不知道。因此,价值观的宣传和教育工作是长期的,还要将社会主义核心价值观艺术化、生活化,渗透到工作和日常生活中。关于现在宣传的价值观念有什么不足,11.25%选择高大上,64%的认为宣传和老百姓日常生活有距离或者假大空,24.75%选择很全面、能落实现实生活中。这里就涉及如何将价值观念落实到老百姓的日常生活中的问题,也就是核心价值观的实践问题。

关于我国传统文化中,哪些观念值得我们传承下去(可多选),30.5%选择仁义礼智信,28%选择孝的观念,21.5%选择尊老爱幼,19.25%选择和谐宽容,16.75%选择凡是有利于人的发展、适合社会发展的都应该传承下去。优秀的传统文化在民众的日常生活中都是有基础的,关键是我们要重新将这些优秀的价值观念挖掘,进行现代转化,让年轻一代继续传承发扬,使之成为现代中华民族人格的组成部分。

（四）山东临沂关于价值观的情况

关于持何种家庭观念，认为夫妻之间忠诚、真诚相待最重要的占43.33%；认为宽容理解更重要的占26.67%；认为夫妻之间是物质生活相互支持、精神安慰的占6%；认为家和万事兴的占18%；认为是为了孩子凑合过的占4%；认为婚姻是维持门面的占2%。家是中国人情感的归属地，注重亲情也是中国人生活的特色之一，真诚相待、宽容理解是家庭和谐最重要的品质。

对于人际交往中最美好的品德，认为是以诚相待的占58%；认为是善良的占10.67%；认为是己所不欲勿施于人的占20%；认为是助人为乐和无私奉献的占11.33%。人际交往最美好的品德是以诚相待，尊重别人则是人和人友好相处的底线，善良、助人为乐和无私奉献也是美好的品德，但是当代社会不是首选，这说明社会风气中，奉献意识和助人意识有待加强。关于处事原则，选择赠人玫瑰手留余香的占57.33%；选择己所不欲勿施于人的占34%；选择事不关己高高挂起的占5.33%；选择人不为己天诛地灭的占3.33%。大多数会选择帮助别人，而选择己所不欲勿施于人的占三分之一，帮助别人、尊重他人占社会的主流。

关于社会道德现状，认为以前好还是现在好，选择五六十年代好，风清气正的占14%；选择改革开放之前好，道德水平比较高的占16%；选择现在好、选择自由的占29.33%；35人选择改革开放之后道德水平整体下降，但现在正在恢复的占23.33%；26人选择改革开放前后各有优缺点，占17.33%。市场经济条件下，社会的包容和开放使得人们的工作、生活方式都有了更多的选择，公平竞争的环境使得人可以通过努力改变自己的命运，也激发了社会的活力。但是，一半以上的人改革开放之后道德水平下降。关于我们目前最根本的价值缺失，认为党的干部队伍腐败严重的占32.67%，认为民众个人道德素质低下的占 22%,认为金钱至上的占 20%,认为自私自利、个人主义严重的占 11.33%,认为法治意识淡薄的占 3.33%,认为无理想、无信念的占 2%,认为社会整体道德水平下降的占 8.67%。干部腐败、道德素质降低、金钱至上、自私自利是当前社会价值缺失的主要表现。

关于是否知道社会主义核心价值观的内容,全部知道和知道一些的达到了 44%,知道一点和一点也不知道的占 56%。关于现在宣传的价值观念有什么不足,61.33%认为宣传和老百姓日常生活有距离或者假大空,16.67%选择高大上,22%选择很全面、能落实现实生活中。社会主义核心价值观的认同和实施关系到整个社会价值导向和社会风气的转变,需要加强核心价值观的宣传,并有效贯彻核心价值观的实施。

关于我国传统文化中,哪些观念值得我们传承下去,37.33%选择仁义礼智信,17.33%选择孝的观念,22.67%选择尊老爱幼,14.67%选择和谐宽容,8%选择凡是有利于人的发展、适合社会发展的都应该传承下去。我国传统文化的优秀价值都是落实到人的日常行为和生活中的观念,早已在民众的日常生活和行为中扎根,只是由于历史的因素使得我们对传统文化对于现代社会的价值产生了误解。我们现在要做的工作就是挖掘出优秀传统文化中的优秀价值观念,特别是其中的文明修养内容,和现代社会的法治、平等观念融合,结合当代社会发展和人的发展实际,对这些内容通过各种现代艺术形式进行现代转化,让其成为当代中国文化最有价值和特色的一部分。

（五）禹城梁河社区关于价值观的情况

关于持何种家庭观念,认为夫妻之间忠诚、真诚相待最重要的占 44%;认为宽容理解更重要的占 50%;认为夫妻之间是物质生活相互支持、精神安慰的占 6%。家作为个人情感最重要的依靠,宽容和真诚是维持家庭和谐最重要的品质。对于人际交往中最美好的品德,认为是以诚相待的占 22%;认为是善良的占 14%;认为应该是己所不欲勿施于人的占 38%;认为是助人为乐和无私奉献的共占 26%。认为己所不欲勿施于人和以诚相待最美好,这说明更多的人希望彼此的尊重和相互的信任。关于处事原则,选择赠人玫瑰手留余香的占 34%;选择己所不欲勿施于人的占 66%;没有人选择事不关己高高挂起和人不为己天诛地灭。大多数受访者选择己所不欲勿施于人,说明现代社会更注重个人空间,更注重尊重他人,当然也有不少人愿意善待他人、助人为乐,这两种原则都是社会上的正能量。

关于社会道德现状,认为以前好还是现在好,选择五六十年代好、风清气正和改革开放之前好、道德水平比较高的共占 18%;选择现在好、选择自由,占 46%;选择改革开放之后道德水平整体下降,但现在又慢慢提高的占 36%。更多的人肯定改革开放之后多方面的进步以及道德水平的不断改善,在所有调研地区所占比重最高。关于我们目前最根本的价值缺失,34%认为党的干部队伍腐败严重,18%认为民众个人道德素质低下,2%认为金钱至上,6%认为自私自利、个人主义严重,34%认为法治意识淡薄,6%认为社会整体道德水平下降。干部腐败、法治意识淡薄、道德素质降低是老百姓眼中当前社会价值缺失的主要表现。

关于是否知道社会主义核心价值观的内容,全部知道、能背过的有 0 人,知道一些的占 82%,知道一点的占 18%,一点也不知道的没有,可以看出关于社会主义核心价值观的宣传很有效果。关于现在宣传的价值观念有什么不足,选择高大上的占 6%,没有人选择假大空,选择和老百姓的日常生活有距离的占 30%,选择很全面、能落实现实生活中的占 64%,说明老百姓对于社会主义核心价值观在农村、在社区的宣传工作比较肯定,这也是农村社会文明程度提高的原因之一。

关于我国传统文化中,哪些观念值得我们传承下去,46%选择仁义礼智信,38%选择孝的观念,14%选择尊老爱幼,4%选择和谐宽容。传统优秀文化一直影响着中国人的人生态度,仁义礼智信则是人与人和谐的因素,孝是中国人家庭和睦的基础,需要我们在日常生活中发扬。

六、 休闲生活和文化生活

（一）安徽关于休闲生活和文化的情况

关于一周平均多长时间锻炼身体,选择每天有固定时间锻炼身体的占10.67%,每周抽出一两天锻炼身体的占31%,每个月会有一两次活动时间的占17.33%,选择基本上没有时间锻炼身体的占41%。没有时间锻炼身体的占这么大的比重,不是好的生活方式。工作压力大,不科学的饮食和作息习惯是很多年轻人亚健康甚至身体过早衰退的很重要的原因。选择节奏恰当的生活方式、爱惜身体也是人生的智慧表现。关于多长时间旅游一次,选择每年都有和不定期的占46%,选择很少的和从来没有的占54%。旅游已经成为很多中国人的生活方式之一,既能带动经济发展,也能开阔视野、放松身心、减轻压力。但是,很多人由于财力和时间的关系,没有条件旅游。从这样的比例看出,选择健康、绿色的生活方式,并以生活方式的变化带动经济发展和社会发展的转型,在我国还有很大的空间。

关于主要的休闲活动,上网占的比重最大,占29.67%,选择娱乐活动的占18%,选择锻炼身体的占15.33%,看电视占11%,看书占7%。说明休闲活动是享受性占主流。网络改变了人们的学习方式,极大地拓宽了人们的交友范围和交流内容,但是,很多人特别是年轻人更是患上了网络依赖症,热衷于游戏、玩乐和获得碎片化知识。网络是获得信息的平台,但是,网络不能代替学习和自身的成长,无法代替自身的实践,也无助于主体性的发展,只有不断地学习和实践才能促进自己不断发展。而且,网络上的交往和交流具有媒介性,它无法和真正现实中的人际交往的密度相比。所以,如果网络占据了人的大部分休闲时间的话,对于人的自身的成长和发展不是一件乐观的事情。关于网络在生活中的地位,调查显示,网络的作用因人而异,工作、交友、购物、获取信息等,82%的人认为网络生活成为现实生活的组成部分,网络已经成为工作、日常生活和朋友交往不可或缺的工具,现实生活中,只有大多数老年人没有网络生活。关于利用网络主要做什么,46%选择通过网络浏览信息,14.67%选择利用网络工作,9.33%选择利用网络购物,7%选择交友,2%选择炒股,11.33%选择看娱乐节目,8%选择游戏。关于获得信息的主要方式,42.67%选择网络,24.67%选择电视,6.67%选择报纸,21.33%选择手机微信或QQ。信息化使得与文字有关的工作离不开电脑和网络;网络信息的储存性和方便性,使得人们可以根据自己的时间自由选择自己想要看的信息或者娱乐节目等;网络购物也成为一些年轻人喜欢的生活方式,这些原因使得网络代替了传统媒体如报纸和电视,成为最主要的信息平台。关于主要的联系方式,76.33%选择手机,7.33%选择固定电话,8.67%选择网络,1.67%选择写信,6.67%选择面对面交流。无疑,手机是最方便和最主要的联系方式,近几年兴起的微信等聊天工具功能增加,打破了空间的限制,可以进行一些类似面对面的交流,促进了网络联系。

关于平常的文化活动主要有,26.33%选择看电视,39.33%选择上网,12.67%选择娱乐活动,12%选择看电影,9.33%选择看书,网络成为最主要的文化活动方式。几个与网络有关的问题,都说明了网络已经以无可阻挡之势在人们的生活中占据了重要的地位。看电视在获得信息和文化活动中都居于第二位,电视虽然在直播活动和视觉方面有自身的优势,但是受时间和信息量的制约,在大众的生活中已经居于网络之后,在一些不会使用网络和电脑的老年中居于第一位。另外,看电影也成为主要的文化活动之一,说明我们文化市场逐渐繁荣。但是看书的比例偏低。关于一个月读书的时间,每天有固定时间读书的和每周有时间读书的二者占50.33%,很少时间读书和几乎不读书的占49.67%,几乎一半的人。书籍是人类精神财富的代表,读书的多少,代表一个民族的思想水平。实际上,不读书代表着不注重反思和思考。

关于喜欢什么样的传统文化,选择古典诗词的占14.33%,选择国学经典的占16.67%,选择戏曲的占6.67%,选择国画、书法的占19.33%,选择传统节日、民俗的占30%,还有13.33%选择其他。传统文化是一个民族的精神积淀,是一个民族的精神根基,也是一个民族的精神符号。因此,我们需要将我们传统文化中的节日文化、国学经典、诗词歌赋、国画书法这些美好的东西一代代传承,这也是我们自身的文化修养。关于喜欢什么样的文化形式(可多选),选择国产电视剧和电影的占45.33%,选择美剧的占25%,欧美大片的占31.33%,韩剧的占16.67%,国内原创音乐的占17%,传统民乐的和传统戏曲的占15.33%。虽然喜欢国产电视剧和电影的还是占主流,但是很多年轻人,特别是高中生和大学生,美剧和欧美大片对他们有很大的吸引力。关于我国的文化现状,认为百花齐放、百家争鸣、越来越繁荣的占49%,认为粗制滥造比较多、精品少的占20%,认为文化作品价值比较混乱的占12.33%,认为文化产品距离人们的要求还有差距的占31%。虽然,对我国的文化现状肯定居多,但是认为文化产品精品少、价值观混乱的占了32.33%。作为人们精神食粮的文化作品代表的是一个民族和国家的思想水平,为此,需要文化创作者们尽最大的努力,来提高我们民族的思想和精神水平。

(二) 上海关于休闲生活和文化的情况

关于一周平均多长时间锻炼身体,41.78%的人选择每天有固定时间锻炼身体,25.32%的人每周抽出一两天锻炼身体,17.72%的人每个月会有一两次活动时间,15.19%的人选择基本上没有时间锻炼身体。每天或者每周能锻炼的占67.1%,说明运动锻炼身体已经是大多数民众的一个基本生活方式,一是人们的休闲时间增多,二是人们逐渐养成了科学的生活方式。关于多长时间旅游一次,选择每年都有或不定期的二者占72.15%,选择很少或从来没有的二者占27.85%。因为收入较高,旅游已经成为大城市绝大多数中国人的生活方式之一。关于主要的休闲活动,选择最多的依次是锻炼身体、上网、旅游,分别占24.05%、20.25%、16.46%,是比较健康的生活方式;看电视的比重占2.53%,说明电视几乎被网络代替;看书占到10.13%,比其他地区要高。

其他还有交友、逛街购物、聊天,休闲活动比较多样化,休闲活动是享受性占主流。

关于网络在生活中的地位,32.91%的人选择网络已经成为日常生活和朋友交往不可或缺的工具,22.78%的人选择网络是工作不可缺少的工具,16.46%的人选择主要通过网络获取信息,10.13%的人选择网络也是现实生活的一部分,17.72%的人选择网络对现实生活没有影响。对绝大多数人来说,网络生活成为人们生活的组成部分,但网络的具体作用因人而异。关于利用网络主要做什么,27.85%的人选择通过网络浏览信息,21.52%的人选择炒股,18.99%的人选择利用网络工作,31.65%的人选择利用网络购物、交友、看娱乐节目、游戏等。可以看出,大城市中人的一种生活状态,大部分时间是在做与发展和经济有关的事情。关于获得信息的主要方式,27.85%的人选择网络,32.91%的人选择电视新闻,16.46%的人选择报纸,12.66%的人选择手机微信或QQ,2.53%的人选择官方途径。可以看出上海人对信息的一种理性态度,电视新闻因其权威性仍具获得信息第一位,其次是网络,部分人仍然保留着看报纸的习惯,而对于微信或QQ等软件的信息则有保留。关于主要的联系方式,39.24%的人选择手机,24.05%的人选择固定电话,16.46%的人选择网络,15.19%的人选择面对面交流,5.06%的人选择写信。无疑,手机成为最方便和最主要的联系方式,而工作电话一般是固定电话,网络联系的比重并不高。虽然在日常生活中QQ和微信也很方便,特别是网络手机,可以进行一些类似面对面的交流,但是上海人更多选择电话和面对面的交流,反映了上海人的理性和对网络的谨慎态度。

关于平常的文化活动主要有(可多选),40.51%的人选择看电视,29.11%的人选择上网,34.18%的人选择娱乐活动,20.05%的人选择看电影,20.25%的人选择听戏曲,16.46%的人选择看书。文化活动范围广泛,但看书的比例还是偏低。关于一个月读书的时间,每天有固定时间读书的占16.46%,每周有时间读书的占25.32%,很少时间读书和几乎不读书的二者占58.23%。大城市一半多的人不读书,说明关注更多的是实务,在这个竞争的社会,心不容易沉静。关于喜欢什么样的传统文化,选择国学经典的占 8.86%,选择古典诗词的占 29.11%,选择戏曲的占 11.39%,选择国画、书法的人占 5.06%,选择传统节日、民俗的占 31.65%,还有 13.92%选择其他。可以看出,人们更喜欢日常化的节日文化,还有作为文学、美学修养的古典诗词,以及戏曲。对于普通民众来说,生活化的传统文化,与人们的日常生活和情感交流结合起来,成为当代人们日常生活和行为的一部分。而对于偏价值倾向和哲学倾向的国学经典,其传播的范围主要集中在教育领域和文化领域。关于喜欢什么样的文化形式(可多选),选择国产电视剧和电影的占 36.71%,选择美剧的占 21.52%,欧美大片的占 25.32%,韩剧的占 17.72%,国内原创音乐的占 20.25%,欧美流行乐曲的占 16.45%,传统民乐的占 15.19%,传统戏曲的占 6.33%,其他占 7.59%。喜欢国产电视剧和电影及音乐占多数,这里有语言和文化的优势,对于接受能力强的年轻人来说,欧美文化对他们有很大的吸引力。我们的原创文化无论是从数量还是质量来说,还和文化大国的要求有很大差距,我们原创文化应该在开放、交流和学习中不断进步。

关于我国的文化现状,认为百花齐放、百家争鸣、越来越繁荣的占 36.71%,认为粗制滥造比较多、精品少和文化作品价值比较混乱的占 46.84%,认为文化产品距离人们的要求还有差距的占 16.46%。可以看出,现在的文化质量距离民众对于文化的要求来说,还有很大的距离。我们可以从国外文化对我们的渗透和我们的文化对国外的渗透做一个比较。我们的文化在国外的影响主要还是集中在华人圈中,西方人对于我们的文化更多的是好奇,还没有影响到他们的生活和观念;而西方文化对于我们的影响,从经典著作到影视音乐等现代文化,他们影响了我们的观念、行为方式和观赏习惯。为什么会这样? 一方面,现代社会基本上就是西方文化主导的社会,法治、平等、自由等观念都来自西方文化,这是哪一个进入现代社会的国家都不能回避的。另一方面,就文化形式和内容来说,西方文化在制作、美学等方面确实达到了较高的水准。中国文化有独到的价值,但是,中国的话语体系在世界上还没有足够的影响力;另外,中国文化的美学表达方式还有很大的努力空间,我们的文化内容只有嫁接上更完美的艺术形式,才会有更大的对外影响力,就像2008年北京奥运会开幕式和闭幕式上的表演给世界带来的震撼一样。所以,我们的文化建设,一方面需要内容的完善,另一方面需要更艺术化的表达方式。在一定程度上可以说,年轻人的选择体现了未来文化发展的导向。

(三) 山西太原关于休闲生活和文化的情况

关于一周平均多长时间锻炼身体,选择每天有固定时间锻炼身体的占21.5%,每周抽出一两天锻炼身体的占30.5%,每个月会有一两次活动时间的占30.5%,选择基本上没有时间锻炼身体的占17.5%。每天或者每周能锻炼的占52%,但是每个月有一两次锻炼占的比重较大,锻炼频率太低。工作和生活的合理安排,健康的生活方式是身体健康的重要保证。健身等休闲行业的发展也是经济转型发展的动力之一。关于多长时间旅游一次,选择每年都有和选择不定期的二者占59%,选择很少和从来没有的共占41%。旅游已经成为很多中国人的生活方式之一,也带动了中国经济的发展。随着居民收入的提高,旅游的比例会越来越高,这是向着绿色、健康生活方式发展的方向之一。关于主要的休闲活动,选择锻炼身体的占19.25%,选择旅游的占14.5%,选择娱乐活动的占14.5%,选择上网的占22.5%,选择看电视的占11.25%,选择读书的占8.5%,其他还有购物、聊天和交友的占9.5%。在休闲活动中,上网占的比重最大,其次是锻炼身体,再就是旅游和娱乐活动,说明休闲活动是享受性占主流。看书的比例较低,这对于民众的整体素质和文明修养的提高是一个欠缺。

关于网络在生活中的地位,33.5%选择网络已经成为日常生活和朋友交往不可或缺的工具,20.5%选择网络是工作不可缺少的工具,34%选择主要通过网络获取信息,8%选择网络对现实生活没有影响,4%选择网络也是现实生活的一部分。网络的作用因人而异,获取信息、购物、交友、工作等,但是,网络成为绝大多数人生活的组成部分,只有很少的人认为网络对现实生活没有影响,这一部分人主要是老年人和对网络没兴趣的人。关于利用网络主要做什么(可多选),53.5%选择通过网络浏览信息,29.5%选择利用网络工作,19.5%选择利用网络购物,8%选择看娱乐节目,8%选择炒股,6.5%交友和游戏。网络成为生活的最好助手。关于获得信息的主要方式,44%选择网络,32%选择电视,7.25%选择报纸,16.75%选择手机微信或 QQ。在获得信息方面,网络成为最主要的信息平台。电视仍然是获取信息的主要方式,特别是一些重大新闻、政策信息和纵深性的节目,其信息具有权威性。另外,手机利用网络成为获得信息的主要方式。关于主要的联系方式,60%选择手机,7.25%选择固定电话,22.5%选择网络,0.75%选择写信,9.5%选择面对面交流。无疑,手机成为最方便和最主要的联系方式,网络由于多种交流软件的产生,如微博、QQ、微信,因其成本低、功能多和其方便性而成为联系的重要方式。

关于平常的文化活动,33.5%选择看电视,38.5%选择上网,9.5%选择娱乐活动,11.25%选择看电影,6.5%选择看书,0.75%选择听戏曲。网络成为最主要的文化活动,其次是电视;看电影比例的提高,说明了我国文化市场的发展;但是看书的比例偏低,说明大多数人没有阅读的习惯。与此有关的是,关于一个月读书的时间,每天有固定时间读书和每周有时间读书的共占49.5%,很少时间读书和几乎不读书的共占50.5%。关于喜欢什么样的传统文化,34.5%选择国学经典,22.5%选择古典诗词,5.5%选择戏曲,13.5%选择国画、书法,20.75%选择传统节日、民俗,还有 3.25%选择其他。依次是国学经典、古典诗词、节日文化、国画、书法、戏曲等,对国学经典和古典诗词的重视与宣传和教育有很大关系。关于喜欢什么样的文化形式(可多选),选择国产电视剧和电影的占30.5%,选择美剧的占20%,选择欧美大片的占27.25%,选择韩剧的占23.25%,选择国内原创音乐的占 16.75%,选择传统民乐的占17.5%,选择传统戏曲的占 8.75%。在文化市场上,外国电影和电视剧在年轻人中有较大的市场,而我们自身的文化产品对国外的影响力还较小,从这一点看,我们的文化产品无论从思想上、内容上、形式上都需要努力。

关于我国的文化现状,认为百花齐放、百家争鸣、越来越繁荣的占34.5%,认为粗制滥造比较多、精品少的占31%,认为文化作品价值比较混乱的占12%,认为文化产品距离人们的要求还有差距的占22.5%。虽然,认为文化产品价值观混乱的占少数,但是认为文化产品精品少,距离人们要求差距大的占53.5%,说明文化产品还远不能满足大众的需求。特别是进入文化娱乐化的时代,文化市场更注重的是民众的娱乐需求,造就了全民娱乐狂欢的假象。人们的生活不能缺少娱乐,但是文化娱乐化倾向使得文化产品变得浅薄。文化的发展更应该呈现多元需求的状态,既有大众化的娱乐产品,更要有代表时代变化的思想精品。大开放、大发展的时代,既可以出伟人,也应该出思想家。

(四) 山东临沂关于休闲生活和文化的情况

关于一周平均多长时间锻炼身体,选择每天有固定时间锻炼身体的占12%,每周抽出一两天锻炼身体的占26%,每个月会有一两次活动时间的占16.67%,选择基本上没有时间锻炼身体的占45.33%。没有时间锻炼身体的占这么大的比重,不是没有好的生活方式。科学地安排工作和锻炼时间是健康生活的表现,现代社会生活压力普遍加大,身体的锻炼就更加必要。关于多长时间旅游一次,选择每年都有和不定期旅游的占40%,选择很少和从来没有的占60%。旅游既跟经济收入有关,也跟生活方式有关,随着人们收入的提高,旅游已经成为很多中国人的生活方式之一。但是,对于一些欠发达地区来说,由于人们收入的有限,还有很多人很少或者从没有出去旅游过。多样化生活方式的选择是社会发展的表现。关于主要的休闲活动,选择锻炼身体的占14%,选择旅游的占8.6%,选择娱乐活动的占16.67%,选择上网的占25.33%,选择读书的占5.33%,选择看电视的占20%,其他还有购物、聊天和交友。在休闲活动中,上网占的比重最大,其次是看电视、娱乐活动和锻炼身体,看书占比较小,说明休闲活动是享受性占主流。休闲活动中上网和看电视都具有被动性的特点,虽然可以获得信息和知识,但是主体性的发展更需要主动地学习和实践。

关于网络在生活中的地位,调查显示,75.33%的人选择网络生活成为现实生活的组成部分,或工作,或获取信息,或购物,或娱乐等等,24.67%的人选择网络对现实生活没有影响。关于利用网络主要做什么,选择通过网络浏览信息的占46%,选择利用网络工作的占20%,选择利用网络购物的占12%,选择交友的占4%,选择炒股的占4%,选择看娱乐节目的占11.33%,选择游戏的占2%。工作或者职业特点不同,生活状态不同,网络的作用因人而异,浏览信息、工作、购物、娱乐、交友、游戏等。关于获得信息的主要方式,选择网络的占38.67%;选择电视的占31.33%;选择报纸的占4.67%;选择手机微信或QQ的占25.33%。网络因为其巨大的包容性和即时性,成为最主要的信息平台;其次是电视,由于电视的权威性,其在重大新闻、政策信息和纵深性节目方面具有网络不可替代的地位;手机利用网络成为获得信息的主要方式之一;纸质媒体已经不再是人们获得信息的主要方式。关于主要的联系方式,选择手机的占75.33%,选择固定电话的占8.67%,选择网络的占12.67%,个别的选择面对面交流或者写信。无疑,手机成为最方便和最必要的联系方式,利用网络联系也逐渐成为重要的方式。

关于平常的文化活动主要有,选择看电视的占42.67%,选择上网的占26%,选择娱乐活动的占10.67%,选择看电影的占8%,选择看书的占11.33%,选择听戏曲的占1.33%。电视是最主要的文化活动,说明临沂这样的城市生活方式比较传统;其次是网络,读书、娱乐活动、看电影也成为主要的文化活动,说明民众的休闲时尚。关于读书的时间,每天有固定时间读书的占11.33%,每周有时间读书的占17.33%,很少时间读书和几乎不读书的占71.33%,读书的多少代表文化水平和心境。关于喜欢什么样的传统文化,选择古典诗词的占 16%,选择国学经典的占 15.33%,选择戏曲的占 14%,选择国画、书法的占 12%,选择传统节日、民俗的占 32.67%,还有 10%选择其他。与老百姓日常生活联系密切的节日文化最受欢迎,其次是古典诗词、国学经典。从传承传统文化的角度,我们应该弘扬传统节日文化,从美学教育和价值教育来说,学校应该加强古典诗词、国学经典、书法等的传授。关于喜欢什么样的文化形式(可多选),选择国产电视剧和电影的占 50.67%,选择美剧的占 14.67%,选择欧美大片的占 27.33%,选择韩剧的占 12%,选择国内原创音乐的占 9.33%,选择传统民乐的和传统戏曲的占 14.67%。国产电视剧和电影占主流,但是欧美大片、美剧在高中生和大学生中比较有市场。我们的文化产品要从比较学习中不断提高质量和数量,才能对年轻人有更大的吸引力。

关于我国的文化现状,认为百花齐放、百家争鸣、越来越繁荣的占 38%,认为粗制滥造比较多、精品少的占 20.67%,认为文化作品价值比较混乱的占 12.67%,认为文化产品距离人们的要求还有差距的占 28.67%。认为文化产品精品少、价值观混乱、距离人们要求差距大的占了约 62%。文化作品代表着时代的思想和文化水平,我们国家改革开放以来发展很快,但是文化的发展稍显滞后,创作出具有时代特点的文化精品应该是文化人的时代任务。

(五) 禹城梁河社区关于休闲生活和文化的情况

关于一周平均多长时间锻炼身体,选择每天有固定时间锻炼身体的和每周抽出一两天锻炼身体的共占 42%,每个月会有一两次活动时间的占 42%,选择基本上没有时间锻炼身体的占 16%。在农村,体力劳动还是主要的劳动方式,但专门锻炼的人的比重在提高,说明农村人也越来越注重选择恰当的生活方式爱惜身体。关于多长时间旅游一次,选择每年都有和不定期的占 46%,选择很少和从来没有的共占 54%。随着人们生活水平的提高,旅游也已经成为很多农村人的生活方式之一。关于主要的休闲活动,选择锻炼身体的占 34%,选择旅游的占 4%,选择娱乐活动的占 42%,选择上网的占 6%,选择看电视的占 14%。在休闲活动中,娱乐活动占比重最大,其次是锻炼身体,再就是看电视。关于网络在生活中的地位,选择网络已经成为日常生活和朋友交往不可或缺的工具的占 42%,选择网络是工作不可缺少的工具的占 34%,选择主要通过网络获取信息的占 18%,选择网络对现实生活没有影响的占 6%,网络成为人们生活的一部分。关于利用网络主要做什么,选择通过网络浏览信息的占 44%,选择利用网络工作的占 34%,选择利用网络购物的占 4%,选择交友的占 6%,选择看娱乐节目的占 12%。关于获得信息的主要方式,选择网络的占 26%,选择电视的占 20%,0 人选择报纸,选择手机微信或 QQ 的占 54%。网络,特别是手机网络代替了报纸等传统媒体成为最主要的信息平台,电视也是重要的信息平台。关于主要的联系方式,选择手机的占 60%,选择固定电话的占 4%,选择网络的占 30%,6%选择面对面交流,没有人选择写信。无疑,手机和网络成为最方便和最主要的联系方式,而在农村社区住的有更多机会面对面交流。

关于平常的文化活动主要有,选择看电视的占 34%,选择上网的占 31%,选择娱乐活动的占 21%,选择看电影的占 14%。看电视和上网是最主要的文化活动,其次是娱乐、看电影等。关于一个月读书的时间,每天有固定时间读书的占 15%,每周有时间读书的占 25%,很少时间读书和几乎不读书的占 60%,读书的占少数。关于喜欢什么样的传统文化,选择古典诗词的占 34%,选择国学经典的占 8%,选择戏曲的占 14%,选择国画、书法的占 18%,选择传统节日、民俗的占 26%。古典诗词、传统节日、书法、戏曲等更受欢迎。关于喜欢什么样的文化形式(可多选),选择国产电视剧和电影的占 66%,选择美剧的占 22%,选择欧美大片的占 54%,选择韩剧的占 22%,选择国内原创音乐的占 46%,选择传统民乐的和传统戏曲的占 22%。国产电视剧和电影占主流,原创音乐有较大的市场,欧美大片和美剧对年轻人有较大的市场。

关于我国的文化现状,认为百花齐放、百家争鸣、越来越繁荣的占 46%,认为粗制滥造比较多、精品少的占 6%,认为文化作品价值比较混乱的占

14%,认为文化产品距离人们的要求还有差距的占34%。对我国文化发展肯定并有信心的占比较大,但是还远远不能满足人们对文化生活的要求。

第三节　网络意见领袖思想和生活状况

一、　调研背景

随着互联网新媒体的迅猛发展,新媒体对社会现实、大众舆论影响越来越大,网络"虚拟世界"与现实社会已成为一个不可分割的整体。当前,互联网深刻影响着社会舆论的形成机制和传播途径,影响着人们的思维方式、思想观念以及现实活动。与此同时,互联网也日益成为各种社会思潮弥漫的空间平台,成为各种群体利益诉求的集散地和舆论发酵的试验场。特别是近些年微博、微信等自媒体的迅速发展,网络在信息的即时传播、舆论扩散、社会动员方面产生了前所未有的影响。尤其值得注意的是,互联网对社会政治事件发生发展以及走势的影响越来越大,对党和政府决策的影响越来越大。今天的网络对人们思想和行为的影响早已经超越了报纸、电视等传统媒体。与此同时,网络上出现了一批依靠信息、意见或观点影响他人的"网络意见领袖"。

"意见领袖"(opinion leader)的概念最早由美国传播学者拉扎斯·菲尔德等人在《人民的选择》(1944)一书中提出,其中的"意见领袖"是指那些活跃在人际传播网络中,经常为他人提供信息、观点或建议并对他们施加个人影响的人物。[1] 传统社会,传统媒体是信息的主要发布者,信息发布具有单向性、权威性、官方性的特点,民众主要是信息的接受者,信息接受具有被动性的特点。在网络时代,互联网所提供的相对自由、平等和开放的空间,使得信息的发布与传播发生了根本性的变化。网络空间是一个自由出入的领域,民众不

---

① 郭庆光:《传播学教程》,中国人民大学出版社2011年版,第209页。

仅是信息的接受者,也是信息的发布者,信息发布和接受具有交互性、平等性、自由性和开放性的特点,民众话语的自由表达欲望和信息的自由选择权得到了充分的释放。随着互联网的普及与发展,越来越多的网民最初借助论坛、博客,还有后来的微博和微信等自媒体平台,对民生、国家政策、道德现象、文明行为、经济、政治各个领域的问题或者现象展开讨论。在讨论的过程中,一些网络上的活跃分子逐渐在网民中有了较大影响,从而以他们传播的消息和表达的观点对其他网民施加影响,成为网络舆论的引导者,这些人就是网络意见领袖。这些人在现实中的身份各有不同,既有大众明星、社会名流、知名学者,也有各个领域各种职业的普通工作者。他们在网络上发表信息、意见、思想或者影响他人,或者仅仅是表达思想、展示自己,或者是作为扩大影响、营销自己的一种手段。

网络生活已经成为大部分民众生活的重要组成部分,网络意见领袖的影响也从网络中延伸到现实中。为了掌握网络意见领袖的总体思想动态和生存状况,更好地发挥网络意见领袖在网络空间的影响作用,特进行此次调研活动,调研在 2014 年 6—10 月进行。

二、 关于调研的基本情况

本次调研设计了内容严谨的调查问卷,在 2014 年 6—10 月期间,足迹遍及山东省德州市、烟台市、潍坊市、菏泽市、临沂市,采访了各地在论坛、博客、微博、QQ 社交群上有重要影响的 60 多位网络意见领袖,并与在全国有重要影响的三位网络意见领袖进行了深度访谈。本次调研具有这样几个特点:一是调研对象具有代表性,这些在网络上有重要影响的网络意见领袖,有的是新浪网、齐鲁网、大众网等主流网络媒体推荐,有的是各地宣传部门推荐。他们在现实生活中都有正当的职业,有的是公务员,有的是事业单位工作人员,有的是媒体从业人员,有的是作家,有的是自由职业者,他们利用自己出色的文字表现能力和对社会现实的敏感性将对现实社会各种事件的感受、想法、意见放到网上,从而获得越来越多的网络关注,在网络上发挥着影响作用。二是调研内容具有广泛性,无论是问卷调查还是实地访谈,都涉及网络意见领袖的自身的生存状况、价值观念、关注热点、对社会现实的认知、对网络的影响、对网络建设的意见等内容,对于网络大 V,还涉及他们的政治倾向等内容。三是访谈内容的真实性,无论这些网络意见领袖以什么样的姿态出现在网络上,在访谈时被访谈者的态度都是真诚的,无论是面对什么样的问题,他们都是真实表达着他们的态度和想法。因此,访谈内容可以真实地反映他们现有的状态。

三、 关于调研的基本内容

调研主要以调查问卷形式进行,具有一定的普遍性。

"网络意见领袖生存现状和思想状况调查问卷"分五个方面,一是被调查对象的基本信息,二是成为网络意见领袖的原因,三是关注热点和评论原则,四是关于网络意见领袖影响力的认知情况,五是对政府与网络关系的认知情况。

(一) 关于被调查对象的基本信息

在 32 位填写问卷的网络意见领袖中,26 位是男性,占 81. 25%,近 40 位被访谈对象只有三位是女性,而影响比较大的只有一位。年龄集中在 30—40 岁和 40—60 岁年龄段,年龄结构见图 1。

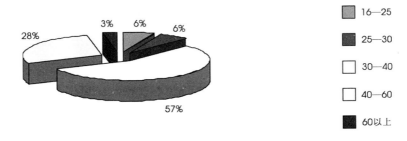

图 1　网络意见领袖年龄结构

网络意见领袖学历大部分比较高,大学及以上学历占的比例为91%。如图2所示。

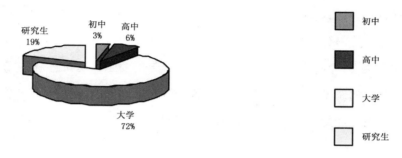

图2　网络意见领袖的学历结构

网络意见领袖收入在2500—5000元的占多数(因为调查和访谈大部分是地市一级的,所以收入比例不高),其次是5000—10000元的,收入绝大部分来自自己的本职工作,只有很少部分因为有广告代言或转发信息获得一些收入,但不是自己收入的主体。有全国性影响的大V收入都在1万元以上,还因为为别人宣传而获得部分收入(见图3)。

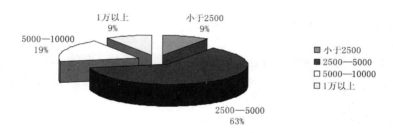

图3　网络意见领袖收入状况

关于网络意见领袖的职业,各种职业都有,以媒体人最多,占到总数的64%(见图4)。

(二) 成为网络意见领袖的原因

对于成为网络意见领袖的原因(可多选),调查显示,最主要的因素是随

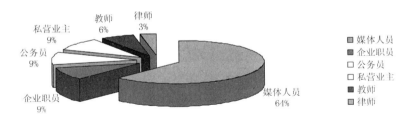

图4　网络意见领袖的职业结构

性积累和个人声望(见图5)。

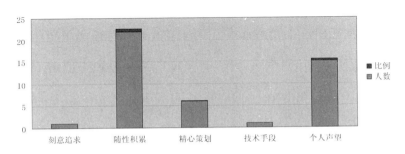

图5　成为网络意见领袖原因

关于通过哪些方式扩大自己的影响力(可多选),主要是通过精彩言论,其次是评论跟帖(见图6)。

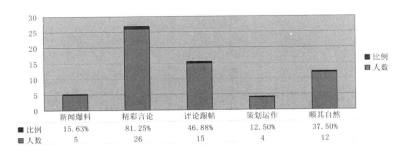

	新闻爆料	精彩言论	评论跟帖	策划运作	顺其自然
比例	15.63%	81.25%	46.88%	12.50%	37.50%
人数	5	26	15	4	12

图6　扩大影响力的方式

关于网民信赖的原因(可多选),主要因素是见解独到,其次是人格魅力和专业水平(见图7)。

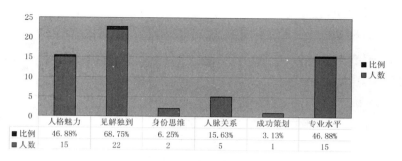

	人格魅力	见解独到	身份思维	人脉关系	成功策划	专业水平
■ 比例	46.88%	68.75%	6.25%	15.63%	3.13%	46.88%
■ 人数	15	22	2	5	1	15

图7 网民信赖的原因

（三）关注热点和评论原则

关于喜欢就哪些事件发表言论（可多选），最多的是民生问题，其次是文化、教育、经济、医疗卫生、政治、休闲娱乐等（见图8）。

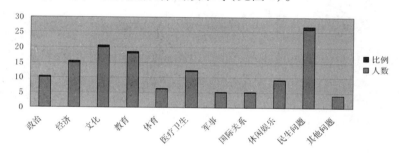

图8 喜欢就哪些事件发表言论

关于当前社会发展过程中存在的问题（可多选），最为关注的是社会公平，其次是食品安全、环境保护、道德失范和官员腐败问题（见图9）。

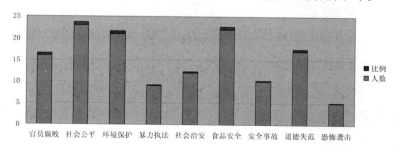

图9 最为关注的社会问题

关于现实生活中遇到哪些事情可能会发帖(可多选),最多的是好人好事,其次是美好瞬间和食品安全,其后依次是污染环境、失德行为等,这说明网络意见领袖以传递正能量为主(见图10)。

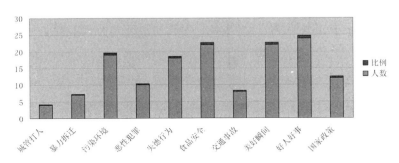

图10　现实生活中遇到哪些事情会发帖

关于网络舆论的语言风格(单选),选择"言语犀利、无所顾忌"的最少,选择"率性直言、适当收敛"的最多,占50%,其次是"权衡利弊、避免麻烦",而选择"谨小慎微、不越雷池"较少,说明网络意见领袖们既有胆识,也有理性(见图11)。

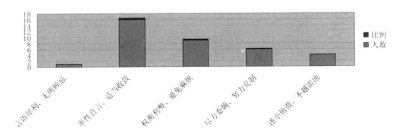

图11　网络意见领袖的语言风格

关于信息源(可多选),来自新闻媒体的最多,其次是亲身经历和独立思考(见图12)。

(四) 关于网络意见领袖影响力的认知情况

关于网络意见领袖在网络中的影响力(单选),普遍认为"影响力较大,能

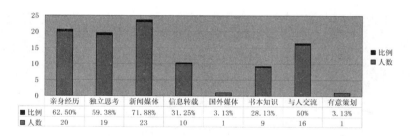

图12　信息源

影响一部分人"（见图13）。

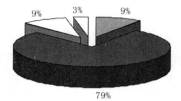

图13　网络影响力

关于网络意见领袖在现实生活中的影响力（单选），认为有一定影响力的占大多数，选择结果和网络上的影响基本一致，说明网络生活和现实生活是相通的（见图14）。

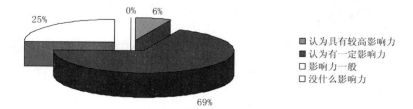

图14　网络意见领袖在现实生活中的影响力

关于当前我国网络意见领袖传播的能量（单选），大多数选择"主体是正能量，但负能量也很多"，其次是"绝大多数传播的是正能量"，选择"主体是负能量，但正能量也很多"和"绝大多数传播的是负能量"很少（见图15）。

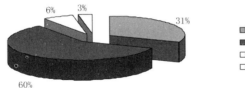

图 15　我国网络意见领袖传播的能量

关于在转发信息之前是否会有意去鉴别信息的真实性(单选),大多数选择"一定会鉴别,避免传谣"的最多,其次是选择"简单审阅,尽量不传谣"(见图 16)。

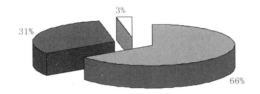

图 16　转发信息是否会鉴别信息的真实性

关于自己网络言论的思想倾向(单选),选择中立和没有倾向的最多,选择左派和右派的没有(见图 17)。

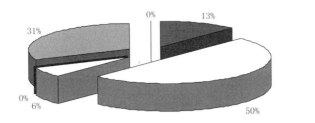

图 17　网络言论的思想倾向

(五) 关于政府与网络的关系

对政府开展的打击网络谣言专项行动的看法,认为"非常必要,行动及时"的占大多数(见图 18)。

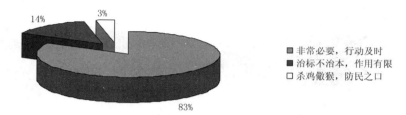

图 18 对政府开展打击网络谣言专项行动的看法

对于"网络意见领袖在自觉反对谣言问题上负有更大的社会责任(单选)"的认识,选择"完全同意,因为他们影响力大"的占多数(见图 19)。

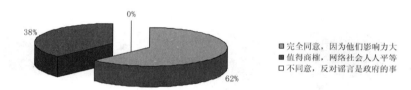

图 19 关于网络意见领袖在反对谣言问题上负有更大责任的认识

关于是否愿意参加政府部门组织的交流活动(单选),选择"愿意,渴望多交流"的占绝大多数,说明大多数网络意见领袖是理性、有责任心,本着解决问题的态度(见图 20)。

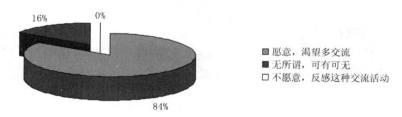

图 20 是否愿意参加政府部门组织的交流活动

关于政府对网络舆论管理是否有必要(单选),认为"非常有必要,网络舆论太混乱"的占绝大多数(见图 21)。

图 21　政府对网络舆论管理是否有必要的认识

关于我国网络舆情治理最紧迫的任务是(单选),选择"加强立法、建章立制"的占大多数,其次是"打击谣言、加强监管"(见图 22)。

图 22　我国网络舆论管理最紧迫的任务

关于对政治问题的认知主要受哪些因素影响(可多选),选择"新闻媒体"占绝大多数,"理论学习"占大部分(见图 23)。

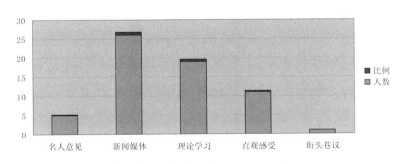

图 23　政治问题认知的影响因素

关于意见领袖和微博红人接连被禁言甚至被拘留是否对您的网络言论产生影响(单选),选择"不会,造谣传谣的只是部分意见领袖和微博红人的个人行为"的占大多数(见图 24)。

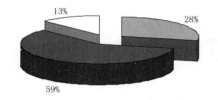

图 24　部分网络意见领袖或者微博红人被禁言是否对您有影响

四、　反映的问题与对策

第一,政府有关部门要重视网络宣传主阵地。一是使网络成为信息公开的重要渠道。信息公开和有效的沟通是打击谣言和虚假信息最有效的手段。二是加强网络上正面价值宣传。习近平在 2018 年全国网络安全和信息化工作会议上讲话指出,要加强网上正面宣传,旗帜鲜明坚持正确政治方向、舆论导向、价值取向,用新时代中国特色社会主义思想和党的十九大精神团结、凝聚亿万网民,深入开展理想信念教育,深化新时代中国特色社会主义和中国梦宣传教育,积极培育和践行社会主义核心价值观,推进网上宣传理念、内容、形式、方法、手段等创新,把握好时度效,构建网上网下同心圆,更好凝聚社会共识,巩固全党全国人民团结奋斗的共同思想基础。① 网络现在已经成为民众特别是年轻人接收信息的最主要的平台,也是民众思想活动的重要领域。网络环境是人创造的,网络价值引导也是人的作用,网络是宣传的主要阵地,网络上的正面价值和信息宣传是影响民众价值导向的重要力量。

第二,可以给传播正能量的网络意见领袖更自由的表达空间。在 2015 年 5 月中央统战工作会议上,习近平指出,要加强和改善对新媒体中的代表性人

---

① 《敏锐抓住信息化发展历史机遇 自主创新推进网络强国建设》,《人民日报》2018 年 4 月 22 日。

士的工作,建立经常性联系渠道,加强线上互动、线下沟通,让他们在净化网络空间、弘扬主旋律等方面展现正能量。[①] 伴随着网络的实名认证和网络监管的常态化,网络的虚拟性逐渐弱化,网络意见领袖因为其在网络上的影响其身份也逐渐具有公开性。网络意见领袖地位的获得都与个人的文字表达能力、敏锐的社会洞察力、深刻的分析能力、社会责任心和个人的人格魅力相关,网络只是为这些人表达思想、意见提供了更自由的平台,那种借助猎奇和危言耸听而获得的关注不会长久。网络不可能脱离现实社会成为另一个独立的社会,网络上的意见也是社会现实的反应。所以,只要有法律和道德底线,可以给他们更自由的表达空间。

第三,本着为民众服务的态度提高政府公信力。对于政府公信力问题,就像有些网络意见领袖所说的,问题并不复杂,实际解决问题才能真正引导舆论,冷漠会让问题扩大化,政府部门的态度很重要。很多社会问题的出现表面上是借助网络发酵,实质上是现实问题或者程序问题没有解决好,借助网络的力量扩散开来,形成了比较大的影响。实质上,如果现实问题和程序问题解决好了,成为网络问题的可能性就小得多。

第四,应该对一些群众反映强烈的政府部门的"苍蝇"继续加大教育和反腐的力度。这些人虽然不在要位,但是官僚主义、形式主义作风和贪腐行为让老百姓感受更为直接,败坏着党的形象,影响着政府的公信力。虽然中央打击大"老虎",民众拍手称快,但是"苍蝇"不打,民众依然对政府没有信任感。民众反腐的力量是巨大的,所以应该发挥民众反腐的作用,在网络上和现实中开通更广泛的民众反腐的渠道,同时建立长期有效的监督机制,加大惩罚的力度和贪污的成本。

第五,对于整个社会风气的改善,社会诚信体系的建立,政府和公务员队伍的榜样作用非常重要。政府机关的作风以及党员干部的素质和道德品质,

---

① 习近平:《巩固发展最广泛的爱国统一战线》,《光明日报》2015 年 5 月 21 日。

不仅仅影响政府公信力,也对广大民众产生示范效应。孔子说"君子之德风,小人之德草。草上之风,必偃。"①党的群众路线教育对政府机关作风的改善确实起到了好的作用,贪污腐败之风有很大的收敛,像十九大报告所指出的,"不敢腐的目标初步实现,不能腐的笼子越扎越牢,不想腐的堤坝正在构筑,反腐败斗争压倒性态势已经形成并巩固发展。"②但是要真正彻底改善政府作风,制度的建立是根本。要依法行政,推行政府权力清单制度,"建立重大决策终身责任追究制度及责任倒查机制"③,政府权力清单制度和重大决策终身责任追究制度则是悬在党员干部头上的达摩克利斯之剑,时刻提醒党员干部要为自己的权力行为负责到底。法治是党员干部行为的底线,但是底线并不是最高的要求,十八届四中全会提出坚持依法治国和以德治国相结合,"全心全意为人民服务"宗旨的贯彻也不仅仅依靠法律的底线,而是依赖党员干部为人民服务的信念,这是党员修养的任务,是一种道德义务。每一个党员干部都是党和政府的代言人,其行为做事的风格都会影响到老百姓对党和政府的评价,也会影响民众的行为做事。党员干部应该以更严格的规范要求自己,做践行社会主义核心价值观和传承优秀传统文化的模范。

第六,加强网络监管、规范网络行为是必要的。习近平在 2014 年 11 月 19 日首届世界互联网大会上指出,"没有网络安全就没有国家安全。"④网络社会,信息的来源渠道各种各样,信息的内容复杂多变,而网络本身没有分辨的功能。因此,规范网络行为,使网民像在现实社会一样能够以法律和道德约束自己很有必要。一方面加强网络的规范化管理;另一方面对于网络意见领袖可以进行分类管理。对于具有社会责任心、传递正能量、具有自我约束力的网络意见领袖可以给他们更自由的发挥空间;对于利用网络传递负面信息和

违法犯罪活动,政府要采取一定的措施进行网络控制;对传谣、造谣者,对国家、党进行谩骂攻击的人则采取网络限制。同时,应有专门的政府部门专业人士负责网络信息的收集和检测,对于出现的网络事件及时应对,及时发布信息,以真诚解决问题的态度处理网络事件,防止失控。也要有专业人士管控,阻止国内外反动势力的信息渗透。但是要把握好度,不能因噎废食,不能因为管控而使得一般网民失去网络上的自由。

第七,通过网络加强正能量的引导,将模范人物的典型事迹进行大张旗鼓的宣传,让全社会民众感觉到典型和模范的社会地位和尊严;同时在网络上进行开展道德评判和讨论活动,对一些不道德的社会现象展开批判,形成见贤思齐、尊道尚德的浓厚氛围,使网络形成激浊扬清、抑恶扬善的道德舆论场。网站可以做一些弘扬社会主义核心价值观、传承优秀传统文化和传统美德的主题活动,为整个社会公序良俗、社会良好风气的建立创造良好的网络舆论场。

第四章　当代中国社会生活方式和
生活观念的变化

第一节　改革开放以来生活方式的变化

自从改革开放以来,随着中国经济社会的发展,中国社会生活的方方面面都发生了巨大的变化,从生产到生活,从物质生活到精神生活,从生活方式到价值观念,改变的是生活条件和生活观念,不变的是人们对美好生活的向往。生活方式的变化过程实际上是传统生活方式向现代生活方式的转变过程,现代生活方式在一定意义上表现为城市生活方式。美国社会学家沃斯(Wirth)在《作为生活方式的城市性》一文中指出,"城市化是指从农村生活方式向城市生活方式发生质变的过程。"[1]有学者指出,"城市化(urbanization)是指典型的城市生活方式生成、深化、扩大的过程,表现为,随着人口向城市集中,城市人口日益扩大;在城市地区,城市生活方式生成、发展的同时",其影响也"不断地扩大到城市以外的地区。结果,无论是城市地区和城市以外的地区,人们的生活方式趋于统一化——城市生活方式,这一过程被称为城市化过程。"[2]

---

[1]　Wirth L., *Urbanism as a way of life*, Chicago University Press, 1964.

[2]　王胜今:《人口社会学》,吉林大学出版社 1998 年版,第 232 页。

据此,有学者指出,城市化的实质是实现农民生活方式的转型。① 这个过程,一方面表现为农民在向城市转移的过程中接受城市生活方式的过程;另一方面是多数农民没有离开自己的故土,但是,由于生活条件的改变和城市生活方式的熏陶,而逐渐改变生活方式的过程。我们的考察抛开了农民转移到城市成为城市人的过程,主要从纵向角度考察由于社会经济发展、人民收入提高而导致的城市生活方式的变化和农村生活方式的变化。

民众生活方式的变化表现在很多方面,从纵向来说,改革开放以来民众的生活方式和生活水平相比较改革开放以前有了量和质的提高。量的变化是生活水平的提高,质的变化是生活方式的多样化选择。这一点不同于传统社会单一的生活方式。不论是传统社会还是计划经济时期,人们的生活方式都相对单一。一是由于生产力水平的限制,人们几乎所有的时间都在劳作,以获得生活的必需品,在计划经济时期,人们集体劳作,但是终日劳作的活动方式基本上没有改变。二是社会的观念也限制了人们的选择,农业社会中肯定的是老老实实、本本分分的人,不推崇特立独行、推陈出新。在改革开放以后,这两方面的情况都有了根本性的变化。一是由于生产力的发展,社会分化程度提高,人们有条件选择不同的工作方式和生活方式。二是社会越来越开放、包容,推崇创新,对于特立独行的人给予尊重和理解。生活方式呈现多元化和多层次。多元化是指不同层次的民众都可以有多种生活方式的选择,人们可以根据自己的工作性质、自己的兴趣选择自己喜欢的生活方式。生活的多层次则是指由于收入的差别、生活水平的差别导致生活方式的不同,层次的差别代表的是社会结构的分化。

一、　物质生活条件的改善

首先,物质生活水平不断提高,表现在饮食、住房、家居设施、交通、通信,

---

① 杨凤:《城市化与农民生活方式的转型》,《北京工业大学学报》2011 年第 4 期。

生活的方便程度,包括生活的一切方面。首要是饮食,传统社会包括计划经济时期,绝大部分民众所要解决的是吃饱的问题,能吃饱就是小康之家。改革开放之后,这种情况很快发生了变化,除了个别的贫困地区,大部分地区人们不再是吃饱的问题,而是吃好的问题,再后来好的标准不再是肉蛋奶之类的增加,而是科学饮食、健康饮食。饮食的标准从温饱到小康再到健康。再看住房。住房是老百姓的大工程,住房的变化跟家庭收入是一致的。改革开放之前农村的住房主要是泥坯加砖瓦;改革开放之后,特别是 20 世纪 90 年代之后盖的都是水泥砖瓦房;到 2010 年之后,政府进行社区建设,十几个村庄建成综合性的社区,农民搬进了新楼。最初农民不满,一是舍不得自己带院子的大房子,对于上楼有抵触情绪;二是房换楼给农民增加了负担,虽然政府给农民旧房补贴,但是农民还要花不少的钱才能买楼。但是,随着生活设施的不断完善,农民逐渐适应了楼上生活。居住环境更优美,卫生条件更好,大多数人的行为习惯变得更文明,人们的生活习惯和城市越来越一致。很多农村或城乡结合部社区改造很成功,调研的禹城梁河社区已经成为全省的模范社区。还有交通和通信。改革开放之前,在基础设施上,农村原来都是泥土地,下雨之后都很泥泞;个别家庭有自行车,绝大多数家庭交通靠腿,几乎所有的家庭通信靠嘴。90 年代之后,几乎村村都铺上了柏油马路;农村的主要交通工具由自行车到电动车,现在除了仅剩老年人的家庭之外,几乎每个家庭都有汽车,有的还不止一辆。改革开放之初,三大件是指自行车、缝纫机、手表,之后变成电视机、洗衣机、电冰箱,现在应该是汽车、房子和家用电器。交通的最大变化体现在 2002 年之后中国的高铁建设。通信方面手机几乎人人都有,农村也有了网络。

但是城市工人的生活状况经过了一个波折的过程。工人在改革开放之后90 年代之前收入较高,一些大型企业的工人收入比国家公职人员要高。但是随着 90 年代之后或因经营不善,或因地方政策变化,或因企业改制,或因市场变化等原因,许多企业破产,大批工人下岗失业。因为没有新的技能,失去了就业优势,即便是重新就业,工资也不高,而且有的很不稳定。而私营企业的工人,工资不高,很多企业不给工人交五险一金,使得工人的养老甚至职业也没有保障,可以说工人的生活保险系数下降。他们的收入在中国民众中的收入比重下降,甚至赶不上农民,因为农民还有土地作为保障。随着经济地位的下降,工人的社会地位也下降。度过了20世纪90年代比较艰难的时期之后,由于国家的经济发展,法治建设加强,工人的工作环境变好,社会保障逐渐完善,工人的生活状况也在不断改善。但由于工人的工资偏低,工人社会保障水平也相对较低。直到现在,工人的生存状况在各个阶层人群中也是较差的。

其次,社会保障在逐渐健全的过程中。不能说现在我们的保障体制已经健全完善,但是已经改善了很多。例如医疗,在计划经济时期,赤脚医生制度使得老百姓能不花钱用上药,农民最初级的防疫和小病拿药都在村上解决,大病进县城医院,自己掏钱,但是没钱也不是不能医治。改革开放以后,医疗成为自主经营的领域,导致很多人因病重新返贫。医疗保障方面的城乡差别依然存在,城市中的公职人员、事业单位人员有医疗保险,部分费用可以报销,而在农村,改革开放之后的很长时间,看病费用都由农民完全自己承担。这种情况从21世纪之后,开始改变。一是农民的收入不断提高;二是国家在农村建立合作医疗制度,农民交很少的钱加入合作医疗,一般有病住院国家就会按照合作医疗报销一定比例的费用,报销的费用也在逐渐增加,从最初的30%左右到50%,现在最高报销可以到70%,这样大大减轻了民众看病的费用。现在医疗保障城乡已经一体化,再加上民众收入的提高,看病不再是民众要逃避的事情。但是,医疗保障并没有全覆盖,有一些疾病和意外伤害保险的比例很少,看病依然是大多数家庭较重的负担。

再例如养老。计划经济时期,生活差距不大,人们维持着基本的生活水平,除了五保户,农民的养老全部是农民家庭负责。但是在城市,只要是国家机关、事业单位或者国营厂的工人,都属于公家人,养老由国家承担。这就是中国社会养老保障的二元体制,这种二元体制直到改革开放的前十年变化不大。但是,20 世纪 90 年代之后,随着市场经济的发展,这种体制下的养老和医疗体制对民众的生活带来了很大的改变。在农村中,生产生活模式一般是男的出去打工,女的在家种地、看孩子,捉襟见肘的经济基础导致农民养老发生了困难。这种情况随着农民收入的提高有了变化。到了 21 世纪,农业税的取消和农业补贴政策使农民的负担大大减轻,农业收入增多,外出打工者也挣得了更多的钱,老人的赡养不再是大的负担。农民也有了养老保险,每个 60 岁以上的老人每月都可以收到多少不一的养老费用,从一定程度上解决了老人生活的困窘局面。

二、 交往关系的变化

交往关系范围和内容发生变化。首先,家庭结构趋于小型化,家庭结构由几世同堂的大家庭转为以核心家庭为主。传统社会,几代同堂代表着家族的兴旺和和谐。但是现代社会,人们更注重独立和个性的发展,希望有独立的生活时间和活动空间。而且,不同代际人的生活方式和生活观念有了很多的不同,如果强求一致,不仅产生矛盾,而且付出的时间成本也影响各自的发展甚至生活。同时,经济发展和收入提高也使得老人和孩子的分立具有了条件。因此,家庭结构趋于小型化。

其次,人际关系从熟人社会走向陌生人社会。传统中国就是一个农业社会,劳动场所和生活范围的固定,使人们的人际关系构成了熟人社会,即人的一辈子都是与自己熟识的人打交道。要想在彼此熟悉的圈子里生活,必须遵从使人们和谐相处的一些原则,如诚信、邻里相助、讲究人情,婚丧嫁娶互相帮助,尤其是亲戚之间,通过人情的往来紧密地联系在一起。人们的人际关系,就像著名社会学家费孝通所说的是一种差序结构:以己为中心,像石子一般投入水中,和别人所联系形成的社会关系,像水的波纹一样,一圈圈推出去,越靠近核心,和自己的关系越近,越远离核心,和自己的关系越远,这样就形成了人际关系的差序结构。① 计划经济时期,虽然在一定程度上打破了自然村的界限,但是仍然没有打破熟人社会的人际关系状态,城市工人的工作也是生活在熟人圈子,遵循着基本相同的模式。改革开放以后,年纪大些的人仍然以自己的家乡作为自己生活的基础,但是更多的年轻人从农村走向城市,有些人已经在城市工作、生活,不再愿意回到自己的故乡。城市生活更多的是陌生人组成的社会,依靠公共的法律和规则约束人们的行为,人与人之间的诚信、帮助体现的是个人的修养和文明素质。

最后,与交通和通信以及其他物质生活条件的变化相一致,人们生活的时间和空间活动范围的变化最明显。传统社会,人们日出而作,日落而息,日常生活就如均匀流逝的江水,几年、几十年、几百年甚至上千年的生活模式没有变化,时间仿佛是停止的。而人们的空间活动范围是有限的、封闭的,不知道自身的生活之外还有其他。计划经济时期,虽然有组织的集体生产,民众的活动范围有了扩大,但农村生产方式和生活方式没有发生根本性的变化。由于户籍政策的限制,农民也不能离开农村到城市,因为城市生活是国家供应粮食,有各种票证,农民一旦离开农村到城市,根本不能保证生活。但是,改革开放以来,更多的农民走出了自己的土地,在外打工,学技术,积累经验,增长见识,逐渐改变了自己生活现状,很多打工者已经在城市安家就业,自己的孩子也在城市上学。也有的打工者在外积累了经验和技术,又回到家乡创业,有的成立了自己的建筑队,有的在家乡建了小型加工厂,有的则租种成片的土地种植粮食或者蔬菜。由于农村的补贴政策,农业种植已经成为提高收入的重要途径。在家的农民平时可以为种植大户做日工,通过各种途径提高收入。农业机械化也使大部分农村劳动力从繁重的体力劳动中解放出来。无论是农民还是城市居民,休闲活动、旅游也成为人们生活的重要内容。时间再也不是凝固不变的,人们的活动范围也不再局限于某一个生存的地方。人们不仅可以

---

① 费孝通:《乡土中国 生育制度》,北京大学出版社1998年版,第24—27页。

走向全国,而且可以走向世界各地,不仅可以和看得见的人接触,而且可以和更多看不见的人联系,即时地接受着发生在世界各地的讯息,极大地改变了人们固定封闭的生活范围。

三、 生活方式选择的可能性

民众具有了多种生活方式选择的可能性。在生产方式上,农村大部分地方已经实行机械化,农民摆脱了繁重的农业劳动,有了更多的休闲时光。著名社会学家于光远先生在一篇文章《论普遍有闲的社会》中指出:"闲是生产的根本目的之一。闲暇时间的长短与人类文明的发展是同步的。"[①]休闲代表着更丰富的生活和更高的生活质量。无论是在城市还是乡村,由于劳动生产率的提高,工作都成为劳动者生活时间的一部分,劳动之外的生活有很多的选择,运动、休闲、学习、购物、旅游成为民众工作之外的生活,广场舞就是中国民众最有代表性的运动和休闲方式,从城市到乡村,广场舞成为全国的时尚。当然,在城市,民众休闲生活的选择更加多样,如看电影、逛街、运动、聚会、旅游等。人们需求的丰富也带动了中国经济的发展,与民众生活有关的第三产业发展起来,商业、休闲运动和旅游成为中国经济发展的三个重要领域。除了这种现象层面的生活方式的不同选择,还有由于追求不同生活品质而进行的选择。如由于大城市和中小城市的发展差距,大城市的教育、发展机会、收入水平都与中小城市有较大差别,不少人放弃了中小城市舒适的生活,选择到大城市寻找机会和拼搏,为实现梦想,哪怕忍受长时间的艰苦生活。对于很多有梦想的青年来说,"宁要大城市的一张床,也不要小城市的一套房"。因为他们不愿意过小城市那种单调的一成不变的生活,更愿意在大城市寻求突破和发展。因此,在大城市里,生存着各行各样的"漂族",在这些"漂族"中,就潜藏着或者说培养出很多音乐家、画家、导演等创作者,他们为理想或者为生活而

---

① 转引自马惠娣:《社会转型中的生活方式》,《晋阳学刊》2013 年第 5 期。

努力的经历也成为他们创作的源泉。这些人为了心中的梦想愿意选择"漂泊"的生活,也正是因为有这样一批批的梦想者,中国各个领域的发展才呈现出激情与活力。

四、 当代中国社会的结构分化

当代中国社会结构分化严重。选择什么样的生活方式一方面与自己的生活观念和价值追求有关,另一方面也直接与自己的收入挂钩。改革开放以来中国社会变化的一个重要特点是社会阶层分化严重,阶层差别的主要表现就是生活方式、职业威望和社会地位的差别,而阶层的差别反映的是等级的差别。马克斯·韦伯在《经济与社会》中谈到阶级和等级,"'阶级'应该是处于相同阶级地位的人的任何群体。a)有产阶级应该是指一个主要由财产的不同来确定其阶级地位的阶级。b)职业阶级应该是指一个主要由货物或劳动利益的市场利用机会来确定其阶级地位的阶级"①,"等级地位应该是指一种在社会评价中典型有效地要求的特权化,或受特权损害,它建立在下述事实之上:a)生活方式;因此也建立在b)正式的教育方式;即:1)经验的训练;或者2)合理的教育,并且具有相应的生活形式;3)出身威望或职业威望。"②由于财产或者收入、生活方式、教育以及职业威望等因素,社会上形成了不同的等级。我国著名社会学家陆学艺提出了"以职业分类为基础,以组织资源、经济资源和文化资源的占有状况为标准来划分社会阶层的理论框架。组织资源包括行政组织资源与政治组织资源,主要指依据国家政权组织和党组织系统而拥有的支配社会资源(包括人和物)的能力;经济资源主要是指对生产资料的所有权、使用权和经营权;文化(技术)资源是指社会(通过证书或资格认定)

---

① [德]马克斯·韦伯:《经济与社会》(上卷),林荣远译,商务印书馆1997年版,第333页。

② [德]马克斯·韦伯:《经济与社会》(上卷),林荣远译,商务印书馆1997年版,第337—338页。

所认可的知识和技能的拥有。"①根据这个标准,他划分了十大阶层,包括：国家与社会管理者阶层、经理人员阶层、私营企业主阶层、专业技术人员阶层、办事人员阶层、个体工商户阶层、商业服务业员工阶层、产业工人阶层、农业劳动者阶层、城乡无业、失业、半失业者阶层。② 这种划分以职业分类为基础,以社会资源的占有标准,对中国改革开放以来社会阶层的划分有比较客观的根据。但是随着经济发展和文化产业的迅速发展,我国的社会阶层结构中的组成人员也在发生着变化,甚至产生了新的文化权贵阶层。一方面,借鉴马克斯·韦伯的等级理论,另一方面,受陆学艺的社会分层理论启发,我们根据经济基础、社会资源的占有以及生活方式的选择情况来分析,我们国家改革开放以来社会结构的分化状况。

从总体上说,我国民众的整体生活水平都在提高,但是,经济基础、能力、教育、机会的差别,还有政策的原因,导致贫富差距和阶层差距越来越扩大。这种差别从地区结构上分为城乡差别和地区差别。城乡差别在中国一直都存在,计划经济时期,因为中国的户籍政策,使得城市和乡村成为截然分离的两个领域,城市主要是工业,农村主要是农业。城乡差别是身份的差别,也是生活方式的根本性差别,在城市,住房、教育、疾病、养老全部是国家承担,在城市的叫吃公家饭,虽然工资不高,但是没有后顾之忧。农村的住房、教育、养老、疾病都是家庭负责,日常小病的药物由合作社医疗机构负责,但是大的疾病住院要自己负责。城市和农村从整体上属于二元结构,城市中没有农村人的位置和工作,因此,农村人不能到城市生活。有学者指出,"中国作为一个发展中的人口大国,二元结构是其国民经济结构的基本特征"。从经济上来说,农村是农业,城市是工业。"通过户籍管理制度、统购统销制度等的实施,形成了二元社会结构,即城市社会为一元,农村社会为另一元的城乡分离状态。"

---

① 陆学艺：《当代中国社会十大阶层分析》,《学习与实践》2002 年第 3 期。
② 陆学艺：《当代中国社会十大阶层分析》,《学习与实践》2002 年第 3 期。

"二元经济结构和二元社会结构的长期存在,造成了中国城市社会和农村社会的显著差异,这种差异反映到城市居民和农民的日常生活中就形成了社会生活方式的二元结构。"①

改革开放之后,最先改变的是农村。由于实行联产承包制,农民收入提高,生活水平不断提高;农村富余出来的劳动力纷纷到城市打工,收入也在增多。但是,在改革开放之初和之后的相当一段时间,农村没有合作医疗,农民看病花销增大,由病致穷现象比较普遍,农村和城市的差距依然很大。直到2002年,农村取消农业税、进行农业补贴,农村和农民的日子才有了更好的改善。而城市工人的生活水平相对在下降。20世纪90年代,国营企业由于管理落后和产品老旧,不适应市场需求,大量的企业破产,导致大批工人下岗,无法成功再就业,即便是再就业,也失去了稳定的工作和社会保障,反而不如在农村有土地作为后盾的农民。即便是在城市中打工,特别是在建筑领域,下岗工人也没有农民的经验和技术优势。所以,工人因为收入的降低成为社会的底层人员。在这个过程中,一个新的阶层——民营企业家阶层崛起,由于创新和市场引导,在激烈的竞争中,逐渐站稳脚跟,发展得越来越强大,成为国家发展的新生力量。虽然没有国家资金和政策的优势,但民营企业都是在市场中打拼出来,有适应市场的机制、人才和应变能力,成为经济发展中最有活力的力量之一。

在农村中,纯粹依靠农业收入的农民分化并不严重,分化主要发生在举办企业和走出农村在城市发展的农民与本地主要从事农业的农民之间的差别,但这种差别主要表现为收入的差别。大的分化主要是在城市中,城市又有大城市和中小城市的差别。对社会阶层的划分主要是根据经济状况和社会地位,经济状况和社会地位是联系着的,体现在不同的经济基础所能利用社会资源的多少,层次越高,利用社会资源的能力越强,层次越低,其利用社会资源的

---

① 田珍:《城市化与农民生活方式演进的互动机理研究》,《农业经济》2007年第1期。

能力越低。由于经济基础和社会地位的差异,不同群体所占有的教育资源、医疗资源以及其他社会资源的差距很大,其生活的状态差别也很大,因此所能获得的教育条件、目标的确定及其实现程度差异很大。

第二节 改革开放以来生活观念的变化

在计划经济时期,我们国家的生产方式大多数是手工劳动,基本上延续了自然经济的生产方式,日子过得很慢。这段时间,大家过着同样的日子,人们之间平等友好,热情助人,彼此诚信,整个国家虽然不富,但是人们生活得简单而快乐。随着改革开放的进行和现代化建设的发展,民众的生活观念发生了巨大的变化。

一、 民众主体性意识增长

主体性意识的增长的第一个表现是民众选择的主动性。传统社会是命定的等级社会,出生即决定了自己的阶级属性和社会地位,绝大多数人一生无法改变自己的命运。但现在,一切变化皆有可能性。虽然很多人还受制于自己家庭条件的限制,接受的教育经历不同,社会还做不到完全公平地为所有人提供同等的机会和条件。但是,从高考、公务员考试、事业单位考试到社会提供的创业机会,为更多人提供了公平竞争和发展的可能性。命运不再是出生即决定的,而是可以通过自己的努力改变的。人们不再被动地适应环境,接受既定的条件,而是通过努力改变自己的生存状况。可以说,改革开放的第一代人绝大多数是从农村走出去,从而改变自己命运,甚至影响中国命运的一代人。主动性的选择成为决定生活状况和人生轨迹的重要因素。改革开放以来整个中国的变化也验证了主体意识的重要性,整个中国的发展过程就是发挥主动性、不断突破束缚之网,创造一个个历史奇迹和世界奇迹的过程。

主体性意识的增长的第二个表现是民众创造性能力的发挥。我们可以将传统社会、计划经济时期和改革开放后的状况做一个比较。传统社会，家庭是主要的经济和社会单元，家庭是一个整体，个人隶属于家庭，在家庭成员中，只有大家长具有绝对的话语权和决断权。就像梁启超先生所说，"吾国之社会组织，以家族为单位，不以个人为单位"①。至于主体性意识，按照梁漱溟先生所说，我们没有集团生活，相应地，与集团相对应的个体意识没有发展起来，这也是西方社会与我们传统社会所不同之处。"在西洋既富于集团生活，所以个人人格由此而显露。在中国因缺乏集团生活，亦就无从映现个人问题。"②新中国成立以后的计划经济时期，有了"集团生活"，这就是各种集体，大队或者工厂是大的集体，生产队或者工厂的车间是小的集体。集体生活要求的是纪律和效率，但是计划经济社会宣扬的是"螺丝钉"精神，组织分配什么工作就做什么工作，不挑不拣不抱怨，安于本职工作，干一行爱一行，劳动模范就是指那些在本职工作中做到极致，或者对社会有奉献精神的人。在这样的环境下，个人主体性的发挥体现为在本职工作范围内的努力敬业。可以说，虽然计划经济激发了人的革命干劲和热情，但是没有给个人主体性的发挥提供更多的可能性。改革开放以后，在注重个体性的市场经济条件下，这种情况发生了变化。在经济方面，首先是农村进行联产承包责任制，极大地解放了农民的生产积极性。在这个基础上，农村的生产力水平不断提高，人力畜力的模式逐渐转换成了机器模式，农民个体的联产承包逐渐转换成了规模经营，解放了农民。解放出来的劳动力可以做其他工作，或者打工，或者创业，等等。在城市，也逐渐打破了国有经济和集体经济一统天下的局面，更多的人从事个体和民营经济。企业在计划经济时期，没有经营权，管理人员和工人的创新积极性得不到发挥，企业的规模得不到发展，商品的供给始终是短缺的。经过市场经济的发展，商品供给很快摆脱了短缺经济的局面。民营经济通过自己的努力，逐渐成为国家经济的重要组成部分，特别是近些年发展的与互联网有关的企业，

---

① 转引自梁漱溟：《中国文化要义》，上海人民出版社2005年版，第70页。
② 梁漱溟：《中国文化要义》，上海人民出版社2005年版，第70页。

得到了快速的发展,阿里巴巴、腾讯等成为民营经济中发展最好的代表,还有更多的科技公司。经济领域主体性的发挥是民众真正的主体性,民众是通过主体的发挥来创造、改变自己的生活。可以说这种民众主体性的发挥代表了中国的发展轨迹,中国命运的改变是靠中国民众主体性的发挥。

主体性意识增长的第三个方面表现为民众的法治意识和规则意识逐渐增强。传统中国是一个熟人社会和人情社会,熟人社会的规则是熟人之间和陌生人之间可以使用不同的规则,如熟人之间要诚信、要助人,不然就无法生存;而对陌生人只见一次或几次面,与他的偶尔或短暂相处影响不了大家的日常生活,所以对于陌生人就可以不适用熟人之间遵循的规则。人情社会的特征表现为,任何事情的处理都要通过人情。西方人喜欢称呼每个人的名字,而在中国熟人之间喜欢用某种关系称呼,如叔叔、阿姨等,以示尊重和关系亲近,这就使得所有的人际关系都成为家族关系的延伸。梁漱溟先生谈到西方集团和中国家庭关系的不同,"西洋人之执法与中国人之殉情"①,西方在集团中,对于任何人和任何事都是要遵守纪律,才有效率,才有秩序,这也是法治的必要性。"然而在家庭间亲族间就不然了,一家之中,老少,尊卑,男女,壮弱,其个别情形彰彰在目,既无应付众人之烦,正可就事论事,随其所宜。而且以密弥同处,一切隐晦曲折彼此无不了然相喻,难以抹杀不顾。而相亲如骨肉,相需如手足,亦必求其细腻熨帖,乃得关系圆满,生活顺畅。此时无所用法治,亦且非法治所能治,虽无所谓为殉情,而凡所斟酌,却莫非情致不同。"②可以说,传统社会整个生活就是大的日常生活世界,人情也延伸到几乎所有的领域。而现代社会,分工越来越细,日常生活和非日常生活领域的界限越来越明显。但是,中国人喜欢熟人之间攀交情的习惯也延伸到非日常生活领域,"'因亲及亲,因友及友'其路仍熟,所以遇事总喜托人情。你若说'公事公办',他便说

---

① 梁漱溟:《中国文化要义》,上海人民出版社 2005 年版,第 59 页。
② 梁漱溟:《中国文化要义》,上海人民出版社 2005 年版,第 60 页。

你'打官话'。"①就像俗语说的"酒桌上好说话",公家的事情私下说,反而在办公场所办不成的事私下可以办成,这也成了贪污腐败的潜规则,甚至说潜规则盛行,而正常规则却成了摆设。可以说,人情无孔不入,甚至行政和司法等非日常生活领域都有了中国的人情"特色"。然而传统文化中的这一条却与现代社会的法治意识和规则意识格格不入。当然,这种情况正在发生着真切的变化。一方面,国家制定了建成"社会主义法治国家"的目标;另一方面,随着法治建设的不断完善,民众的规则意识和法治意识越来越强,日常生活和非日常生活的分割越来越明晰,人情正慢慢淡出非日常生活领域,人情干涉司法的情况大大减轻,行政行为越来越规范。

随着法治意识和规则意识的提高,民众的权利意识也有了明显提高。传统社会,中国的老百姓历来是逆来顺受、听从命运安排的,因为无法改变现状,因而变得麻木。改革开放以来随着法治的逐渐完善,经济的发展,民众的权利意识有了明显增强。一方面,民众积极地争取自身权益的实现;另一方面,对于伤害自身权益的行为,无论侵害者是个体还是单位,无论是政府还是私人,民众都不会再听之任之,而是采取各种途径,积极地寻求解决的途径。民众在法治社会中成为独立的个体。

二、　价值选择的多样化

价值选择多样化的表现是,社会越来越多元,价值选择呈现多种可能性,关于评价人的标准更加宽容。传统社会的价值是仁义礼智信,"礼"是等级社会的核心。计划经济时期的价值观是统一和一致的,其核心价值观是奉献和平等,集体利益至上,为集体利益牺牲自己的利益是正当的,而与此相悖的价值则得不到社会和民众的认可。在市场经济条件下,这种单一的价值观发生了变化,多元价值被认可,如追求自己的利益被认为是合法的。宪法明确规

---

① 　梁漱溟:《中国文化要义》,上海人民出版社2005年版,第60页。

定,"公民合法的私有财产不受侵犯",只要是不违法,任何获取个人财产的途径都是允许的,也恰恰是这一点,极大地激发了民众进行经济活动的积极性和主动性。除了合法地追求自己的经济利益,当然可以选择其他的价值,有人选择做公益,有人选择照顾好家庭,有人喜欢创新和探索,有人喜欢按部就班,有人是理想主义者,有人是现实主义者,等等。社会是包容的,你选择做什么、怎样做,你想按照什么样的原则生活,有极大的自由性,体现了价值选择的自主性。当然,社会有共同认可的价值,这就是社会主义核心价值观。但在一般的共性价值原则基础上,能最大限度地尊重每个人的个性,每个人都可以按照自己选择的生活方式生活。同时,社会评价的标准更加宽容。传统社会是静态的缺乏流动的社会,学而优则仕。而现在成功的标准有很多,人们可以在很多领域展示自己的努力成果,从而获得认可。你可以是科学家,为人类的进步作出贡献;你也可以做官,造福一方;你也可以从事教育,教书育人;你还可以兴办企业,发展经济;你还可以在一个平凡的岗位上作出很多不平凡的事迹。你可以成为某一专业领域的人才,你也可以是品德高尚的人,你也可以是在最普通的岗位持之以恒尽职尽责工作的人。你可以有多种途径证实自己的价值,只要以自己的品行和劳动赢得人们的尊敬,你就是成功的。

三、 传统道德观念的变化

一些传统价值观念也发生变化,最典型的是"孝"。孝是中华民族的传统美德,集体经济在一定程度上打破了家庭作为基本的社会经济单元的事实,但是并没有动摇孝的社会基础。家庭仍然是社会的基本单元,有儿女的老人都是家庭照顾,尊老爱幼的传统美德一直保留。但改革开放之后,这种尊敬老人的观念逐渐发生了变化。分田到户,财产私有化一方面激发了民众的积极性,努力挣钱改善生活;另一方面也助长了私有观念,只想索取,不想贡献。很多家庭为了儿子结婚举债,儿子孝顺的会帮着把债务还清,不孝顺的就由父母倾其所有一年年辛苦地还债。更严重的是,有些儿女不再把赡养老人看作是天经地义的义务,很多媳妇过了门即提出分家。在山东省一个村庄调研发现,20世纪90年代十年的时间里,农村的风气有一个天翻地覆的变化,家里上下辈之间失去了和谐,村里的老人沦为最可怜的一个群体。这些在村里被边缘化的老人没有地方可去,天主教堂每周一到两次的聚会,教民之间平等和睦,还有文化活动等,成了老人们寻求心理安慰的地方。这个时间也是农村的天主教规模逐渐扩大的十年,农村的天主教最初就是这些弱势群体占主流。这种风气从21世纪之后开始发生转变。因为一是农民收入和生活水平的不断提高使得养老不再是大的负担;二是儿女外出打工导致家庭经济结构变化,使得孙子女的养育离不开老人;三是国家的养老保障逐渐惠及所有的老年人,减轻了养老负担。因为经济基础改善,家庭的经济功能和生活功能的变化,使得家庭之间的关系变得和谐了;村里评好媳妇、好婆婆等活动也促进了村里的文明风气。过去的传统美德又慢慢回来了,人们之间友好相处,互相帮助,村里或者社区里很和谐。这是对一个社区调研得出的认识,也反映了大部分农村的变化。

关于诚信,这是市场经济之后我们最失败的领域。计划经济时期,人们虽然生活水平不高,但是彼此之间互相信任,不管是熟人还是陌生人,助人为乐是一种习惯。20世纪五六十年代,整个社会学雷锋、提倡奉献精神,行为上要求五讲四美三热爱,又红又专是人才培养目标,整个社会几乎达到路不拾遗夜不闭户的状态。民众建设社会主义的热情很高涨,整个社会风清气正,充满正能量,人和人之间关系简单而真诚。但是,随着市场经济的不断发展,诚信在中国成为一个问题。生产销售假冒伪劣商品,食品生产中大量添加工业化学制剂,不顾产品对消费者身体的伤害;还有其他各种各样的诈骗行为,诈骗招数层出不穷。这种情况多了,人与人之间失去了基本的信任。最近几年,国家层面对正能量人物及事件的宣传,以及全社会诚信制度的逐渐确立及实施,才使得整个社会的道德状况有所好转。

对待金钱的态度、尊重什么反映了一个社会乃至一个民族的追求,道德滑坡说明了我国主流价值的弱化。整个社会都在反思,中国的道德到了非治不可的地步。2006 年国家提出建立社会主义核心价值体系,要以社会主义核心价值体系引导人们的行为,让整个社会形成一种讲道德光荣、不讲道德可耻的氛围,宣扬正能量。同时,净化网络空间,禁止传播负能量。2012 年党的十八大提出社会主义核心价值观,进一步为整个社会提供了明确的主流价值引导。2013 年 12 月出台《关于培育和践行社会主义核心价值观的意见》以来,整个社会宣扬正能量,邪气歪风逐渐失去了市场。2017 年 10 月 1 日起施行的《中华人民共和国民法总则》第一百八十四条明确规定:"因自愿实施紧急救助行为造成受助人损害的,救助人不承担民事责任。"俗称这一条为"好人法",使好人做好事没有后顾之忧。特别是近几年国家重拳反腐,使整个社会逐渐形成不敢腐不能腐的局面。但是,要根治腐败,正气当道,达到不想腐的状态,还需要反腐的制度化常态化运行和社会主义核心价值观的全民培育。

第三节 生活方式和观念变化的原因分析

中国改革开放以来,经济的发展和生产方式的进步引起了生活方式的变化,生活方式的变化又引起人们价值选择的变化。俗话说,衣食足,知荣辱,但是现实生活中,我们的道德发展和价值选择并没有和生活水平的提高呈现相对应的变化。这也是为什么人们生活水平提高了却对社会更加不满的原因之一。导致民众生活方式和观念的变化的根本原因是什么呢?如果说社会具备了一定的条件,不同的主体可以选择不同的生活方式,生活方式的选择具有一定的个性特征,但是有哪些生活方式可供主体选择,有没有选择不同生活方式的可能性,却不是主体自身的因素,而是由于社会的总体发展,特别是经济的发展和生产方式的进步所导致的,生产方式的发展是生活方式变化的根本性原因。马克思恩格斯在《德意志意识形态》中谈到,"人们用以生产自己的生活资料的方式,首先取决于他们已有的和需要再生产的生活资料本身的特性。

这种生产方式不应当只从它是个人肉体存在的再生产这方面加以考察。更确切地说,它是这些个人的一定的活动方式,是他们表现自己生命的一定方式、他们的一定的生活方式。个人怎样表现自己的生命,他们自己就是怎样。因此,他们是什么样的,这同他们的生产是一致的——既和他们生产什么一致,又和他们怎样生产一致。因而,个人是什么样的,这取决于他们进行生产的物质条件。"①一方面,生产方式决定生活方式;另一方面,也可以说,生产方式在一定意义上就是生活方式,因为如何生产和生产什么就是人的生命过程的一部分,人的生命过程就是人的总体活动过程,人的总体活动包括生产过程和生活过程。所以,从广义上说,人的生活过程包括人的生产过程;从狭义上说,生产过程是生产物质生活资料的过程,生活过程则是人的日常生活过程。

个人怎样表现自己,个人就是怎样的,个人生活过程就是人的生命过程。在不同的生活状态下、不同的生活方式中,人的存在呈现不同的状态。

一、 前现代社会生活的自然性

对人来说,时间不是一种固定不变的东西,它是人的生命过程的记述,个体生命内涵的丰富程度决定了个体关于时间的体验是有区别的。赫勒在《现代性理论》中指出,"时间是一个历史概念,并因此历史地改变其限定。"②在前现代社会和现代社会,时间的含义是不一样的。传统社会,时间均匀地流逝着,因为生活是固定的,遵循着自然的生命节奏和生活节奏,时间对于每一个人都是不变的。而现代社会,时间具有了个性特征。海德格尔在《存在与时间》中,把生活时间看作是"此在"本身,世界时间是机械的、客观的,生活时间不同于客观的、可测度的时间,它是个人经验的时间,作为生活时间,时间成为意义(meaning)。作为经历的生活时间,和海德格尔的作为历史性的生活时间,都是同客观时间、钟表时间和机械时间对立的。在这两种情形中,生活时

①　《马克思恩格斯文集》第 1 卷,人民出版社 2009 年版,第 519—520 页。
②　[匈]阿格尼丝·赫勒:《现代性理论》,李瑞华译,商务印书馆 2005 年版,第 240 页。

间是(或至少可以是)真实的,而客观时间是不真实的,它与人的活动无关。①

生活时间对于个人来说就是生命的体验过程,这种体验过程对于前现代社会和现代社会人的意义是不同的。传统社会的人处于马克思所说的"人的依赖关系"阶段,在这种状况下,人在两重意义上受外在力量的主宰,一是由于生产力水平的限制,受自然力量的控制,二是受人的依赖关系的社会秩序的约束。在中国的传统社会,自然性、人情化、经验性、凝固性是其典型的特征。

首先,传统社会是自然社会,人们的生活节奏是自然的。自然社会的特征是人们的一切活动听从自然的安排,日出而作、日落而息,自然的天气、气候、季节具有主导的性质,农历就是按照一年的气温和天气变化对农作物生长的影响所做的规律性总结。平常的日子,人们是按照自然的变化、农作物的生长周期安排自己的生活时间,与其说是安排,不如说是听从自然。自然性还表现在人们的人际关系是以自然血亲为基础形成的,基于自然血亲的家庭是中国人生活的根本,家庭的地位和作用无可替代。基于自然亲情基础上的情感非常牢固,延伸到生活的方方面面,形成了中国传统社会的人情化特征。以"家庭为本位的日常生活世界,在日常交往活动图式上的本质特征便是人情化,它成为中国传统社会所有交往活动的主色调。换言之,中国传统日常生活世界是一个典型的人情世界。在人情面前,人们常常可以牺牲原则、正义、平等、公正等一切理性化的文化特质。"②就像费孝通所说:"在西洋社会里争的是权利,而在我们却是攀关系、讲交情。"③中国人对于家庭、血缘和人情的依赖是根深蒂固的,通过血缘、亲情、人伦等编织成日常生存和日常交往的圈子,"这种血缘和情感圈子同狭窄和固定的地缘相结合就构成了传统日常生活世界的阈限。"④人的日常生活都超不出这个以血缘亲情和人伦为基础的社会关系。

---

① [匈]阿格尼丝·赫勒:《现代性理论》,李瑞华译,商务印书馆 2005 年版,第 245 页。
② 衣俊卿:《现代化与文化阻滞力》,人民出版社 2005 年版,第 238 页。
③ 费孝通:《乡土中国 生育制度》,北京大学出版社 1998 年版,第 27 页。
④ 衣俊卿:《论中国现代化的文化阻滞力》,《学术月刊》2006 年第 1 期。

人情不仅主导着整个日常生活世界的交往,而且也渗透到非日常生活领域,成为非日常生活领域的潜规则,使得非日常生活在显性或隐性层面上具有日常生活的特点。

其次,传统社会是经验式的日常生存。人们对于经验、常识、惯例等自在的文化因素有天然的依赖,这种依赖使得人们轻松沉浸于日常生活世界,而没有任何超出或者跨越日常生活的要求。"典型的日常生活的主体缺少改变现状、超越现存生活的冲动和热情。"①重复性也成为传统社会的典型特征。这样的社会,信而好古,经验几乎是获取知识的唯一方式,因此,有经验的智慧的老人备受尊敬。"支配传统日常生活的基本的文化图式是重复性的思维和重复性的实践模式,这是一个经验世界,一个常识世界,一个习俗世界。其突出的特点是尚未培养起一种反思的维度,在常识思维或经验思维中,从来没有'为什么'的问题,一切都是天经地义、古来如此的。""日常思维基本停留于自在的水平"。② 因此,中国人具有中庸、不争、无为、安于现状的保守特征,这种中庸、保守、依赖经验、以过去为定向的生存态度渗透到日常生活的方方面面。

最后,传统社会是凝固的世界,凝固性表现为不变性。传统中国社会就是一个巨大的日常生活世界,以分散的小农经济为基础,造成了彼此隔绝和封闭的生存模式,甚至可以老死不相往来。从空间特征来说,这样的日常生活空间一般是个人的全部生活环境,具有固定、狭窄和封闭的特点。就像马克思所说,"在这种形式下,人的生产能力只是在狭小的范围内和孤立的地点上发展着"③。从时间特征来看,这种日常时间具有凝固、恒常和均匀流逝的特征。日常时间没有变化,昨天和今天,今天和明天,去年和今年,今年和明年,父辈的一生和你这一生,你这一生和下一辈的一生,没有变化。"日常生活就如均

① 衣俊卿:《论中国现代化的文化阻滞力》,《学术月刊》2006 年第 1 期。
② 衣俊卿:《现代化与文化阻滞力》,人民出版社 2005 年版,第 235 页。
③ 《马克思恩格斯文集》第 8 卷,人民出版社 2009 年版,第 52 页。

匀流逝的江水"①,一成不变,体现了日常生活的凝固性特点。按费孝通先生的话,"记忆都是多余的","秦皇汉武,没有关系"②。在这样的社会里,因为生活方式不变,人们的人际关系范围,人们相处的方式,劳作的方式,甚至聊天的内容都是一成不变的。绝大多数人一生都走不出自己的村子,是典型的熟人社会,道德规范就可以约束人的行为。

在这样的社会,时间对于人的意义是什么呢?有没有个人时间呢?按自然秩序生活的人,在天然的共同体里,其实谈不上个人时间。自然时间就是人们的日常生活安排的依据,一天中哪个时间该做什么、能做什么,一年四季什么时间该做什么、能做什么基本上没有变化。除了自然的作息和劳动时间,其他就是婚丧嫁娶、礼尚往来,也是历年来形成的定式,没什么变化。没有变化,生活环境固定,很容易形成对这种生活习惯和自然情感的依赖,这一点在离开故乡时漫长的"乡愁"中表现得特别明显。那些到边境苦寒之地守关之人,那些由于触犯朝廷被流放杳无人烟之地的人,没有亲人,没有熟悉的朋友,甚至无法得到亲人的信息,那种等待的煎熬,时间的漫长和空间的遥远很明显地凸显出来。很多诗词反映了这种乡愁情绪和对时间的无奈,如刘长卿:"乡心新岁切,天畔独潸然。"(《新年作》)高适:"故乡今夜思千里,霜鬓明朝又一年。"(《除夜作》)白居易:"一看肠一断,好去莫回头。"(《南浦别》)布燮:"坐久销银烛,愁多减玉颜。悬心秋夜月,万里照关山。"(《思乡作》)杜甫:"江碧鸟逾白,山青花欲燃。今春看又过,何日是归年?"(《绝句》)为什么"一看肠一断,好去莫回头"?因为这一别不知道多少年才能回故乡。空间的距离就是时间的距离,空间的遥远等于时间的漫长,因为用脚丈量的时代,距离就是横亘在游子和家乡中间的无法逾越的高山。不像现代人,在看手机的过程中,时间不知不觉地已经过去,现代人感觉时间走得太快,因为有很多东西占用了人的时

---

① 衣俊卿:《论中国现代化的文化阻滞力》,《学术月刊》2006 年第 1 期。
② 费孝通:《乡土中国 生育制度》,北京大学出版社 1998 年版,第 21、22 页。

间。但是在古代,时间就是魂牵梦绕的思念,时间就是漫长的等待,时间就是头上的白发,除了等待,你对时间无可奈何。

二、 市场经济发展对生活方式变化的根本性影响

马克思恩格斯说,"个人怎样表现自己的生命,他们自己就是怎样。因此,他们是什么样的,这同他们的生产是一致的——既和他们生产什么一致,又和他们怎样生产一致。因而,个人是什么样的,这取决于他们进行生产的物质条件。"①从传统的生产方式到现代的生产方式,以致引起的民众生活方式的变化,在中国是一个渐次的过程。

新中国的诞生对中国是历史性的重大事件,而对日常生活中的民众来说,则是生活状态和生活节奏的变化。首先有了集体生活。集体是集合的个体,集体是与个体同时存在的,没有个体就没有集体,集体是以承认个体的权利为前提的。传统的中国有家庭、家族和国家的概念,但没有集体的观念,没有集体便没有个体。皇权代表作为国家的整体,而不是集体,而家庭或者家族实际上是集合的私人,个人是依附于家庭或家族的。所以,无论在家庭中,还是国家中,都没有个体的独立地位。就像梁漱溟先生所说,"在中国因缺乏集团生活,亦就无从映现个人问题。"②集体是具有共同的经济基础、利益追求、思想观念和政治目的组织,是个体的组合。新中国是人民的国家,它既要依靠人民发挥人民群众的创造力,也要尊重人民的利益,它为每个人的发展创造条件,所以,中国是中国人民的大集体。国家这个大集体是由一个个小集体组成的,如单位、生产队等,小集体是人们共同工作、生活的单元。在集体中,个体的主体性意识开始萌芽。革命最能发挥人民的主体性,革命战争锤炼了民众的主体性意识,对社会主义建设和对新社会的向往也激发了民众的热情。新中国成立后,集体意识、奉献意识、劳动意识成为整个社会的主流意识。

---

① 《马克思恩格斯文集》第1卷,人民出版社2009年版,第520页。
② 梁漱溟:《中国文化要义》,上海人民出版社2005年版,第70页。

有了集体生活,再加上人们亲历战争、运动、社会体制的变化,生活一成不变的模式有了较大改变。物质生活条件虽然没有改变多少,但是由于生产组织方式的变化和生活方式的变化,如集体劳动、集体生活、乡村文化,人们之间的既往和人们的生活模式都发生了变化,从而使人们关于时间的体验发生着变化。人们之间的交往不再仅仅限于由自然血亲延伸开去的"差序结构",而是有了集体生活,有了个人和"公家"的联系。而且,人们除了日常生活之外,还可以参与一些政治活动这种非日常生活,这扩展了人们的活动范围和视野。这种不断出"新"的感觉使人们的生活内容丰富了。但是,由于生产领域仍然是自然经济占主导地位,再加上交通、通信的落后,人们生活的变化主要是生产组织方式的变化导致的合作方式和生活范围的拓宽。

真正生活方式的变化,始于20世纪70年代末改革开放所引起经济体制变革,也就是市场经济的发展,特别是1992年开始的市场经济体制的逐渐建立。改革开放是中国的又一次改变命运的选择,如果说革命战争年代完成的是自卫和自立,而改革开放则是要自强和崛起。革命无法解决发展的问题,而改革开放所要解决的则是中国的发展问题。新中国成立以来,我国的社会主义建设走上了一条从学习模仿到独立探索的道路,事实证明有成功,也有失败。所以,中国的发展必须打破原有的惯性思维,打破束缚自己的枷锁,要对外开放,对内改革。这次变化首先是从经济领域开始,打破了单一的计划经济体制,发展市场经济,实现了发展模式的革命性变革,极大地提高了国家经济发展水平和综合实力。与此同时,民众的生活水平和生活质量都得到了根本性的改善,人们的生活足迹从农村走向城市,从国内走向国外。对于改革开放以来中国人的存在状态和生活状态,可以说只有一个"变"字能概括。变化是制度的变化,是生产方式的变化,是社会关系的变化,使这些变化引起的人们的生活内容以及生活节奏的变化。无论是城市还是乡村,由于生产方式的变化,人们的生活发生了巨大的变化。

改革开放以来,民众生活方式的最初变化是由于农民的联产承包责任制和城市的个体经济的发展。联产承包责任制释放了农民被束缚在单一计划经济中被压抑的积极性,对于生产和生活农民可以自己做主。而对于城市来说,允许个体经济发展产生了第一批下海经商的人,也为之后私营经济的发展积累下第一桶金。商品的流动带动了生产,带动了整个社会发展的活力。这个时期,无论是农民和还是个体经营者,真正的动力来自生存的需求和自主性的发挥。农村的剩余劳动力大量地走向城市,对于农民来说,走向城市不仅仅是提高收入,也开阔了视野,学习了城市的生活方式,也改变了自己的生活观念。随着个体经济的发展,城市中的文化生活也发展起来,20 世纪 80 年代录像厅的火爆就是一个代表,农村也仿照城市慢慢有了文化生活。但是由于生产力水平的限制,农民绝大部分时间还是跟随自然的节奏,辛苦劳作。从 1978 年到 1992 年,中国的改革处在摸索阶段,真正推动中国经济大改革大发展的是 1992 年社会主义市场经济方向的确立。市场化的改革激活了经济活力,推动了生产力的发展,民众有了更多生活方式的选择。虽然农村的发展中间有过停滞时期,但是 2002 年,农村取消农业税,并实行农业补贴以来,农民的收入逐渐提高,农业逐渐实现机械化,农民不仅收入在提高,而且有了更多的休闲时间,农村的生活方式越来越接近于城市生活。

对于城市来说,始于 1978 年的改革开放释放了城市的活力,个体经济如雨后春笋一样蓬勃发展,外资经济促进了经济的发展和活力,民营经济逐渐成为最有活力和最有竞争力的经济形式。正像歌中唱到"1979 年,那是一个春天,有一位老人在中国的南海边画了一个圈,神话般地崛起座座城",这个圈就是一系列经济特区的设立,这几个经济特区成为改革开放的排头兵,也是中国改革开放成果最突出的表现,最有代表性的就是深圳特区的建立。经过几十年的发展,深圳从一个小渔村变成经济发展重镇,成为中国的一线城市,比肩北上广。特别是 1992 年邓小平南方谈话之后,提出了"三个有利于"的发展标准,党的十四大确定了社会主义市场经济的改革方向,解放思想,加大改革开放力度,促进了整个国家经济和社会各方面的快速发展,以浦东新区为代表,又崛起了一些城市。在整个过程中,工人的生存状况有一些变化,在 20 世纪 90 年代中期,由于部分国有企业改制,很多工人下岗,失去了固定的工作收入,使得这些工人的生活水平下降甚至发生困难。也正是这些工人,成为城市个体经济、出租车行业以及其他服务行业的主体。21 世纪之后,随着国家社会保障水平的逐渐提高,工人的收入和生活水平也在提高。服务业的发展、大型商场的建立、旅游业的发展,以及其他健身休闲行业的发展,一方面促进了经济的繁荣和发展,另一方面也带动了民众的生活方式的根本性变化。生产、劳动不再是民众单一的生命方式,人们有了更多的休闲时间和休闲活动。由于收入的提高,民众也有了更多的对于不同生活方式选择的可能性,健身、旅游成为民众休闲的主要方式。

三、 互联网对日常生活的影响

自从 1997 年以来,互联网在我国发展迅速,国内互联网用户数基本保持每半年翻一番的增长速度。2017 年 8 月 4 日下午,中国互联网络信息中心(CNNIC)发布了 2017 年度的《中国互联网络发展状况统计报告》。报告显示,截至 2017 年 6 月,我国网民达到 7.51 亿,互联网普及率为 54.3%;手机网民达 7.24 亿,网民中使用手机上网的比例提升至 96.3%。2017 年上半年,各类网络应用的用户规模不断上升,场景更加丰富。[1] 移动互联网在日常生活的地位日益强化。

网络的出现,首先使人们的信息获取和处理方式发生了巨大变化。自从有了网络,无论从信息传递方式、受众接受范围,还是信息的储存方式、信息发送、反馈等方面发生了巨大的变化。首先,信息的传递方式不再受地域、时间的限制,每个人都可以在任何地方(只要有网络)、任何时间,不受任何限制的接受任何时间任何地点的信息,它可以发生在遥远的天边,发生在远古时代,

---

[1] 中国互联网络信息中心(CNNIC):《中国互联网络发展状况统计报告》,见 http://finance.sina.com.cn/roll/2017-08-04/doc-ifyiswpt5403664.shtml。

也可以刚刚发生在身边。其次，从受众的接受范围来说，网络最大限度地实现了信息接收的平等，没有任何职业、阶层的差别。如果说有差别的话，只是由于网络技术的差别导致一般应用和专业应用的差别。最后，从信息的存储方式来说，网络不仅极大地节省了纸张等资源的利用，而且信息的储存量大大地提升，几乎可以容纳无限多的信息。由于信息储存和使用的方便，极大地提高了工作效率，使得人有了更多的空闲时间。还有，信息的即时发送和接收，使得整个世界变得同时；网络信息的交互性，使得信息的即时反馈变成现实，网络成为反映民情最直接的平台。

网络使人们的社会交往方式发生巨大的改变。人们的交往方式从最初的面对面交往，到后来有了文字信件的传递，信件的传递从人力传递、鸿雁书到电波传输，再到电话的有声即时传输，在网络中更有了交互的图像传输。虽然网络的交往不同于现实生活中的密切接触，但是它解决了不受时间空间限制的局限，使得双方或者多方，不论是远隔千山万水，总能实现密切的即时交流。网络作为一种交往中介，突破了空间交往的限制。网上的购物更快捷、更方便，带动了新兴的快递行业。特别是网上海量的信息和知识，给人们学习带来了极大的方便和效率。通过网络，对于大千世界各种新鲜事物的了解，极大地开阔了人们的眼界，使人们理解世界的方式发生了变化。在这个时代，如果不了解网络，就跟时代有了距离。当然，网络生活只具有相对的独立性，纯粹的网络生活具有虚拟性和抽象性的特点，不具有现实生活中的交往密度。在网络中的生活和交往密度不可能完全代替现实生活，尤其不能代替人们之间的情感生活和实践生活。网络生活不能代替人的成长和实践能力的提高，一切的生产能力、交往的丰富都是在实践中发展起来的。即便如此，网络带给人们生活的丰富仍然是任何其他方式所不能代替的。

网络还产生了另外一种生活空间，这就是虚拟的网络空间。虚拟空间是由各种网络交友软件提供的交流空间，如在 QQ、微信上进行交流，在这种网络活动中，人成为在网络空间活动的虚拟主体。虚拟主体只是在网络中存在的主体,因为没有现实的接触,它不受现实角色、关系的羁绊。一个人在网络上,可以把自己当作自己想象的存在,在与别人交流中获得虚妄的满足。它当然也可以利用这种虚拟的角色去欺骗他人,从而获得一种现实的利益。所以,在网络中,一个人完全可以是一个现实中完全不同的存在。"作为虚拟生存的主体,在网络世界中已经失去了现实人的本色,网络世界中的人以'网民'这一具有共同性和普遍性'类'特征而展示自己的一种存在。"①在网络中这种交往活动是一种虚拟的交往,虽然可以产生类似现实接触中一样的情感体验,但是由于没有和现实联系,从而更多的具有想象的成分,与网络仅仅作为一种现实生活中工具使用的交往具有不同的特点。这种网络中产生的交往关系如何发展,要看这种虚拟交往和现实中的联系而定。也可能因为现实的接触和想象的差距巨大而直接中断交往关系,如"见光死"现象,也可能因为识破假象而使得之前的情感付出化为乌有,甚至可能仅仅是对方行使诈骗的工具,如网络诈骗。网络中人与人的关系仅仅通过键盘的指令和信息的输入来建立,让人们的关系从经验的关系变成了观念的关系。因为它也同样是人的生命时间,同样可能会产生类似现实中的信任或者情感关系,因此,虽然和现实有区别、有距离,但是它也是人的活动之一,成为人的一种虚拟存在形式。

四、 时空的浓缩与延展

中国由于改革开放导致的社会转型和参与全球化是同一个过程。转型使得中国的历史与现实和未来交汇,而全球化则使得中国和世界交汇,历史交汇和内外交汇对中国民众生活的激荡是剧烈的。中国改革开放的 40 多年,实现了跨越传统走向现代、跨出国门走向世界的双重飞跃,这种飞跃极大地影响了中国人的生命节奏和生活状态。时间是一切事物运动的过程,当人的生活内容和生活节奏变化了,人们的生命过程在变化,时间成为中国历史发展以及人

---

① 贾英健:《虚拟生存论》,人民出版社 2011 年版,第 122 页。

的发展变化的见证。生活方式的变化使得人们对于时间和空间的体验都发生了变化。

战争、运动、社会体制的变化改变着人们的生活。列宁说:"革命是被压迫者和被剥削者的盛大节日。人民群众在任何时候都不能像在革命时期这样以新社会制度的积极创造者的身份出现。"①革命最能发挥人民的主体性,使人民群众感受到自己创造历史的力量。革命战争以及战争之后的社会变化,使得人们最直接的能感受生命时间的变化,而不是一成不变的时间流逝。但是,计划经济时期,由于生产领域仍然是自然经济占主导地位,再加上交通、通信的落后,人们生活的变化主要是生产组织方式的变化导致的合作方式和生活范围的拓宽。真正关于时间感知的变化,始于 20 世纪 70 年代末改革开放所引起经济体制变革以及生活方式的根本变化。时间就是人们生命的过程,生活内容和生活节奏意味着人们的生命过程中的变化,时间的变化成为衡量人的存在状态的指标。

由于生活方式和生活节奏不同,关于生活时间的体验也是不同的。在转型期的中国,传统的日出而作日落而息的生活方式在部分农村地区仍然存在,节奏紧张、分工清楚的现代生活方式是主流,节奏自由、方式多元的后现代生活方式也已经出现,因此,传统、现代、后现代生活方式浓缩在一个时空里。同时,交通和通信的发展以及网络空间的存在,又使得时间和空间变得立体和延展。由于劳动生产力的提高,人们在劳动中所耗费的时间越来越短,无论是城市还是农村,人们都有了更多的自由时间。这个时间,人们可以休息、休闲、娱乐、学习、健身,等等,人们可以在一定范围内选择自己喜欢的事情去做,不需要始终保持紧张的工作状态。人们用同样的时间活出了不同的生活状态,在同样长的时间内,人们可以做更多的事情,从而使生命内容更加丰富。从这个意义上,我们生命的时间得到了延展。传统社会,人们在"狭窄的地点和范围

---

① 《列宁选集》第 1 卷,人民出版社 2012 年版,第 616 页。

内"活动;现代社会,随着科技和生产力的发展,交通的便捷和通信的发展,人们的空间范围大大地扩展。交通的便捷使得整个地球的空间似乎被压缩了,但是空间中的内容却被丰富了。人们走向世界,感受更多的新奇与新鲜,丰富了生命的体验。通信的发展更使现代人可以超越时间和空间的距离,不但可以远程交流、沟通信息,还可以远程工作、看病等。而网络的发明和运用,更是超越了时间和空间的限制,网络即时的信息传递,使世界上几乎所有的空间都在同步运行,任何一个地方发生的事件不再限于地方范围,可以瞬间传遍整个世界。不同地域的人的身体在不同的空间,但时间是同时的。因为网络,世界不仅进入世界史时代,更进入了同时时代。

因为时间的同时和空间距离的缩短,代表着遥远时间和空间的思念和乡愁成为了奢侈品。由于通信的发展,无论距离多远,都可以随时得到家人、爱人的信息,因为"不见"而产生的思念被随时的交流冲淡。因为交通的发展,我们可以随时跨越到遥远的地方。传统社会,家和陌生的地方严格地区别开来,这种区别也是思念的核心,这就是那个固定的"家"。但是现代社会是流动的社会,工作的变动,家的变动,都使的"家"的概念不那么固定。"同生活中心点(在地点上)的这种情感关系,既有吸引力也有排斥力,是不断出现的现代生活的悖论经验之一,就像对自由的恐惧和对不自由的恐惧,独立的欲望和归属的欲望,个人主义和社群主义。"①所以,现代人对家的感情是矛盾的,不断地变动、不安定就会渴望稳定,渴望有固定的"家"。然而,如果让现代人长久地待在家里,恐怕没有多少人能够忍受那种无聊和空虚,因为外面世界的新奇变化更使人向往,这就使得待在家里的人因为无法体验现代社会的变动和新奇而变得焦躁不安。"在这两种情形中,人们都感到一种缺乏,一种内在的空虚;失去了某种东西——失去了最重要的东西,生活变得空虚。"②那这种最重要的东西是什么? 就是心向往之的东西,但是在一个变动不居的社会,心

---

① [匈]阿格尼丝·赫勒:《现代性理论》,李瑞华译,商务印书馆2005年版,第267页。
② [匈]阿格尼丝·赫勒:《现代性理论》,李瑞华译,商务印书馆2005年版,第268页。

向往之的东西也在变化。这就是现代人的状态,不断寻找自我的状态。这个状态使得每个人的时间都是个体,因为他在不同的生活状态中经历着自己的生命历程,每一个生命都是独特的存在。

第五章 生活变化与文化选择的
辩证关系

改革开放以来,伴随着民众生活水平的提高、生活方式的改进和生活观念的开放,民众对文化生活的质和量有了更高的要求。文化产品的市场化也促进了文化产业的大发展,文化产品无论从供给主体、供给数量,还是供给形式都发生了巨大的变化,文化产业成为经济发展和社会发展的重要领域。由于文化生活成为民众生活的重要内容,文化对民众的影响作用也日益显现,不仅是满足民众的精神需求、娱乐需求,对整个社会的价值引导功能也日益突出。由于我们的道德发展和价值选择并没有和生活水平的提高呈现正相比的变化,文化对生活的引导作用更有必要。这要求,文化作品要始终保持一种对生活的反思,对于我们发展中的不足和人文修养的欠缺有清醒的认识,挖掘传统文化中的美好价值和现实生活的人文关怀,实现文化对社会的价值引导功能。

第一节 生活方式的变化对文化
选择的影响

改革开放以来我国的生活方式和民众的生活方式发生了巨大的变化,这种变化要求反映生活的文化也要随之发生改变,即文化要跟上现实、跟上时代。

一、　生活变化对文化选择的影响

马克思恩格斯谈到,"发展着自己的物质生产和物质交往的人们,在改变自己的这个现实的同时也改变着自己的思维和思维的产物。不是意识决定生活,而是生活决定意识。"①"意识[das Bewuβtsein]在任何时候都只能是被意识到了的存在[das bewuβte Sein],而人们的存在就是他们的现实生活过程。"②一方面,文化是民众生活的记录,是时代的记录,社会发展和民众生活的变化成为文化作品创作的源泉;文化只有反映时代、记录生活才能获得民众的理解和认同。另一方面,文化是民众生活的精神需求,由于生产力水平的提高,由于生活的变化和自身的发展,民众有了更多对精神文化作品的要求;同时,无论是城市还是乡村,人们有了更多的休闲时间,民众不仅有时间,而且有条件享受更好的精神文化生活。生活变化对文化发展的影响表现在:

首先,文化内容越来越广泛,形式越来越多样。新中国成立初期,我国文化的主导形式,一是讴歌革命和为人民服务的红色文艺作品,如文学作品《红岩》《雷锋之歌》等。二是激励民众进行社会主义建设和树立良好风气的文艺作品,如《李双双》《小二黑结婚》《刘巧儿》《李二嫂改嫁》等,受到民众的欢迎,既传递了正能量,又反映了老百姓的日常生活。三是反映社会历史变迁的文艺作品,如戏剧《茶馆》反映了戊戌变法、军阀混战和新中国成立前夕三个时代近半个世纪的社会风云变化,是中国当代戏剧创作的经典作品。这一时期文艺作品呈现繁荣景象,各个地方的戏曲在民间发展起来,这一时期的文化形式主要是电影和戏曲。虽然这个时候经济还不发达,但是老百姓的生活呈现积极向上、热火朝天的局面,整个社会健康向上,充满正能量。人们之间的

---

① 《马克思恩格斯文集》第 1 卷,人民出版社 2009 年版,第 525 页。
② 《马克思恩格斯文集》第 1 卷,人民出版社 2009 年版,第 525 页。

关系简单而和谐。

　　20 世纪六七十年代,文化作品的内容相对单一,革命主义题材内容居多。70 年代末 80 年代初,民众能够享受到的主要文化形式是电影。文化内容的生活化越来越明显,除了革命题材的作品,描写时代变迁、反映时代气息的作品成了电影内容的主流,如《小花》《庐山恋》《小字辈》,还有表现小人物的作品《瞧这一家子》《二子开店》等。外来的优秀电影如《奴隶》《流浪者》《在人间》《叶塞尼亚》《巴黎圣母院》等受到民众的欢迎,丰富了民众的文化生活。这一时期文学创作也掀起高潮,出现了一些有质量、有情怀的文学作品,如以王朔为代表的痞子文学、以路遥为代表的现实主义文学等。这是一个读书的时代,之所以掀起全民读书热潮,原因在于:一是"文化大革命"时期的文化专制主义和文化封闭,导致国民精神的极度饥渴,思想、文化领域的开放使得国民对于精神食粮极度渴望;二是出版发行部门解放思想,使得曾被禁止出版的文学书籍得以出版,西方的名著也逐渐刊发;三是文学作品(尤其是小说)具有了历史的厚度和现实观照,引起经历过那个时代的民众的反思。70 年代末期,以邓丽君的歌曲为代表的港台歌曲进入内地,掀起了港台文化的热潮。港台歌曲的生活化、情感化色彩给内地民众带来别样的感受,一改革命歌曲一统歌坛的局面。香港的电影、台湾的琼瑶电视剧都给了内地人不一样的感受。港台文化的进入,也使得大陆进入了文化多元化时代。80 年代后期至 90 年代,是中国流行音乐发展的黄金时期,出现了很多优秀的音乐作品,音乐的类型也是多样化发展,如城市民谣、西北风、摇滚乐,音乐的发展为整个社会带来了青春的气息。

　　20 世纪七八十年代,农村的露天电影,城市的影院电影,都是农民或者市民最重要的文化娱乐形式之一,这个时期电影人把创作电影当作创作精神作品的活动,而不是当作商业活动,电影主要是以产生的社会影响而不是以票房作为成功的计量标准。所以,电影和其他文化作品都带有情怀和理想主义情节,而且具有新鲜的表现形式。同样是体现中国人的气节和人性,《红高粱》

抛开了程式化和口号化的表现模式,具有了个性和生活化的特点,给人带来耳目一新的感觉。90 年代,《秋菊打官司》反映了底层群众面对邪恶所表现出来的坚强和骨气,《活着》体现着对时代和人性的反思。王小波《黄金时代》的问世,实现了知青文学的突破,作品中对现实的批判和嘲讽,对人生存状态的反思,对人性自由和本真的彰显,亦如这个时代自由的气息。但是,随着全民经商时代的到来,随着市场经济的发展,一切行为商品化、商业化,电影也进入票房时代,电影的方向发生了变化。纯娱乐商业电影成为电影的主流,如港台以周星驰、周润发系列电影为代表,大陆以冯小刚的贺岁片为代表,文艺电影只有个别的如《霸王别姬》产生较大影响。90 年代最重要的大众传媒是电视,电视是最广泛和最直接的信息渠道,也是娱乐最重要的媒介。电视的火热,一度使得电影失去了市场,对于普通老百姓来说,电视节目成为最主要的娱乐方式。随着电视文化和电影文化的发展,文化的产业化和商业化逐渐形成。文化产业化和商业化是一个创造机遇和制造差别的时代,衡量文化商品价值的是作品的流行度、电视的收视率和电影的票房。21 世纪后,文化产业化促进了文化的发展,文化产品包括电影、电视、音乐等,内容越来越广泛,为民众提供了丰富的精神文化食粮。同时,在文化作品数量增加的同时,质量也有了提高,更多的电影和电视剧走出国外。

其次,文化的创作主体也越来越广泛。新中国成立前三十年,文化创作是以知识分子为主,而文艺工作者也是具有特殊才艺的人。一般的老百姓也在自己生活的区域自编自导戏曲、话剧等,成为民间文化的创作者和接受者。到 70 年代至 80 年代,文化创作的主体还是知识分子,这个时期虽然文化的主要形式已经是电影等大众文化,文化的受众群体是大众,但电影等文化形式还是属于精英者创造的文化,这个时期,民众仍然主要是文化的接受者,而不是文化的创作者。自从 80 年代后期,文化产业逐渐市场化之后,文化创作不再是文化精英们的专利,普通老百姓不再单纯是各种文化形式的受众群体,也在一定范围内成为文化的创作主体,譬如音乐、文学等。更多的民间歌手、艺人创作出了大众喜欢的歌曲,酒吧等成为很多创作型歌手表演的舞台。特别是21世纪网络普及之后,网络媒体给了很多年轻人和爱好影视艺术的人创造了平台,虽然电影、电视剧特别是高水平影视剧的创作需要专业导演、编剧,但是网络剧、微电影的创作可以让优秀的年轻人脱颖而出。民众参与到文化的创作过程中,借助网络平台,每个人都可以成为文化的创造者。在创作过程中,人民大众的智慧极大地迸发出来,文化领域呈现多姿多彩的局面。最重要的是,在文化的接受过程中,一般民众在文化中的地位由被动向主动变化,普通老百姓不再仅仅是文化的接受者,更是文化的评价者。

在传统社会,除了承担生活娱乐功能和节庆功能的民间娱乐文化,老百姓在主流文化领域是没有话语权的。新中国成立后,民众可以进行一些地域的民间文化的创造,也有更多的机会参与节庆文化的创作,但是主流文化的创造者主要是知识分子等精英人士,普通的老百姓因为文化水平较低,基本没有参与到主流文化的创作中,而是文化的服务对象和接受者。改革开放之后,随着文化形式的增多,特别是随着通俗文化,特别是流行音乐的出现,大众在文化创造和接受上的主动权日益体现。在市场经济条件下,民众的评价成为决定文化作品是否成功的标准,电影要想获得高的票房和高的评价,电视剧要想获得更高的版权和广告收入,作为普通观众的评价和认可成为决定这些影视剧命运的标准。如果观众不认可,无论是价值观的不认可还是艺术水平的不认可,就是再大牌的导演、演员,也无法获得市场,观众的评价和认可成为决定演员发展的最重要的砝码。观众在各种文化形式中的评价主体作用越来越显著,成为决定文化艺术作品命运的主体。随着文化作品评价主体的变化,文化的时代性质发生了变化,文化由作品的供给时代到了商品的需求时代,由文化的需求一方即观众来决定文化商品的价值,如果文化商品达不到观众的期待,观众则不会为这种商品买单,不管文化创作一方花了多少精力,用了多少知名演员,花了多少制作费。文化已经从权威时代进入大众时代,在文化的权威时代,文化的供给是由文化创作方做主,民众只是接受一方,因为,文化产品少,观众没有更多的文化产品可以选择。但是，现在观众有了更多的文化商品的选择机会，看不到好电影，可以看好电视，看不到好电视，可以看好综艺，如果都不满足，还可以自娱自乐。所以，文化商品的命运要靠作品的内涵和观众的喜好来决定。

最后，文化市场化促进了文化的产业化发展。文化商品化、产业化使得一大批民营文化公司成立，这些文化公司成为中国文化产业发展的重要支柱力量。这些公司有的侧重点在电影，有的在电视剧，有的在音乐，在生产电影、电视剧这些文化商品的过程中也生产、打造着明星。从事文化创作的分工越来越细致，从事电影创作的工作者叫电影圈，从事电视文化创作的叫电视圈，从事音乐创作的叫音乐圈，从事艺术作品创造的叫艺术圈，从事媒体工作的叫媒体圈，从事文学创作、文化评论的叫文化圈，等等。这些圈子的形成意味着各个领域的分工和产业化。正是这些爱好音乐、电影、电视的文化人，为社会创造着各种各样的文化作品，也实现着自己作为电影人、电视人和音乐人的梦想。党的十九大报告指出，"满足人民过上美好生活的新期待，必须提供丰富的精神食粮。"①文化事业和文化产业的发展是为民众提供丰富的精神食粮的基础，只有促进文化产业化、市场化发展，才能创造更多数量和更高质量的文化商品。不仅能满足人民更高文化生活的需求，也能更好地促进中国对外文化的传播，提高中国的文化软实力。"推进国际传播能力建设，讲好中国故事，展现真实、立体、全面的中国，提高国家文化软实力。"②通过中华的优秀文化作品，才能让世界更全面客观地了解中国，更好地发挥中国对世界的影响。

二、　全球化对文化选择的影响

改革开放对于中国的发展来说是历史性的事件，改革给社会发展带来的

---

① 习近平：《决胜全面建成小康社会 夺取新时代中国特色社会主义伟大胜利——在中国共产党第十九次全国代表大会上的报告》，人民出版社 2017 年版，第 43—44 页。
② 习近平：《决胜全面建成小康社会 夺取新时代中国特色社会主义伟大胜利——在中国共产党第十九次全国代表大会上的报告》，人民出版社 2017 年版，第 44 页。

活力,使得民众的主体性得以启蒙,这种主体性不仅表现为通过劳动改变自己的生活,通过努力主宰自己的命运,成为自己生活的主宰者;也表现在文化的生产、创作和接受上。政治的权威时代也是文化的精英时代,这种文化的精英时代随着改革开放民众主体性的启蒙发生了变化,逐渐进入文化大众时代。这种变化中,开放所引起的中国参与全球化的过程起到了重要的推动作用。文化的变化是全方位的,从文化的形式,到文化的内容,还包括文化中所包含的价值。

首先,文化形式越来越多样化。中国的改革和开放是同一个步伐,当农村进行联产承包时,城市开始发展个体经济,与此同时,中国逐渐敞开了开放的大门。这种开放一种是经济上外资的引入,一种是文化的引入。在改革开放之前,我们的电影题材主要是革命英雄主义故事,社会主义建设时期有反映社会主义农村新气象等社会变化的影片,20世纪80年代初有《庐山恋》《小花》《二子开店》等具有生活气息的电影。歌曲以电影歌曲和民歌为主,唱歌讲究的是字正腔圆,歌曲的形式比较单一,港台歌曲被当作靡靡之音、资本主义情调被制止,喜欢的人只能偷偷摸摸地听。70年代末80年代初,随着改革开放,首先是港台流行歌曲进入大陆,以邓丽君为代表。邓丽君柔美的声音以及歌曲本身生活化和情感化的表达,给中国老百姓带来新鲜的感受,成为最受欢迎的音乐。80年代港台歌曲的磁带在大陆广受欢迎,很多内地歌手以模仿港台歌手走红。80年代后期90年代初,以广州为中心,内地出现了一大批通俗歌手,也创作了一大批流行歌曲,通俗歌曲成为大多数民众最喜欢的音乐形式。高等学府是以民歌、美声为主流,而流行乐坛以通俗歌曲为主流,此外还有摇滚乐、校园民谣、城市民谣、西北风等多种音乐形式。在开放的年代,音乐人用音乐表达着理想和感受,老百姓从音乐中获得精神享受。喇叭裤、磁带、机械舞成为年轻人的标配。港台的电视剧风靡大陆,日本的电影和电视剧是中国人最喜欢的国外文化。日本的漫画《铁臂阿童木》《聪明的一休》等也是中国小朋友的最爱。迈克·杰克逊的音乐、舞蹈风靡全国。90年代之后,音乐借助于电视,进入了大发展时期,拍音乐电视(MTV)成为流行。借助电视,音乐得到更快的流行。八九十年代是中国音乐的黄金时期,出现了很多具有中国风格的流行音乐形式,出现了很多流传久远的流行歌曲,包括民歌、通俗歌曲等。

2000 年之后,中外文化交流增多,许多国外的音乐形式被借鉴到国内,同时一些优秀的音乐人也创作出具有中国风格的音乐作品,传到了国外。韩国的电视剧成为中国观众的新宠。2004 年开始,各种选秀节目出台,引起全民参与的热潮。明星的产生越来越取决于观众的喜爱程度,可以说进入了全民造星时代,通过各种选秀,许多素人通过一个节目迅速成为万众瞩目的明星。各种新的音乐形式产生,如原生态、民族音乐、世界音乐、摇滚、布鲁斯,世界上流行的音乐都很快地传入中国。中国的电影和电视剧创作进入多元化时代,电视剧和电影的产量大幅度提高。2010 年之后除了素人的选秀,更多的明星通过真人秀节目增加曝光率,真人秀、综艺秀成为娱乐大众的重要方式。《中国好声音》《中国好歌曲》等节目不但选拔了一批批优秀的音乐人,也成为最受欢迎的娱乐节目。同时,中国的音乐人具有了更强的文化意识,创作出更多具有民族文化特点的音乐作品。国内外交流愈加频繁,音乐形式更加广泛,说唱音乐成为音乐的重要一支。总之,音乐是世界性的语言,音乐没有国界,通过音乐的国际交流是文化多样化的重要表现。电视剧质量也越来越高,更多的电视剧在国外播放。关于电影,真正的大片时代也已经来临,所谓的大片不仅仅是国外大片,也不再单纯依靠大的投入和场景,更多的是因为创作的内容而被观众喜欢,历史题材、喜剧电影、爱国主义影片,中国的电影质量不断提高,艺术化水准越来越高,丰富、幽默、厚重,充满正能量,中国电影正在形成自己独特的语言表达。

其次,文化内容越来越丰富。电影从最初单一的英雄人物、革命战争、新社会风气这样的故事篇,到历史题材、武侠题材、革命题材、改革题材、人物、喜剧、纪录片等各种形式,特别是从 80 年代后期喜剧题材电影的出现,标志着中国人的自信逐渐回归。改革开放之前的电影内容比较单一,主要英雄人物的题材,之后描写中国社会生活变化的小人物题材增多,是以宣扬社会的价值风气为主,有典型的引导意味,但是关于爱情的电影非常少,情感被视为小资情调。改革开放之初,电影内容以描写民众的生活状态、情感、农村发展为主,如《庐山恋》《瞧这一家子》《小字辈》《喜临门》等。印度电影、日本电影的引入,丰富民众的生活,也使得民众可以看到中国之外的世界。80年代后期之后的反映历史和人性的文艺片质量较高,有的中国电影走出国门,并获得世界的认可,八九十年代港台的电影、电视剧受大陆观众喜爱,相反,相对港台片的热播和美国大片的火爆,大陆自产的电影票房比较惨淡,除了贺岁档的喜剧和不多的文艺片,没有多少电影是盈利的。全民经商时代也进入全民娱乐时代,观众需要的是电影文化带来的快乐,喜欢轻松,关于革命、发展、历史与英雄的厚重题材不再是多数民众的喜爱。这个时间电影已经不是民众快乐的唯一选择,如果不能在电影获得快乐的享受,就转向电视和音乐,还有民众的自娱自乐,如从日本引进的卡拉OK,曾经风靡全国,到现在是人们喜欢的自娱自乐的方式之一。港台的喜剧以无厘头、言情剧为主,成为观众最喜欢的电视剧和电影。美国的大片给民众带来刺激和新鲜感,是吸引观众愿意买票走进电影院的首选。80年代后期,大陆的电视剧质量较高,如四大名著,还有武侠题材,可以说达到了万人空巷的程度,这样题材的电视剧很多成为经典,经典受欢迎的盛况也是经典不断被重拍的原因。电视剧的火热也是电影萧条的原因之一。2000年之后前10年,国内电影数量还是不多,有影响的是文艺片和喜剧片。2010年之后,逐渐进入中国电影的黄金时期。一是老百姓有了更多的收入和休闲时间,愿意花钱走进电影院;二是中国电影的质量也有很大的提升,电影内容更加丰富,描写小人物的喜剧电影系列和纯搞笑的喜剧受到欢迎,有内涵有质量的好电影同样受到欢迎,如《战狼2》《红海行动》《致青春》《我不是药神》等。电影进入多元化时代,民众不是仅仅从电影中获得轻松快乐,也可以有理性和情感的升华,民众的需求多元化。大城市舞台剧也得到了发展,大城市的市民是舞台剧的观看主体;剧院相声也逐渐火爆起来。电视各种类型的综艺,素人选秀,明星真人秀,音乐主题秀,等等,可以说娱乐成为文化的主要内容。文化主题的多元化实际上反映了中国民众需求的多元变化,一方面,中国人进入享受生活阶段,生活安稳舒适,民众需要轻松快乐,人民的需求是文化发展的方向;另一方面,民众的需求不再是单一的,民众同样会支持具有正能量价值、具有中国独特表达话语的优秀文化作品。

最后,从文化的价值方面,文化作品的价值体现为从单一的价值倾向到多元的价值呈现,再到主流价值的凸显,反映了中国人的文化自信正在重新建立。从新中国成立起,中国的电影一直是主旋律占主流,不怕牺牲、甘于奉献、热爱生活、积极向上是电影体现的主要价值,小情小爱不是电影的主题。改革开放以后,受港台影视剧、日本影视剧的影响,电影体现的内容和价值都趋向多元,纯粹的爱情可以被讴歌,小人物的悲喜可以被调侃,历史的伤疤也可以揭开,历史的丑陋面也可以展现。八九十年代的电影内容题材广泛,体现的是文化对历史和生活的一种反思。90 年代的电视剧有了历史和年代剧,更客观地描述人性和生活人物的命运。2000 年之后,开始有对改革开放过程的反思和现实呈现,无论是农村的变化,还是城市的变迁,农民生活的改变,工人命运的波折,对社会道德价值缺失现象的反思,当然也有对中国革命战争岁月的描述,对历史岁月中人性的揭示,也有老百姓日常的家长里短,更有历史经典欣赏和武侠梦想的展现,也有对爱国主义、改革创新精神的礼赞,电影电视中的价值体现更加广泛和自由。进入 2010 年之后,电影以娱乐民众为主要趋向,也有对社会的反思,对当代爱国英雄人物的赞美,电视剧中革命题材、改革题材、谍战剧、历史剧、宫斗剧、都市情感剧、农村生活剧,有以宏大的视野纵向展现历史过程的影视剧,而更多的是以人物的生活细节展现生活的真实,无论是何种题材、何种形式,影视剧中都能体现社会主义核心价值的凸显。无论以古喻今,还是展现历史的真实,还是现实的讽刺与反思,都体现着文化作品的主导价值。这反映我们整个国家的文化自信,我们不再是价值隐晦,而是敢于亮剑,当然是在遵循艺术规律的前提下,以更好的艺术形式亮出我们的价值之剑。无论是对于中国文化的传播,还是文化对中国民众自身的影响,这都是当代文化作品呈现的一个鲜明特点。

三、 互联网对文化的影响

网络对文化的影响表现在两个方面,一是网络文化的创作,二是网络成为文化创作和传播的最主要的方式。以现代电子技术及其网络传输为基础进行的文化传播,已经成为文化传播特别是大众文化传播的最重要的方式。作为一种新的媒介方式,网络催生和传播着各种文化形式特别是大众文化,带来各种崭新的文化体验。网络从哪些方面影响着文化的创作和文化传播呢?

网络文化包括两种形态,一是在网络中生成的文化,这类网络文化是借助网络形成的独特的符号表意系统,这种网络文化具有独特的表达方式和传播效果,是典型的网络文化形态。网络语言、网络游戏都属于网络文化。从网络语言和现实交往中的语言比较看,文学创作中的语言是唯美和诗意的,电视广播节目中的语言是规范而严谨的,在这些形式中的语言主要是通过文字和声音表达和传递信息,语言文字都有特定的内涵,不可以随便赋予其他内涵。在网络中,语言文字的这种规范性被肢解了,在特定的群体中,一定的语言文字被缩减或者增加,从而形成了特定群体的共同认知。从而现实生活中的语言在网络中有了独特的表达形式。如“酱紫”就是“这样子”的网络表达,实际上就是“这样子”说话比较快或者表达不清晰的声音,表达了小女孩的可爱与萌态。这种语言的产生,实际上表达了年轻人好玩、游戏的一种心态。这种语言开始仅在一些年轻人中流行,后来成为普遍接受的网络语言。除了这种文字之外,还有数字,如“520”代表“我爱你”。还有代表性的语言通过网络成为流行语,如“世界那么大我想去看看”源于 2015 年 4 月 14 日早晨一封辞职信,辞职的理由仅有 10 个字:“世界那么大,我想去看看”。网友评论这是“史上最具情怀的辞职信,没有之一”,这封辞职信在朋友圈和微博热评如潮,引发学习粉丝团、南方日报、扬子晚报、人民日报等全国大 V 和官媒微博账号纷纷转发。现实社会和生活的变化表现在语言中,而这些语言通过网络快速的传播开来,成为民众感受时代变化的最主要的窗口。如 2015 年一大批反映社会百态的词语活跃在社会语言生活中,如"'互联网+'、获得感、非首都功能、网约车",真实记录了这一年国家出现的新事物、新概念、关注点。还有老百姓观念、心理上的感受和变化,如"重要的事情说三遍、世界那么大我想去看看、你们城里人真会玩、明明可以靠脸吃饭却偏偏靠才华、我想静静、吓死宝宝了"。年度网络流行用语反映了一年来网民对社会生活的关注与感悟,是了解社会的一个窗口。比较网络用语和社会生活中的语言,可以看出,网络语言的戏谑性和非规范性。

2017 年 7 月 18 日,教育部、国家语委发布了《中国语言生活状况报告(2017)》,报告除了列出"2016 年度中国媒体十大新词"之外,还给出了 2016 年度十大网络用语,这些网络语言包括:洪荒之力、友谊的小船、定个小目标、吃瓜群众、葛优躺、辣眼睛、全是套路、蓝瘦香菇、老司机、厉害了我的哥。① 表面上看,网络流行语展现的是网民在语言使用上的创造力,但是其反映的深层次意义超过语言本身,或游戏、或调侃、或欣赏,反映民众多元的生活状态。网络流行语可以生动展示社会生活中普通人的关心与关注,以简单明了的方式呈现草根百态。如傅园慧一句"我已经使出了洪荒之力了",这种非程式化的反映其个性倾向的语言,让没有获得金牌的傅园慧成为奥运会的焦点,反映了民众对真诚、个性和正能量的渴望。"葛优躺"本来是 20 年前的电视剧一个颓废和玩世不恭人物的一种姿态,网友用来表达随性、放松的状态和自我调侃的意味。套路原是武术运动的一种形式,流行语"全是套路"却用来形容算计人的精心策划的计划,与前些年的"忽悠"如出一辙。网络用语成为网络文化的典型形态,最普遍地反映了国民一种游戏、轻松的心态。这种网络用语一方

---

① 国家语言文字工作委员会组编:《中国语言生活状况报告(2017)》,商务印书馆 2017 年版,第 215—218 页。

面反映了民众社会生活方面的关注点和生活的变化、心态等,更重要的是反映了我国民众的一种生活状态,不是神经紧张的阶级斗争年代,不是身心没有安全感的战争年代,也不是争分夺秒与时间赛跑的完全紧张的竞争状态。对于大多数人来说,一方面,虽然仍然有工作的紧张、竞争的压力,但是已经具有了生活的他者身份,每个人都除了做自己之外,也做了生活的他者,关注他人、关注社会、关注自己。另一方面,整个国家、社会给了人们安全感,这种安全感使得人们可以从容的生活,可以在紧张工作之余游戏、调侃,给自己的生活加点作料,生活变得有些意思、有点滋味。

二是借助于网络媒介传输的一般大众文化形式,如电影、电视剧、新闻、教育、体育、访谈等已经在现实中创作出来的各种文化,这种网络文化指的是其他文化形式借助于网络传媒进行的传播。这种网络文化包括哪些内容呢? 网络具有互动、复制、即时传播、受众没有任何限制等特点,可以说,只要能够被复制而不影响其表现力的文化,都可以成为网络文化。所以,除了那些只能通过现实创作才能完成的文化形式,如绘画、话剧、行为艺术、现场音乐会,等等,其他的文化形式都可以成为网络文化。通过现实艺术创作完成的文化形式,通过网络可以进行更快速、方便、广泛的传播,如电影、电视剧、歌曲、访谈、娱乐节目,等等。可以说,网络是当代大众文化最普遍、最广泛的传播方式。

第二节　文化对生活的建构作用

文化是人类文明最主要的体现方式,文化的发展也引领着时代的风气,文化还是一个民族的精神之根。中国改革开放以来文化的发展对民众生活的影响表现为:一是文化已经不再是人们日常生活中的点缀,文化生活已经成为民众生活的重要组成部分,成为民众休闲生活的重要内容;二是文化作为对生活的反映,承担着对日常生活的价值引导功能。

一、 文化的生活意义①

生活是自然的,文化是自觉的。一方面,文化本身就是民众生活的组成部分,另一方面,文化作为一种相对独立的精神存在又反思和引导生活,可以说文化是生活的文明形态。

首先,文化是人类文明最重要的内容之一,最集中地代表着人类的文明和修养。哲学、文学、艺术、科学等,表达着我们做人的价值原则,治国理政的理念,对待自然的态度,对待他人的态度。我国当代文化中对于人的发展方向的确定,发展模式的确定,人的价值追求和行为模式,等等,都是当代文明和修养的表现。我们也通过文化的形式反思我们的行为模式。我们的老祖宗早就有"己所不欲勿施于人""赠人玫瑰手留余香"的箴言,教我们"道法自然""天人合一",西方的先哲也早就说过"认识你自己""人是目的"的警语,马克思主义经典作家指出人全面而自由的发展向度,"每个人的自由发展是一切人的自由发展的条件"②,指出了人与自然的和谐相处。我们当代人在什么程度上达到了这些先哲的教诲? 我们在现实生活中自然的生活,而在文化中自觉的生活,自觉的文化就像人类生活的照妖镜,反映、监督着人的行为。因此,文化一方面是人的文明和修养的表现;同时,文化也自觉地反映、监督和修正着人的行为。

其次,文化引领时代风气。习近平在文艺工作座谈会上的讲话指出,"文艺是时代前进的号角,最能代表一个时代的风貌,最能引领一个时代的风气。"③文化代表一个时代的精神风貌,引领时代的发展。中国历史上,"先秦时期,我国出现了百家争鸣的兴盛局面,开创了我国古代文化的一个鼎盛期。

---

① 本部分内容见拙作:《习近平新时代中国特色社会主义文化思想研究》,《山东社会科学》2018 年第 2 期。
② 《马克思恩格斯文集》第 2 卷,人民出版社 2009 年版,第 53 页。
③ 习近平:《在文艺工作座谈会上的讲话》,人民出版社 2015 年版,第 5 页。

20 世纪初,在五四新文化运动中,发端于文艺领域的创新风潮对社会变革产生了重大影响,成为全民族思想解放运动的重要引擎。"①哲学形态的思想文化是时代的精神精华,代表着一个时代认知和思想水平,而以文学、电影等为代表的文化则是通过文艺作品书写时代和民众生活。文化作品是民众的精神食粮,是时代的风向标,民众在文化作品中观察时代,进行价值评价,获得审美享受。文化作品所体现的价值导向和审美品位在很大程度上影响着整个社会的价值选择和审美选择。我国在改革开放和社会主义建设过程中,学习并形成了许多现代价值观念,如民主、平等、公平、正义、创新等,这些观念既是衡量我国社会发展的标准,同时也是社会发展的导向。但是,毋庸置疑的是,极端个人主义、金钱崇拜、物质崇拜的观念不但充斥在人们生活之中,也充斥在文艺作品之中,更有甚者,一些作品用低俗、媚俗来赢得收视率,无疑是助长了一些低俗价值的泛滥。文艺要反映民众的需求,但是文艺并不能迎合民众的所有需求,特别是不能迎合低俗的需求。我们必须用正能量的作品来引导民众,用作品的艺术性、价值性吸引观众。因此,习近平要求,"我国作家艺术家应该成为时代风气的先觉者、先行者、先倡者,通过更多有筋骨、有道德、有温度的文艺作品,书写和记录人民的伟大实践、时代的进步要求,彰显信仰之美、崇高之美,弘扬中国精神、凝聚中国力量,鼓舞全国各族人民朝气蓬勃迈向未来。"②

最后,文化是一个民族的精神之根,也是民族复兴的重要组成部分。对中国来说实现中华民族伟大复兴需要中华文化的繁荣兴盛,中华文化的繁荣兴盛本身也是中华民族伟大复兴的组成部分。习近平在党的十九大报告中谈到,"文化兴国运兴,文化强民族强。"③在文艺工作座谈会上谈到,"文化是民

---

① 习近平:《在文艺工作座谈会上的讲话》,人民出版社 2015 年版,第 5—6 页。
② 习近平:《在文艺工作座谈会上的讲话》,人民出版社 2015 年版,第 6 页。
③ 习近平:《决胜全面建成小康社会 夺取新时代中国特色社会主义伟大胜利——在中国共产党第十九次全国代表大会上的报告》,人民出版社 2017 年版,第 40—41 页。

族生存和发展的重要力量。人类社会每一次跃进,人类文明每一次升华,无不伴随着文化的历史性进步。"①在漫长的传统社会,只有某一时期文化的巨大进步才会使这一历史时期成为有独特魅力的时期。如中国先秦时期,各个思想流派都在探索治国安邦、为人处世的策略,百家争鸣,从而创造了中国历史的灿烂辉煌。这个时期还产生了诗经、楚辞等文学形式,成为中国传统文化的文学瑰宝。汉代儒家文化系统化、制度化,虽然没有促使文化的再次繁荣,但是将儒学提升为治国理政的主流意识形态,从而奠定了中国近两千年的儒学大统。正是这一改造,确定了中华治理文化的根基。之后经过唐宋,越发成熟稳定,即便是异族入侵、改朝换代,但都未使中华文化中断,反而被中华文化融化,构成中华民族的大融合。唐代文化开放,吸收外来文化,促使万国来朝,促进了政治经济的发展。近代学习西方思想文化直接引发了资产阶级革命,五四新文化运动则引来一个崭新的革命时期。抗战时期延安的革命文化吸引了成千上万的革命青年奔赴延安参加革命运动。新中国成立以后的社会主义新文化运动激发了社会主义大生产热潮。改革开放以后港台文化、西方文化的引入丰富了民众的精神生活,也开启了民众的思想,使得我们的眼界更开阔,观念更开放。新世纪之后,我们社会主义先进文化逐渐建立,将为中华民族的伟大复兴提供精神力量和价值引导。习近平说,"没有中华文化繁荣兴盛,就没有中华民族伟大复兴。一个民族的复兴需要强大的物质力量,也需要强大的精神力量。没有先进文化的积极引领,没有人民精神世界的极大丰富,没有民族精神力量的不断增强,一个国家、一个民族不可能屹立于世界民族之林。"②伟大事业需要伟大精神,实现中华民族伟大复兴的中国梦是长期而艰巨的伟大事业,需要中华文化的繁荣兴盛。

①　习近平:《在文艺工作座谈会上的讲话》,人民出版社 2015 年版,第 2 页。
②　习近平:《在文艺工作座谈会上的讲话》,人民出版社 2015 年版,第 5 页。

二、 文化成为民众生活的组成部分

改革开放以后,由于我国生产力的不断发展,特别是农业机械化的发展,使得广大的农民不必再把自己绑在田地里进行劳动。无论是在城市还是在乡村,人民都有了更多的休闲时间。休闲时间干什么?除了健身、学习,更多的人需要享受丰富的文化生活。民众对文化的渴望程度以及文化作为民众生活的影响,我们可以从我国改革开放以后文化的发展变迁来看。

我们国家从 1983 年开始,由中央电视台创造一个节目——春节联欢晚会(以下简称春晚),春晚像一面镜子反映了我国带有时代特色的文化变迁过程。

从 1983 年的节目单可以看出,那个时候人们的文化生活还比较单一,相声、民歌、电影歌曲是晚会的重头戏,而且是一组人或者一个人表演几个节目,这说明无论是从文化形式还是从演员阵容来说,文化领域还属于精英人士的领域。在观众的极力呼吁下,李谷一的《乡恋》作为一首通俗歌曲在春节晚会上唱出来,显示了文化领域的开放意识,也反映民众对于通俗文化的渴望。在这之前,音乐领域几乎是民歌一统天下,通俗歌曲曾经被当作靡靡之音被禁止,更不能在中央电视台这样的国家宣传渠道唱出来。1984 年的晚会节目逐渐丰富起来,许多为晚会专门创造的节目成为经典,如讽刺相声《宇宙牌香烟》,小品《吃面条等》,通俗歌曲受到欢迎,如《回娘家》《大海啊故乡》等,港台歌曲进入春晚,以《我的中国心》《垄上行》《外婆的澎湖湾》为代表。文化的多元化形态初见雏形。20 世纪 80 年代春晚一枝独秀的是陈佩斯、朱时茂的小品,可以说,他们在春晚上的表演开启了喜剧的小品时代。歌曲、小品、相声、戏曲、杂技等成为春晚的固定栏目,而最受欢迎的还是喜剧类的小品。小品作为一种相对自由的喜剧表达方式被民众认可,实际上代表着民众渴望自由和快乐的一种状态。由于观众对喜剧的喜爱,一代代喜剧人通过春晚成为家喻户晓的明星。每年的代表性流行歌曲也成为春晚的固定节目。春晚一方面盘点着年度流行文化,另一方面也在创造着新的文化。最优秀的演员、最严格的要求、长时间的磨炼,使得春晚诞生了一个个脍炙人口、给人们带来许久快乐的作品。快乐成为春晚的主旨,同时还承担着高扬主旋律的任务,观众成为评价春晚质量的最主要的主体。

20世纪90年代之后,春晚成为中国文化发展状况的名片,成为中国的文化品牌,凡是在喜剧舞台、戏剧舞台、音乐领域等有较大成绩的演员都有可能在春晚亮相。登上春晚的舞台,标志着文艺工作者在文艺领域的成绩和地位,同时,登上春晚也是其事业进一步发展的助推器。春晚也见证了中国流行音乐发展的轨迹,从80年代的港台流行风,到80年代末的西北风,到90年代的校园民谣,再到90年代后期的主旋律歌曲。文化作为经济发展和民众生活的表现,代表了民众对国家发展的信心和希望,表现着国泰民安的社会生活。可以说,春晚文化就是民众精神状态的表现。春晚因其精品的打造而成为现象级栏目,这一时期也是春晚的黄金时期。春晚成为中华文化的满汉全席,不仅给国民带来快乐,而且也成为向世界展示中国的一个窗口,像2005年残障女孩们舞蹈《千手观音》不仅震撼中国观众,也走向世界。春节晚会精选中国一年来最有代表性的文化作品呈现出来,人们通过春晚可以感受中国一年中干了什么,有了哪些变化,感受文化的丰富,甚至创造下一年的流行语。小品以幽默为元素反映现实生活,成为相声之外另外一种具有独具中国语言风格的喜剧形式。以小品演员为代表的一代喜剧演员,可以说就是在春晚舞台上成长和发展的,如陈佩斯、宋丹丹、赵本山、黄宏、蔡明、潘长江、冯巩等,从而他们也在春晚的舞台上留下了一部部喜剧经典。小品内容多样化,既有讽刺现实的,也有日常生活小温馨的,从《英雄母亲的一天》、《相亲》、《打扑克》、《装修》三部曲、《说事儿》、《策划》、《火炬手》、《北京欢迎你》等,展现了中国人生活的变迁和自信幽默的状态。小品《扶不扶》则是对诚信缺失现象的正面引导,体现了社会的正能量。文化小品敢于揭示现实生活中的不美好,这恰恰反映了中国人的自信。当文化更多关注人们的日常生活时,实际上代表着民众安定祥和的生活状态。歌曲《中国话》代表了中国人的自信,《时间都去哪儿了》《我的要求不算高》反映了中国人的精神气儿。可以,春晚反映了中国民众的精神状态。

但是,近些年春晚的黄金时代似乎已经过去。之前,人们日常文化生活比较贫乏,一年到头盼望着春晚这道大餐给人们带来快乐,经济的发展也使人们的文化需求扩大,成为推动文化发展的源动力。但是,随着文化产业的发展,电影、电视剧、综艺等文化作品的丰富,人们在平常的日子也可以享受到各种形式的文化作品带来的快乐。尤其是随着网络的发展,大众智慧在网络中迸发,日常中的网络文化成为人们日常最重要的快乐之源。相反,春晚的相声、喜剧小品都在网络中寻找笑料,春晚不再是快乐文化的引领者,相反成为大众智慧的跟随者。对于老百姓来说,网络提供的信息量太丰富,导致人们对于文化作品的要求提高,而春晚上的各种小品、相声等文化形式又满足不了人们对于更高文化作品的期望。因此,春晚文化对人们的影响在下降。春晚仍然是人们春节的一道大餐,而且是必不可少的一道大餐,但是这道大餐像其他大餐一样,已经不再具有那么大的意义,就像人们对于过年其他的习俗一样。在贫穷的年代,人们尤其是孩子盼望着过年,因为过年才能吃上日思夜盼的饺子,穿上新衣服,得到很大的满足。但是现在,无论是从物质生活还是精神生活来说,过年都没有给人们提供超越平常的东西。好吃的平时就在吃,不比过年少;好看的,平时都在看,电影、电视剧、综艺,过年也没有给人们带来更精彩的文化享受。春节晚会已经无法满足人们对于文化生活越来越大的审美胃口,所以,过年的感觉显得淡了些。但是实质上,过年更多的成为习惯和仪式,春晚的淡化恰恰反映了中国日常文化生活的丰富。

春晚实际上是记录中国人生活变迁和文化变迁的一个窗口,传递着中国文化和发展的信息,也是凝聚中华民族感情的重要形式,还是加强中外文化交流的窗口。春晚是我们国家改革开放之后文化发展的产物,也代表着中国发展变化的历程,是中国文化发展的标志。人们可以评价甚至是批评,但是这种文化形式已经成为中国文化的组成部分。总之,经济和社会的发展是文化发展的基础,同时文化产业也成为社会发展的重要内容之一。人们对精神文化生活的需求是推动我国文化发展的源动力,也是检验文化价值的标准。

三、 文化对生活的价值引导

文化是生活的反映,这种反映可以通过文化的各种形式,艺术、科学、哲学等表现出来。艺术、科学、哲学等产生于生活,同时它们又回到日常生活来实现它们自身的功能。艺术、科学和哲学对日常生活的渗入在一定程度上分解着日常生活的重复和单调,使日常生活变得丰富而有趣。卢卡奇谈到产生于日常生活的各种文化形式对日常生活的影响,"通过它们对人们生活的作用和影响而重新注入日常生活的长河。这条长河不断地用人类精神的最高成果丰富着,并使这些成果适应于人的日常实际需要,再由这种需要出发作为问题和要求形成了更高的对象化形式的新分枝。"①生活经验的积累成为科学、艺术、哲学、宗教、伦理等各种文化形态产生的基础。这些文化形态的产生离不开日常生活,它们的价值和功能实现同样离不开日常生活,日常生活也是各种文化形态的功能性领域。特别是宗教和伦理,从来没有离开过日常生活,它们是依附在日常生活中发挥作用,也可以说,离开日常生活它们的存在就没有意义,因此它们是在日常生活中存在的。而哲学、艺术和科学形态的文化具有相对的独立性,它们产生于日常生活,又以独立的形态影响日常生活。但日常生活并没有因为它们的指导而失去它的独立地位,相反,日常生活以自身的独立存在为基础,在吸收审美与科学成果的基础上,不断给它们提出新的要求和问题,促使审美和科学不断提高。所以生活和文化是一种相互的关系,一方面,生活是文化产生的基础,另一方面,文化在渗入日常生活影响日常生活的过程中,也因为日常生活的实用性和功能性而得到修正。文化在两种意义上实现

---

① [匈]乔治·卢卡奇:《审美特性》第一卷,徐恒醇译,中国社会科学出版社1986年版,第2页。

着对生活的指导,一是对生活的反思,二是对生活的价值引导。文化的各种形式通过对生活的反思和价值引导重建着日常生活,使日常生活成为个性发展的空间。

哲学、艺术承担着对生活的反思功能。哲学是探索人与世界关系的学问,它要思考的问题是人应该如何活着的问题。对于时代问题的思考,对人的存在状态的哲学追问,都是在探索值得过的生活的标准问题,以及如何活得有意义。传统文化中的《论语》《道德经》《庄子》等,虽然观点不同,但都是在思考什么样的人生是有意义的,应该如何和人相处以及如何和自然相处。古希腊柏拉图的《理想国》、亚里士多德的《尼各马科伦理学》等,都是在探索什么是理想的国家和理想的人生。可以说,一切时代的哲学著作,虽然关注的具体问题有差异,但是无论是探索自然界还是人类社会,都是为围绕着人与世界的关系,探索的归根结底都是人的问题。一直到马克思,马克思批判的是资本主义,但最根本的目的是为了人的发展、人的解放。而艺术则是通过审美的方式表达对于人与世界关系的理解。古代的人主要是通过哲学、艺术的方式影响人的精神世界,从而改变人的生活态度和生活状态。而现代的人则有多种方式来展开对人的生活的思考,可以以哲学、科学的方式,也可以是各种艺术形式来展现对于历史、现在以及未来的思考。对于普通的民众来说,大众文化的形式具有更广泛的意义。要发挥艺术对于生活的指导作用,更应该利用现代艺术形式,如电影、电视、音乐等方式,通过讲故事、艺术形象将社会主义核心价值观以潜移默化的形式影响民众及民众的生活。当代的各种文化形式应该具有这样几个特点:

首先是文化的时代性内涵。我们的时代在飞速地变化,伴随着信息技术的发展,民众的生存状态相对于传统社会发生了天翻地覆的变化。我们的文化无论是何种形式出现,都要反映时代的内容,立足于中国特色社会主义实践,立足于老百姓的生活,反映这个时代中国家的变化、人的变化以及人的社会关系的变化,传递社会发展的正能量,传递这个时代的创新精神、改革精神和开放精神,文化对生活的指导作用才能最大限度地发挥出来。

其次是文化的生活化内涵。文化就要反映老百姓的生活,但是这种反映不是一种白描,要反映生活的本质内涵,反映生活的趋向。列宁曾经说过,"在社会现象领域,没有哪种方法比胡乱抽出一些个别事实和玩弄实例更普遍、更站不住脚的了。挑选任何例子是毫不费劲的。但这没有任何意义,或者有纯粹消极的意义,因为问题完全在于,每一个别情况都有其具体的历史环境。……如果不是从整体上、不是从联系中去掌握事实,如果事实是零碎的和随意挑出来的,那么它们就只能是一种儿戏,或者连儿戏也不如。"[①]对于我国来说,自从改革开放特别是建立社会主义市场经济以来,我们的经济生活和社会生活都具有了活力,但是不可避免的是,我们同样受着资本的制约,进入消费社会。市场经济冲击着传统的诚实信用等价值观念,传统文化禁不住市场经济的冲击,而社会主义核心价值观还没有形成,改革开放实际上在很长时间内失去了正确价值的引导。文化也成为资本的附属物,浅薄、无内涵、调侃成为主要特征,既无法满足民众对文化精品的需求,更谈不上对生活的价值引导功能。文化只有反映时代的生活,不管是历史的真实,还是现实的真实,才能满足民众对文化的期望,产生对生活的引导,像电视剧《围城》《渴望》《金婚》《潜伏》等。反映生活的变化、人的变化,才能挖掘生活的真实和人的真实存在状态。就像春晚小品《扶不扶》,反映生活的状态,又有符合社会生活的正能量的宣扬,这是老百姓需要的文化作品。

再次是文化的民族性和历史性内涵。2008 年北京奥运会开幕式上,舞蹈演员对于中国传统文化的艺术展示震惊了世界,也震惊了国民。当我们狂奔在经济发展的大道上时,我们都忘记了我们民族那么优美的文化,我们只追求现代社会的好,而忘记了传统文化的美。我们的诗词、我们的经典、我们的文字、我们的价值,这些曾经是民族骄傲的东西因为现代人的忽视正离我们远

---

① 《列宁全集》第 28 卷,人民出版社 2017 年版,第 364 页。

去。虽然我们在发展,但是我们快找不到我们自己的根脉,我们的精神之根,这对于一个民族来说是很可怕的事情。我们需要在我们的文化中体现我们民族的精神传承,我们的优秀价值,西方的文化有传承才不断发展壮大,同样,我们也应该传承我们的优秀文化,使我们的精神之根在当代越发强劲。

最后还有文化的价值性内涵和人民性内涵。文化要反映社会的真实,但是真实不是把生活的原生态展现出来,艺术源于生活,又高于生活。文化作品要找准人民关注的点,用艺术的语言传递社会主义核心价值观,传递社会的正能量,讴歌生活中的美好事物。同时,文化只有站在人民的立场上,以人民的生活作为反映的内容,"把人民作为文艺表现的主体,把人民作为文艺审美的鉴赏家和评判者"[1],才能传导社会的发展导向。因为人民的需求就是社会的发展趋势。同时还需要引进国外的优秀文化作品,包括经典电影、电视等,在学习中提高,在比较中进步。

第三节　美好生活的追求与人的个性发展

党的十九大明确提出,中国特色社会主义进入新时代,我国社会的主要矛盾已经转化为人民日益增长的美好生活需要和不平衡不充分的发展之间的矛盾。何为"美好生活"? 何为"人民日益增长的美好生活"? 从"美好生活"是"日益增长",我们知道美好生活本身就是一个动态的概念,不同时代人民的需要不同,对美好生活的界定就会不一样。对于美好生活的界定影响着整个社会的努力方向,同时对人的个性发展产生了不同的影响。

一　美好生活的伦理化与个性发展的有限性

事实是,在历史上,对于人的生存有自觉的时代,都会确定对于美好生活

---

① 习近平:《在文艺工作座谈会上的讲话》,人民出版社 2015 年版,第 14 页。

的标准。古希腊哲学家苏格拉底终其一生都在思考一个问题,那就是"认识人自己"。人认识自己的目的是什么? 实际上是在解决人是什么和人应该怎么样的问题。人是什么是一种现实存在,这种现实存在是一种实然,但未必是应然,未必是理想的存在,人的存在有着"实然"的"应然"的差距,才使得人有了奋斗的动力,以使"实然"向着"应然"努力。在人类的历史长河中,不同时代对于人的"应然"的努力给我们当代人的发展有什么启示呢?

我们先看一下古代社会关于人的"实然"与"应然"关系的理解。在古希腊对于人的"应然"的目标表现在对于"完美"的理解中。在古希腊,幸福和完美有着直接的关联,完美就等于道德上的善。亚里士多德伦理学这样来阐明这一模式:"如果他通过践行好人的所有美德,通过做最好的'人物',而成为一个彻底的好人,被叫作完美的。伦理上的完美就是善和美的体现,他在伦理上是完美的,他就不会有任何不完美。"①因为伦理上完美的人是自足的,自足就是完美。道德上完美就是幸福,道德上的好人和高尚的人是幸福的人。因此,在亚里士多德那里,幸福是合乎德性的现实活动,只有那些行为高尚的人才能赢得生活中的美好和善良,这样的生活自身就是快乐的,最美好、最善良、最快乐也就是幸福。当然要加上一定的外在条件如中等程度的富裕和健康,以便他能够做到慷慨。另外,德性是完满的,须终其一生,如果在一生中变化多端,时而气运亨通,时而悲惨,这样的遭遇和结果不能叫作幸福。所以,"幸福作为完美的现实活动,还要增加上身体的善、外在的善、机遇的善,以免它的活动因它们的缺乏而受到阻碍。"②在过度中是找不到自足的。当然,对德性更重要的是对它们的实践,必须通过习惯来培养灵魂对高尚的爱好和对丑恶的憎恶,预先养成一种德性所固有的特性。在亚里士多德那里,善并不仅仅具有伦理学的意义,它认为,各个领域、各种行为的目

① [匈]阿格尼丝・赫勒:《现代性理论》,李瑞华译,商务印书馆2005年版,第306页。
② [古希腊]亚里士多德:《尼各马科伦理学》,苗力田译,中国人民大学出版社2003年版,第159页。

标都是善。但是达到善的途径有两种：一是就其自身而言就是善，二是通过其他的方式而达到善，只有为其自身来追求的东西才有资格作为幸福。①享乐生活追求财富，政治生活追求荣耀，只有思辨的、静观的生活不是为了别的，而是为了自身，它是自足，是终极的善。自足就是无待而有，就是幸福。幸福还应伴随着快乐，存在闲暇之中。而理智的活动则有着自足、闲暇和合于智慧的本己的快乐。"如若一个人能终生都这样生活，这就是人所能得到的完满幸福"②。

柏拉图"应然"生活存在于他的理想之国和理想之人中。理想的国家就是一个正义的国家，正义是一种秩序，只有当统治者自身受善支配的时候，这个世界才是正义的，正义就是人的完善。幸福就是善，也就是伦理上的完美，因此，正义的生活就是幸福的生活。以欲望控制的生活是无序的生活，欲望的满足虽然可以得到快乐，但没有节制的不受控制的欲望的满足是恶，满足欲望的灵魂是最不幸福的。关于欲望、快乐与善的关系，柏拉图认为，快乐、欲望应以善为目的，而不能反过来。"善是一切行为的目的，一切事物皆为此目的而行事，……快乐也和其他一切事物一样，它应当以善为目的，而不是善以快乐为目的。"③只有遵循善，遵循正义、节制、秩序的生活，人才能获得幸福。"幸福的人之所以幸福，就在于他们拥有善。"④追求正义和美德本身就是幸福的，正义和美德本身就是神对人的奖励和报酬。⑤ 因此，拥有善和拥有幸福是一回事。有了幸福的标准，就可以根据幸福的标准选择最佳的生活方式。柏拉图认为，在追求正义和其他一切美德中生，在追求正义和其他一切美德中死，

---

① ［古希腊］亚里士多德：《尼各马科伦理学》，苗力田译，中国人民大学出版社 2003 年版，第 10 页。

② ［古希腊］亚里士多德：《尼各马科伦理学》，苗力田译，中国人民大学出版社 2003 年版，第 225 页。

③ ［古希腊］柏拉图：《柏拉图全集》第一卷，王晓朝译，人民出版社 2002 年版，第 392 页。

④ ［古希腊］柏拉图：《柏拉图全集》第一卷，王晓朝译，人民出版社 2002 年版，第 247 页。

⑤ ［古希腊］柏拉图：《柏拉图全集》第二卷，王晓朝译，人民出版社 2003 年版，第 637 页。

这是生活的最佳方式。

这就是古希腊两大哲学家关于完美和幸福的理解。在他们的认识中，伦理上的完美就是幸福，他们为幸福确立了一个客观的标准，幸福是自足的，它既不需要自我的感知，也不需要别人的认可。至善的幸福是生活的最高顶点，无法被超越。在古代，这种幸福的概念是完全积极的范畴，因为它是道德秩序的最高成就。也由于这个原因，古典个体是有限的个性，它只具有道德完善的意义。

儒家对生活的理想主要表现为它所设计的"道德人格"——君子。这种理想的道德人格首先是重道德"践行"，《论语》一书都在告诉我们做人之道，可以说，儒家的道德践行就是"他们的生存形式"。① 儒家的这种生活理想并没有过高的要求，"君子"人格是在现实生活过程中可以体现出来的为人处世的素质和修养，这种范式的生活特性，为每个人向这种完美人格的养成提供了可能性。其次，以修身为本。《论语》处处要人反省，例如，"己所不欲，勿施于人。""吾日三省吾身。""见贤思齐焉，见不贤而内自省也！"《论语》总是教人自己省察，梁漱溟先生曾说，"儒家没有什么教条给人；有之，便是教人反省自求一条而已。"②通过自我修养达到自身的完善，然后通过"内圣"成就"外王"。

道家的生活理想主要表现在得道之人的生活状态上。老子认为，得道之人，犹如婴儿，大智若愚，超越世俗的利害、善恶、贵贱、宠辱之上，"常德不离，复归于婴儿。""含德之厚，比于赤子。"得道之人总的原则是"法自然"，顺应自然而行，具体表现为：第一是无私，自然是无私的，人要遵循自然之道，人也要无私，做到"生而不有，为而不恃，长而不宰。是谓玄德。"有"道"之人最大的私就是成就"德"。第二要自谦不争，自谦的表现就是，不自持己见反能明白

---

① 转引自何兆武、柳卸林主编：《中国印象：外国名人论中国文化》，中国人民大学出版社2011年版，第287页。

② 梁漱溟：《中国文化要义》，上海人民出版社2005年版，第95页。

事理,不自以为是反能是非彰显,不自负蛮干反能获得成功,不自认圣贤反能成为首领。由于谦虚,所以不与人争,"上善若水。水善利万物而不争,……夫唯不争,故无尤。"因为不争,所以没有过失。第三要适度。老子认为,不论做什么事,都不能过度,要适可而止。老子提出了"为腹不为目"的主张,因为他看到欲壑难平的物质文化生活的弊害,希望建立清静恬淡的生活,不要追求外在贪欲的生活。第四要贵生贵己。老子指出了宠辱对人身的危害,"宠辱若惊,贵大患若身。"(《道德经》第13章)如果把宠辱看的比自身生命还重,是最大的祸害。人要贵生贵己,对待名利要适可而止。庄子在老子"道法自然"、人与自然合一的基础上,提出了"天地欲望并生,万物与我为一"(《庄子·齐物论》)的"天人合一"的境界。庄子"天人合一"境界的核心思想就是自由的精神。"至人无己,神人无功,圣人无名。"(《庄子·逍遥游》)人应当不受任何束缚,忘记自己,超越功利,追求大道,顺乎自然之法则,达到"天人合一"的境界,才是真正的自由和逍遥。这种自由逍遥的精神也是一种审美的态度,审美是人对所生存世界和人自身的一种远观和审视,它超越人自身的各种目的论需求,是一种自由的生存状态。这种心态的核心在于超越、超脱有限的现实,达到无限的超越之美。

总之,儒家注重的是道德修养,以道德为人生的最高境界;道家注重的是精神自由,以自由作为生命的最高追求。但是,他们都关注人的精神生活,注重生命的感受,生命的精神状态在整个生活中占有重要的地位。对于他们的理想追求来说,好的生活并不是更多的物质满足,而是对于自身道德修养和生命境界的追求。富足的生命比富足的生活更美好。但是儒家的道德追求仅仅是人与人关系中的善,还远远不能挖掘人本身丰富的内涵,包括人本身能力的发展以及交往关系的发展。道家崇尚自然、尊重生命,注重精神自由,对人的个性发展具有有益的启示。但是庄子纯粹的精神自由实际上要求摆脱客观现实的影响和制约,是一种幻想中的自由。

二、　美好生活的物化与个性发展的悖论

前现代社会格局的解体,导致了幸福观念和完美观念的剧烈变化。在康德看来,完全服从道德律令就是完美,无论如何,总是遵守道德律令的人应该得到幸福,尽管他们不一定幸福。因此,必须为信仰留下地盘,必须假定有永恒的生活、灵魂的不朽,以使对幸福的追求最终能够实现,因此,灵魂的不朽是为善与幸福的重合作出辩护。康德试图保留伦理与幸福关联的努力,从反面证明了伦理与幸福不可避免地分裂了。首先,完美不再仅仅指道德上的完美。在古代,完美的绅士一定是道德上的完美,现代的完美的概念本身变得多元化了。"'完美'开始意味着'完全实现'(fully accomplished);它的意思不是'好'(to be good),而是'擅长于某事'(be good at something),无论这个'某事'是什么,这个词失去了其伦理意味。"①"'完美'一词不仅经历了多元化,而且经历一种彻底的非价值化(devaluation)。""即使是最好的人、最成功的人,也可能遭受羞辱与苦难。"②完美变成了一个技术化的词汇,完美既不意味着幸福,也不意味着不幸福,它们之间不再关联。个体不再因为追求道德上完美而成为完美的人,被作为"道德楷模"而受到全社会人的敬仰和学习。其次,幸福与伦理(道德)也分道扬镳。传统社会善就是幸福,伦理上完美和幸福是完全一致的。但是现代社会,你不能说一个道德完善的人是幸福的,正如你也不能说他不幸福一样,幸福与否已经和道德失去了关联。幸福失去了道德的衡量,便不再是一个可以客观衡量的概念。幸福不再有客观的标准,幸福观念更多地关注个体的经验。

幸福与主观性(subjectivity)建立了关联,它变成了主观的。只有当一个人感到幸福时,他才是幸福的,没有客观的标准来确定某个人是否过着幸福的生活。每个人的幸福之源不同,他(她)感受幸福的标准就会不一样。"主观

---

①　[匈]阿格尼丝·赫勒:《现代性理论》,李瑞华译,商务印书馆2005年版,第310页。
②　[匈]阿格尼丝·赫勒:《现代性理论》,李瑞华译,商务印书馆2005年版,第310页。

的标准,主要是个人的本性、气质倾向或情感特性。"①幸福越是变得主观,其价值就越是取决于个体的内在体验。幸福的主观性体现为每个人因为自身的经历、境遇、环境不同,而在自身建立了自足的心理系统,从而有了各自幸福的模式。或许只有在匮乏得到满足的同时才会有感觉的幸福,但是,这种幸福的感觉并不像传统社会是持久的,因为幸福已经和任何固定的品质失去关联。

那么,人的匮乏感如何产生呢? 知识的储备不足、能力的欠缺、精神世界的不丰满都可以使人产生匮乏感,于是在努力获取知识、能力、丰富精神世界的过程中都可以获得满足感和幸福感。但是现代社会,资本控制着社会的节奏,主宰着人们的生活,人的匮乏感越来越表现为消费的欲望,从而人的满足感和幸福感被消费所控制。当一定时期欲望在一定程度被满足之后,资本又会创造出新的东西,通过广告、杂志各种途径告诉你没有它你就是一个不完美的人,从而激发出你的消费欲望。就像某品牌手机,似乎有了它自己的地位和身份就不一样了。这样满足实际上是将美好的生活物化到某些所谓现代的商品中。资本扮演着激发人的欲望的角色,物质、荣誉、地位等功利性的欲望不断被激发出来,匮乏感就会不断产生。欲望的满足大都体现为一定的物质商品或者物质商品所代表的符号。因此,所谓的幸福被物质化和符号化了。如当大家都有了电冰箱、洗衣机这些代表舒适的工具时,如果你没有,那么你就不会是幸福的,因为你没有幸福的资格;苹果手机代表着舒适的生活和享受,你没有,你的生活便不是完美的。物本身不仅仅是物,它代表的是一种生活方式,一种符号,舒适、自由的状态,你没有,你的生活怎么能说是完美的呢? 幸福也不再仅仅取决于个人的感觉,也成了别人眼中的看得见的可以衡量的一些指标。然而这种物质匮乏感的满足产生的快乐感觉是短暂的,而且无法持续,反而使人产生短暂满足的同时产生空虚感。现代人极端地夸大了物质和物质消费给人们带来的满足感。

---

① [匈]阿格尼丝·赫勒:《现代性理论》,李瑞华译,商务印书馆 2005 年版,第 310 页。

生理的欲望和心灵的需求是两个轨道，再多的物质也无法填满心灵的空虚，泛物质化的追求使人们的生活变得表面而浅薄。幸福的物化和符号化实际上是将美好生活变成为物质生活，物化和符号化使得人的生活中看不见人自身，看不见人生存的意义。一个手机、一件衣服、一件家用电器可能成为影响我们幸福的障碍，只能说，我们让自己虚无了，是我们自己打扰了我们的幸福。对于贫穷的人、物资匮乏的人来说，物质的丰富确实可以带来满足感，但是当物质丰盛成为一种常态的时候，物质和财富的增加并不必然带来更多满足感，物质和财富仅仅是美好生活的一个部分。幸福的难寻，并不是来自物质的匮乏，而是精神世界的匮乏，也正是如此，现代社会的幸福变得如此游离和不确定。幸福是快乐和满足的感觉，因此，找到快乐之源很重要。有人感觉奋斗的过程就是幸福，有人认为社会需要自己就是幸福，有人感觉找到爱人很幸福，有人认为家庭团聚很幸福。当我们把幸福看作是生命过程的体会时，活着本身就是幸福。生命作为上天对我们的馈赠，如何使生命具有价值和意义才应该是幸福和快乐的根源，追求幸福和快乐应该是美好生活的真谛。

三、 美好生活的实践追求与个性发展的过程

在传统社会中，一方面，社会对于个人有明确的规范要求，一个人如果按照社会的规范要求自己，他就会成为社会规范所要求的人，这是一种目的论的建构模式。这是一种被规定的存在，大多数人在等级规范下没有选择的可能性。而现代人格结构是一种自由人格模式，自由人格意味着自由选择，因此，只有自己能够对自己负责。这两种规范模式使得传统社会和现代社会对于信念和理性的态度不一致。在传统社会，信念和目的被认为是客观存在的，道德、制度、生活方式、行为规则等，这些都被人们看作是理所当然的。社会的价值和规范已经有了明确的规定，社会是定向的，而且这种定向和规范基本不变，所以人们很明确自己应该信仰什么，坚持什么，人们并不真正对他们的信念负责，因为正是基于这样的信念而接受知识。只有当有人开始运用其理性

思考时,他才承担了巨大的责任,因为对于理性的运用,有可能危及他们所赖以信任的世界秩序,与权威作对被认为是很疯狂的。"一个人对信念没有任何责任,但对于运用理性负有巨大的责任。"①在现代社会中,情况是相反的,除了人们行为的最低边界由具有国家效力的法律规定外,其他行为由个人自己确定。行为的目的、行为的方式,都是自己确定的,所以人要为自己的行为负责任。这意味着运用理性来确定目的和达到目标的行为方式是理所当然的事情,成熟的标志之一就是理性地处理和看待问题。梁漱溟先生说中国的智慧是早熟的智慧②,就是指,中国人很早就开始用理性来思考和处理问题。运用理性是现代人自然而然而且是应当如此的事情,然而,现代人对于我们自己坚持的信念负有责任。你决定坚持什么,你为了什么样的目标而努力,这是每个现代人要深思熟虑的。因为一旦确定了信念和目标,可能会成为一个人一辈子的追寻,如果这个目标是善的,会发生好的结果,但是如果目标是恶的(有可能是反人类或者是反自然),甚至会发生毁灭性的灾难。这意味着,现代人对于自己确定的目标负有根本性的责任。在善与恶、对与错这类问题上人类之所以必须承担巨大责任,是因为这是有关人类方向甚至是有关人类存亡的问题(人类科技的巨大进步,使得人类自身毁灭自己不是不可能,不管是有意还是无意),而对于方向性问题人类恰恰不存在确定性。

在这个流动的不确定的世界中,个体受什么样的目的牵引,选择什么样的生活,成为决定个体生存状态和生存意义的根本性问题,这与传统社会个体存在的被规定状态迥然不同。但是,个体依据什么进行选择,个体如何选择? 或者说,流动的现代,多元的后现代,能否有确定的原则和价值对人们的生活进行引导? 什么样的目的是人应有的目的? 什么样的存在状态是人应该具有的状态呢? 马克思关于完整的人的界定,关于人是在实践中生成的存在的理论,

① [匈]阿格尼丝·赫勒:《现代性理论》,李瑞华译,商务印书馆2005年版,第321页。
② 梁漱溟:《中国文化要义》,上海人民出版社2005年版,第227页。

以及关于人的自由发展联合体的理论,都为人的发展提供了价值导向。马克思恩格斯谈到人的自由而全面发展的状态,如:"真正的财富就是所有个人的发达的生产力"①,是"个人关系和个人能力的普遍性和全面性"②,"人以一种全面的方式,就是说,作为一个完整的人,占有自己的全面的本质。"③"人不仅通过思维,而且以全部感觉在对象世界中肯定自己。"④理想的人的存在状态就是人的全面发展的状态。人的自由全面发展的社会,是以人的全面自由的发展为核心和最终目标,当然,这个发展的过程是没止境的。因此,以人的发展作为目的才是人的活动应有的目的。《共产党宣言》把未来的共产主义社会概括成"将是这样一个联合体,在那里,每个人的自由发展是一切人的自由发展的条件。"⑤所以,人的自由全面的发展是所有人的发展,而不是一部分人的发展,而以一部分人的被剥削为前提。

如何达到人的自由而全面的发展?《德意志意识形态》谈到的两个基本条件,一是"生产力的普遍发展",二是"普遍交往"⑥的产生,只有生产力的高度发展和世界交往,才能逐渐消灭分工的固定化导致人的发展的单一化。当然,这是一个发展的过程,"我们所称为共产主义的是那种消灭现存状况的现实的运动。"⑦"对实践的唯物主义即共产主义者来说,全部问题都在于使现存世界革命化,实际地反对并改变现存的事物。"⑧因此,人的自由而全面发展状态通过人的现实性实践活动不断创造出来的。这个过程也就是我们不断创造美好生活的过程。达到人的自由而全面发展的状态当然是美好的,但是,创造美好生活的过程也是美好生活的一部分。因为,在这个过程中,人在创造性实

① 《马克思恩格斯文集》第 8 卷,人民出版社 2009 年版,第 200 页。
② 《马克思恩格斯文集》第 8 卷,人民出版社 2009 年版,第 56 页。
③ 《马克思恩格斯文集》第 1 卷,人民出版社 2009 年版,第 189 页。
④ 《马克思恩格斯文集》第 1 卷,人民出版社 2009 年版,第 191 页。
⑤ 《马克思恩格斯文集》第 2 卷,人民出版社 2009 年版,第 53 页。
⑥ 《马克思恩格斯文集》第 1 卷,人民出版社 2009 年版,第 538 页。
⑦ 《马克思恩格斯文集》第 1 卷,人民出版社 2009 年版,第 539 页。
⑧ 《马克思恩格斯文集》第 1 卷,人民出版社 2009 年版,第 527 页。

践中,发展自己的能力、丰富社会关系、满足自己的需要,从而丰富着自己的全面性。以人的发展为目标,人在劳动实践中创造着人的现实存在,不断丰富着人的理想存在,并不断将理想存在转化为现实存在,整个过程是人通过实践不断突破现有状态发展自己的过程。如果说实践结果达成人的努力目标,使人产生满足感、幸福感,人的实践过程作为丰富自己生命的过程,人的能力得以发展、社会关系得以丰富,这种生命充实、丰盈的感觉是幸福更持久的状态,而且这个过程没有止境。

现代社会,凡是可以纳入人自身财富的都可以成为衡量美好生活的指标,如安定的生活、休闲时间、适量的物质财富、行为选择的自由、美好价值的追求和不断的精神追求。社会为人的实践和发展创造必要条件,这是获得美好生活的外在条件,而个体通过实践将种种发展的可能性变为现实性,则是美好生活的主观条件。我们不能将美好生活完全诉诸主观的感受,当然外在的条件也不能自然而然地成为美好生活的模型。人的美好生活离不开人的实践和创造,人在实践和创造中发展自身,"个人在精神上的现实丰富性完全取决于他的现实关系的丰富性"①,人在实践中、在社会交往中丰富着自己的生命,在这个过程中人创造着美好生活。因此,人通过实践创造理想的社会条件并在创造中不断发展自己的过程也就是美好生活的创造过程。美好生活不应该成为一个固定的界限,关于美好生活的理解应该为人的发展提供一种努力的方向。

四、 构建科学健康的生活方式

美好生活当然有一定的标准,但是这种标准的确定应该使人们在创造美好生活的过程中也充满信心和幸福感,才是美好生活的最好标准。基于这样的考虑,笔者认为,美好生活应该包括这样几个方面:一是建立在生产力发展

---

① 《马克思恩格斯文集》第 1 卷,人民出版社 2009 年版,第 541 页。

基础上的一定的物质生活条件,这是美好生活的基础。基本的物质生活条件是生存的前提,但是如果没有盈余、没有选择,是谈不上美好生活的,美好生活一定要有足够的物质生活条件可以选择。因为,如果没有相当的物质生活条件,就像马克思在《德意志意识形态》中所说,"生产力的这种发展(随着这种发展,人们的世界历史性的而不是地域性的存在同时已经是经验的存在了)之所以是绝对必需的实际前提,还因为如果没有这种发展,那就只会有贫穷、极端贫困的普遍化;而在极端贫困的情况下,必须重新开始争取必需品的斗争,全部陈腐污浊的东西又要死灰复燃。其次,生产力的这种普遍发展之所以是绝对必需的实际前提,还因为:只有随着生产力的这种普遍发展,人们的普遍交往才能建立起来"①。但是对于物质生活条件来说,多少才够? 无论是对自然资源供给还是人的真实需要来说,物质资源都是有限的,但是人的欲望如果不加遏制,则是无限的。所以必须对人的欲望有一个合理的控制,当然这既与社会制度有关,也与社会价值有关。至于怎样才算是一个合理的度,是一个需要探讨的问题。但是人要明白的是,除了在物质匮乏时期,过多的物质条件并不会给人带来更大的满足感。艾伦·杜宁指出:"消费者社会不能兑现它的通过物质舒适而达到满足的诺言,因为人类的欲望是不能被满足的。人类的需要在整个社会中是有限的,并且真正个人幸福的源泉是另外的东西。"关于这"另外的东西",他写道:"我们能够培养深层的、非物质的满足,这种满足是幸福的主要心理决定因素;它包括家庭和社会关系,有意义的工作以及闲暇。"②因此,一定的物质生活条件仅仅是美好生活的基础,它既不是美好生活的全部,也不能指望我们可以通过不断的物质生活条件的改善来获得更大的满足。二是公正的社会制度和良好的社会秩序,这是美好生活的制度条件。党的十九大报告指出,"人民美好生活需要日益广泛,不仅对物质文化生活提

---

① 《马克思恩格斯文集》第 1 卷,人民出版社 2009 年版,第 538 页。
② [美]艾伦·杜宁:《多少算够:消费社会与地球的未来》,毕聿译,吉林人民出版社 1997 年版,第 26—27 页。

出了更高要求,而且在民主、法治、公平、正义、安全、环境等方面的要求日益增长。"①人们不但要改善物质生活,更需要心理的安全和稳定,公正和平等的社会制度才能给人以安全感和舒适感。也只有公正的社会制度才能建立良好的社会制度,给人们创造安全稳定的生活环境。三是精神生活的富足。精神生活既包括知识的获得,审美的享受,友谊的力量,也包括精神作品的创造。物质的需求和供给是有限的,但是人的精神发展是无限的。四是休闲生活的充沛。物质生活条件带来的是身体的享受,社会秩序给人们带来的是安全感,精神生活提高人们精神境界和审美能力,而休闲生活体现的是人的选择的自由,休闲生活和自由时间是一致的。当马克思说你"有可能随自己的兴趣今天干这事,明天干那事,上午打猎,下午捕鱼,傍晚从事畜牧,晚饭后从事批判"②,这就是人的自由选择性。休闲活动不是必要劳动,而是在必要劳动的彼岸,休闲活动以身体的健康、心情的愉悦、视野的开阔为目的,目的是提高人们的生活品质,享受生活的美好。所以,休闲生活是美好生活的典型体现。五是美好生活既是目标,也是奋斗的过程。奋斗包括有意义的工作,目标的达成,对社会的贡献,和自身价值的实现。为实现目标奋斗的过程本身也是美好生活的一部分,我们不能仅仅把目标达成的瞬间看成是幸福。因为奋斗的过程本身就是发挥人的潜能和人的能力提高的过程,就像习近平 2018 年 5 月 2 日在北京大学师生座谈会上的讲话中谈到,"幸福都是奋斗出来的,奋斗本身就是一种幸福。"③

以美好生活为标准,我们应该在现有基础上建立一种健康的生活方式,科学健康的生活方式,有这样几个要素:一是绿色,主要是物质消费,遏制自己的欲望,从身体的真正需求、社会资源的保护及必要性方面考虑,真正的需求排

---

① 习近平:《决胜全面建成小康社会 夺取新时代中国特色社会主义伟大胜利——在中国共产党第十九次全国代表大会上的报告》,人民出版社 2017 年版,第 11 页。
② 《马克思恩格斯文集》第 1 卷,人民出版社 2009 年版,第 537 页。
③ 习近平:《在北京大学师生座谈会上的讲话》,人民出版社 2018 年版,第 12 页。

除了过度的欲望消费、攀比性消费、名誉性消费、符号性消费等非真实的需求。二是精神的有效需求,包括知识的获得、文化审美的愉悦、个人社会价值的实现。三是生活的多层面发展,包括锻炼身体,有益的交往,吃喝健康的食物。四是工作的兴趣。我们现在虽然还做不到兴趣和工作的完全统一,但是可以培养工作中的兴趣,既可以提高工作的效率,让身心愉快,更可以体现创造中的价值感。科学健康的生活方式要求的是一种简约生活。美国经济学家布朗(L.R.Brow)说:"自愿的简化生活,或许比任何其他伦理更能协调个人、社会、经济以及环境的各种需求。它是对物质主义空虚性的一种反应。它能解答资源稀缺、生态危机和不断增长的通货膨胀压力所提出的问题。社会上相当一部分人实行了自愿的简化生活,可以减轻人与人之间的疏远现象,并可以缓和由于争夺稀少资源而产生的国际冲突。"[①]2015年初,《人民日报》客户端接连刊文推送极简主义生活方式,文中说到,"极简主义生活方式,……首先了解什么对自己最重要,然后用有限的时间和精力,专注地追求,从而获得最大幸福。放弃不能带来效用的物品,控制徒增烦恼的精神活动,简单生活,从而获得最大的精神自由。"文章认为,极简主义生活方式包括这样几个方面:"欲望极简",了解自己的真实欲望,不盲从、不跟风;"精神极简",不浪费自己的时间和精力,精力专注于有价值的精神活动;"物质极简",了解自己真实的欲望和需求,不买不是真正需要的物品,充分利用物品,整合资源;"信息极简",精简信息输入源头;"表达极简",表达尽可能简单、直接、清楚;"工作极简",不拖延,一次只专注做一件事;"生活极简",要求不做无效社交,锻炼,穿着简洁,吃喝自然的食品。极简主义生活方式体现的是效率和个性,使得我们在有效的时间内使我们的身心得到最好的发展。

---

① ［美］莱斯特·R.布朗:《建设一个持续发展的社会》,祝友三等译,科学技术文献出版社1984年版,第283—284页。

第六章　当代中国文化生态的
多元化模式

第一节　当代中国文化构成①

改革开放以后,中国进入全面转型社会,这个转型既包括经济体制、管理体制的转型,也包括因为体制转型所引起的观念的转型以及与此有关的文化的转型。传统社会,文化的主导价值是"仁义礼智信",传统文化不论以何种形态出现,文化经典、诗词歌赋、戏曲小说等,所有文化形式中包含的主流价值就是"仁义礼智信",也可以说"仁义礼智信"的思想内涵铸造了中国民众的人格特征。中国革命战争年代的主流价值是理想信念和革命英雄主义,社会主义建设时期主流价值是奉献和爱岗敬业等。改革开放以后,经济的发展改善了人们的物质生活,但是并没有改善人的整体文明素质。一方面,传统文化价值不被肯定,另一方面,理想信念和革命英雄主义以及无私奉献的价值,在一切向钱看和物质崇拜的潮流中被挤到边缘甚至是不见,而中国特色社会主义先进文化还没有完全建立起来。一时间,历史虚无主义、文化虚无主义盛行,整个社会充斥着对西方文化的膜拜气氛,腐朽的、腐败的文化沉渣泛起,欺骗、忽悠被看作是聪明的象征,老实、诚实人不被认可,优秀的传统文化被逼退到

---

① 本节部分内容参见拙作:《习近平新时代中国特色社会主义文化思想研究》,《山东社会科学》2018 年第 2 期。

角落。改革开放很长一段时间,金钱当道,为了金钱,很多人失去了节操,欺诈、失信被当作赚钱的手段,金钱似乎成为衡量人的价值的唯一标准。传统社会的道德价值如诚信、助人为乐和革命与社会主义建设时期的信念价值都成为被嘲笑的对象,自私自利成为正当的价值,孩子被碾压无人帮助,老人倒地无人敢扶。这样的状态无疑是在抛弃中华民族优秀的国民人格,丢掉自己优秀的文化传统。国家认识到这种社会现状的危害性,2006 年党的十六届六中全会通过《中共中央关于构建社会主义和谐社会若干重大问题的决定》,明确了社会主义核心价值体系的内涵。2012 年 11 月 8 日,党的十八大报告明确提出社会主义核心价值观,即"倡导富强、民主、文明、和谐,倡导自由、平等、公正、法治,倡导爱国、敬业、诚信、友善,积极培育社会主义核心价值观",这是对社会主义核心价值观的首次完整概括。2013 年 12 月 23 日,中共中央办公厅印发《关于培育和践行社会主义核心价值观的意见》指出,要把培育和践行社会主义核心价值观融入国民教育全过程,把培育和践行社会主义核心价值观落实到经济发展实践和社会治理中。2017 年中共中央办公厅、国务院办公厅印发了《关于实施中华优秀传统文化传承发展工程的意见》,对实施中华优秀传统文化传承发展工程做了全面部署,对实施中华优秀传统文化的重要意义和总体要求、主要内容、重点任务、组织实施和保障措施做了具体规定。可以说通过这几个文件发布和党的领导人一系列关于文化的重要讲话精神,整个国家已经明确了文化发展的基本方向和基本内容。那么,我们当代的文化包括哪些内容呢?

一、　当代中国文化的内涵

党的十九大报告指出,"文化是一个国家、一个民族的灵魂。"《关于实施中华优秀传统文化传承发展工程的意见》谈到,"文化是民族的血脉,是人民的精神家园。"[①]把文化看作是支撑民族延续的最根本的精神要素,是一个民

---

① 　《中共中央办公厅、国务院办公厅印发关于实施中华优秀传统文化传承发展工程的意见》,《人民日报》2017 年 1 月 26 日。

族的精神归宿。就中华文化的组成,习近平在庆祝中国共产党成立 95 周年大会上的讲话中谈到,"在 5000 多年文明发展中孕育的中华优秀传统文化,在党和人民伟大斗争中孕育的革命文化和社会主义先进文化,积淀着中华民族最深层的精神追求,代表着中华民族独特的精神标识。"①就中国特色社会主义文化的渊源,十九大报告概括为,"中国特色社会主义文化,源自于中华民族五千多年文明历史所孕育的中华优秀传统文化,熔铸于党领导人民在革命、建设、改革中创造的革命文化和社会主义先进文化,植根于中国特色社会主义伟大实践。"②这里一是说明了中华文化的内涵,二是谈了中国特色社会主义文化的渊源和根基。

从一般的意义上,文化包含这样几层内涵:

首先,文化是一个民族历史价值的积淀。文化反映了一个民族对人与世界关系的总体认知,以物质形态呈现的建筑文化、物质生活条件,反映了人的生产能力,以生活方式体现的习俗、习惯体现了人们对自然、对人的态度,以精神文化形式呈现的思想、价值、文学、艺术等直接表现人们对世界的认知水平和态度。一个民族的文化,是一个民族长期历史经验的积淀,文化的成熟是一个民族成熟的标志。只有形成了具有特点的整体性的民族文化,才能形成一个民族独特的生存样式,民族才能发展和传承。如果一个民族没有整体性的文化,很容易被其他的民族同化。《关于培育和践行社会主义核心价值观的意见》集中体现了关于中华优秀传统文化的价值的论述,"中华优秀传统文化积淀着中华民族最深沉的精神追求,包含着中华民族最根本的精神基因,代表着中华民族独特的精神标识,是中华民族生生不息、发展壮大的丰厚滋养。"③因为优秀传统文化是中华民族独特的标识,所以,我们在当代要继续发扬和传

---

① 《习近平谈治国理政》第二卷,外文出版社 2017 年版,第 36 页。
② 习近平:《决胜全面建成小康社会 夺取新时代中国特色社会主义伟大胜利——在中国共产党第十九次全国代表大会上的报告》,人民出版社 2017 年版,第 41 页。
③ 《中共中央办公厅、国务院办公厅印发关于实施中华优秀传统文化传承发展工程的意见》,《人民日报》2017 年 1 月 26 日。

承这种优秀文化,使其成为我们当代中国特色社会主义文化的有机组成部分。我们的传统文化在当代中国具有不可替代的价值。习近平在文艺座谈会的讲话指出,"中华优秀传统文化是中华民族的精神命脉,是涵养社会主义核心价值观的重要源泉,也是我们在世界文化激荡中站稳脚跟的坚实根基。"①

其次,文化是一个民族审美品位和人文精神的表达。《关于实施中华优秀传统文化传承发展工程的意见》谈到中华美学的特点,"中华美学讲求托物言志、寓理于情,讲求言简意赅、凝练节制,讲求形神兼备、意境深远,强调知、情、意、行相统一。我们要坚守中华文化立场、传承中华文化基因,展现中华审美风范。"②中华美学以意境深远的绘画艺术、隽永洒脱的书法艺术、雕梁画栋的建筑艺术以及形式多样、内涵丰富的文学艺术为代表。书法艺术典型地表现了中华文化的追求。中国的汉字是象形文字,最初的象形基本是对物或者行为的模仿,因为美观、书写的方便逐渐演化为方块文字,为了传承、教育的方便,又将繁体字简化为简化字。文字具有普遍的意义,承担着一个民族文化传播的历史使命,所以文字的改变实际上意味着一个民族文化和传播方式的改变,文字的演化历史实际上代表了文化的传播史。不像西方字母是表音文字,字母本身没有什么意义,中国汉字的每一个偏旁部首都表达不同的意思。方块文字可以有不同的审美表达,或洒脱,或内敛,或行云流水,或严谨工整,仅汉字的书写就可以表达人的不同的性格特征和气度胸怀,所以中华书法可以是艺术。从文学艺术来说,唐诗宋词还有其他各种文体,不仅将汉字的表意功能发挥得淋漓尽致,而且还有各具特点的韵律美,可以说将中华文字的美发挥到极致。这些文学作品的内容虽然也无法脱离文学人的人生阅历和历史环境,但是作品的美学追求具有超越历史和经验的普遍性特点。

《关于实施中华优秀传统文化传承发展工程的意见》谈到中华人文精神,

---

① 习近平:《在文艺工作座谈会上的讲话》,人民出版社 2015 年版,第 25 页。

② 《中共中央办公厅、国务院办公厅印发关于实施中华优秀传统文化传承发展工程的意见》,《人民日报》2017 年 1 月 26 日。

"如求同存异、和而不同的处世方法,文以载道、以文化人的教化思想,形神兼备、情景交融的美学追求,俭约自守、中和泰和的生活理念等,是中国人民思想观念、风俗习惯、生活方式、情感样式的集中表达,滋养了独特丰富的文学艺术、科学技术、人文学术,至今仍然具有深刻影响。"①中国人的思想观念、生活方式、情感表达以及对人与世界关系的认知都通过传统经典或者文学作品的方式表达出来。这些精神作品,也是一个民族记录历史、传承文化、教化民众的方式。后人可以通过这些精神作品,了解我们民族的精神历史,可以根据哲学经典、文学作品理解其中包含的人文精神,也可以通过文学和艺术作品抒情、言志、咏物、谈理,追求高雅的精神生活。

最后,文化也是当代实践方向的价值提炼。习近平在中共中央政治局第十二次集体学习时强调,"当代中国价值观念,就是中国特色社会主义价值观念,代表了中国先进文化的前进方向。"②社会主义先进文化就是促进中国特色社会主义发展的文化,它是中国社会主义现代化建设经验的总结。我们国家在建设社会主义的过程中,有探索,也有迷茫,有成功,也有失败,这个过程是寻找发展道路的过程,也是总结发展经验的过程,还是创造社会主义先进文化的过程,也是提炼社会主义核心价值观的过程。正是社会主义先进文化和核心价值保证了我们国家在发展的过程中克服各种困难,在任何阶段都能坚持独立自主的原则,保证社会主义发展方向。我们国家几十年建设的经验证明,什么时间我们坚持这些先进文化和价值,我们就会前进。否则,就无法保证中华民族的独立自主,更谈不上中华民族的伟大复兴。

二、 当代中国文化的要素

党的十九大报告关于新时代坚持和发展中国特色社会主义的基本文化方

---

① 《中共中央办公厅、国务院办公厅印发关于实施中华优秀传统文化传承发展工程的意见》,《人民日报》2017 年 1 月 26 日。
② 《习近平谈治国理政》第一卷,外文出版社 2018 年版,第 161 页。

略谈到，"推动中华优秀传统文化创造性转化、创新性发展，继承革命文化，发展社会主义先进文化，……更好构筑中国精神、中国价值、中国力量，为人民提供精神指引。"①具体说来，当代中国文化分为三个组成部分，一是中国传统社会形成的优秀传统文化，二是党成立以后在革命战争年代建立的革命文化，三是当代中国社会主义的先进文化。优秀传统文化的内容包含着为人处世的多方面内容，为处理人与人的关系、人与自然的关系、个人与家的关系、个人与国家的关系提供了指导性的价值原则，是传统社会人们安身立命的指导原则。其中很多优秀的内容超越了时代和地域的限制，实际上人之为人的指导价值。因此，它们不仅仅适用于传统社会，也适用于当代社会。特别是当今世界上产生了一些普遍性的问题，如贫富差距，物欲无度，个人主义膨胀，社会诚信减弱，人与自然关系紧张，等等。习近平在纪念孔子诞辰 2565 周年国际学术研讨会暨国际儒学联合会第五届会员大会开幕会上的讲话中指出，"要解决这些难题，不仅需要运用人类今天发现和发展的智慧和力量，而且需要运用人类历史上积累和储存的智慧和力量。""中国优秀传统文化的丰富哲学思想、人文精神、教化思想、道德理念等，可以为人们认识和改造世界提供有益启迪，可以为治国理政提供有益启示，也可以为道德建设提供有益启发。"②这些优秀的传统文化伴随着教育和日常生活的传承而流传下来，它们应该也能够成为当代中国文化的组成部分。而且，也正是这些在为人处世、日常生活中传承下来的传统文化，成为中华民族最独特的精神标识。《论语》中有"己所不欲勿施于人"的普遍的道德修养，两千多年后康德在《实践理性批判》中谈到人的行为准则与此同出一辙，"无论做什么，总应该做到使你的意志所遵循的准则同时能够成为一条永远普遍的立法原理。"③还有文质彬彬的君子气质，

① 习近平：《决胜全面建成小康社会　夺取新时代中国特色社会主义伟大胜利——在中国共产党第十九次全国代表大会上的报告》，人民出版社 2017 年版，第 23 页。
② 习近平：《在纪念孔子诞辰 2565 周年国际学术研讨会暨国际儒学联合会第五届会员大会开幕会上的讲话》，人民出版社 2014 年版，第 6—7 页。
③ ［德］康德：《实践理性批判》，关文运译，广西师范大学出版社 2001 年版，第 17 页。

自强不息的奋斗精神,厚德载物的人生态度,为天地立心为天下开太平的胸怀,仁者爱人的慈悲,天下为公的气度,等等。由这些内容都可以看出中华传统文化注重精神的自我超越的特点,这些精神完全超越了历史的限制,对中华民族,也可以说对世界都有普遍的意义。

当代中国文化的第二部分内容是我们党成立以后在革命战争年代和建设与改革时期所建立的革命文化。革命文化包括哪些内容呢?革命文化实际上就是如何能取得革命胜利的精神法宝,包括坚定的理想信念和革命意志,不怕牺牲的勇敢精神,民族独立的志气,爱国主义的民族精神。中国革命是在非常艰难的情况下进行的,可谓内忧外患,外有强敌入侵,内有军阀混战。特别是抗日战争时期,艰苦的条件和恶劣的斗争环境,时时面临的生命危险,如果没有坚定的共产主义理想信念和坚毅的革命意志,恐怕没有多少人可以坚持下来。在革命战争年代,在战争面前,只有民族利益和国家利益,只有对革命胜利的坚定信心和对未来社会主义理想生活的期盼,才有那么多为了革命而甘愿抛头颅洒热血的共产党人。在社会主义建设和改革时期,我们自强不息,战胜一个个困难,形成了雷锋精神、大庆精神、"两弹一星"精神、抗震救灾精神等新时期的革命文化。在当代,虽然不需要我们随时奉献自己的生命给国家,但是社会主义现代化建设过程中遇到的困难也不少。我们只有发扬革命战争年代、建设时期那种对共产主义的坚定理想信念,发扬爱国主义精神,才能抵御社会主义建设的反面力量和负面能量。只有坚定对中国特色社会主义的理想信念,才会辩证地、历史地看待我们前进中的不足和困难,才会坚定中国特色社会主义道路。

当代中国文化的第三部分内容也是最核心的内容就是社会主义先进文化。社会主义先进文化是我国社会主义建设时期,特别是改革开放以后所创造的中国特色社会主义文化,包括意识形态领域的马克思主义思想指导,社会主义核心价值观,全心全意为人民服务的理念,以人民为中心的科学发展理念,爱国主义的民族精神和改革创新的时代精神,等等。社会主义先进文化的特点是积极向上、开拓进取、开放创新、独立自强。可以说,社会主义先进文化是保证中国特色社会主义健康发展的精神力量,是中国面临各种各样的困境而依然能够前进的精神保证,也是我们保持自信的精神支撑。我们70多年的社会主义建设,特别是40多年的改革开放的实践证明了社会主义先进文化的价值。在社会主义建设时期,我们国家很长一段时间几乎孤立无援,正是靠着我们的艰苦奋斗、吃苦耐劳、独立自强的精神,建立了独立的国民经济体系。在改革开放时期,又遇到各种各样的非议和磨难,我们国家立场坚定、奋发图强,逐渐探索出了中国特色社会主义发展道路,成为世界第二大经济实体。用习近平的话说,"我们比历史上任何时期都更接近中华民族伟大复兴的目标,比历史上任何时期都更有信心、有能力实现这个目标。"[1]是因为我们创立了中国特色社会主义制度,走出了中国特色社会主义道路,形成了中国特色社会主义理论体系,创建了中国特色社会主义文化。当然,在改革开放、进行中国特色社会主义建设过程中,我们也产生了文化上的不足,如理想信念缺失、诚信下降、道德滑坡等现象,也正因如此,我们需要吸取我们的优秀传统文化和革命文化,以弥补当代文化建设的不足。当代的文化建设,缺乏的恰恰是优秀传统文化的气度和悠长,以及革命时期文化的执着与坚韧。因此,我们需要将我们的优秀传统文化和革命文化加以提炼和筛选,使其成为我们当代中国特色社会主义文化的有机组成部分。

三、 中华文化的特点

习近平在多个讲话中都谈到中华文化的特点,如习近平在"一带一路"国际合作高峰论坛开幕式上谈到,"古丝绸之路绵亘万里,积淀了以和平合作、开放包容、互学互鉴、互利共赢为核心的丝路精神。这是人类文明的宝贵遗产。"[2]《关于实施中华优秀传统文化传承发展工程的意见》中谈到,"传承发

---

[1]　习近平:《在文艺工作座谈会上的讲话》,人民出版社2015年版,第2页。
[2]　《习近平谈治国理政》第二卷,外文出版社2017年版,第506—507页。

展中华优秀传统文化,就要大力弘扬有利于促进社会和谐、鼓励人们向上向善的思想文化内容。"①

中华文化具有这样几个特点,一是合作包容,和谐相处。这是中华民族能够不断丰富和发展的最根本的一点。中华文化的很多内容都反映了注重合作与包容的内容。《论语》中孔子说到,"君子和而不同,小人同而不和。"②君子讲究和谐而不与别人混同,小人只求完全一致,而不讲究协调。"君子周而不比,小人比而不周。"③君子胸怀宽广,与人和谐相处,但并不与人勾结营私,小人与人勾结而不合群。曾子曰:"夫子之道,忠恕而已矣。"④这里说的是君子与人和谐相处以及宽恕之道,君子代表的是中华文化的理想人格,实际上代表中华文化的追求。这种追求既表现为中华文化内部的百家争鸣,也表现为中华文化与其他文化的和谐相处。在中华文化内部,虽然汉代以后独尊儒术,儒家文化成为传统社会的主流意识形态,但是,在民间和士大夫中间,道家文化也得到了发展;佛教文化以及后来基督教文化都是来源于外域,也都在中华文化中扎下根,特别是佛教与中华文化相融合形成了具有中国特点的佛教文化。中华文化无论对于古今中外的文化都抱着学习、交流的态度,兼收并蓄,正是在这种合作包容的氛围下,才发展成为多种文化相融合的中华文化。另外,中国还主动走出国门学习国外的文化,与外国人民进行经济和文化上的交流。"这些开拓事业之所以名垂青史,是因为使用的不是战马和长矛,而是驼队和善意;依靠的不是坚船和利炮,而是宝船和友谊。"⑤党的十九大报告指出,"要尊重世界文明多样性,以文明交流超越文明隔阂、文明互鉴超越文明冲突、文明共存超越文明优越。"⑥体现

① 《中共中央办公厅、国务院办公厅印发关于实施中华优秀传统文化传承发展工程的意见》,《人民日报》2017 年 1 月 26 日。
② 杨伯峻译注:《论语译注》,中华书局 2017 年版,第 200 页。
③ 杨伯峻译注:《论语译注》,中华书局 2017 年版,第 23 页。
④ 杨伯峻译注:《论语译注》,中华书局 2017 年版,第 54 页。
⑤ 《习近平谈治国理政》第二卷,外文出版社 2017 年版,第 507 页。
⑥ 习近平:《决胜全面建成小康社会　夺取新时代中国特色社会主义伟大胜利——在中国共产党第十九次全国代表大会上的报告》,人民出版社 2017 年版,第 59 页。

了中华文化尊重各国文明、合作包容的态度。

二是注重道德修养，完善自身。注重道德完善是中华文化的典型特点。道德完善体现在很多方面，《关于实施中华优秀传统文化传承发展工程的意见》指出，"中华优秀传统文化蕴含着丰富的道德理念和规范，如天下兴亡、匹夫有责的担当意识，精忠报国、振兴中华的爱国情怀，崇德向善、见贤思齐的社会风尚，孝悌忠信、礼义廉耻的荣辱观念，体现着评判是非曲直的价值标准，潜移默化地影响着中国人的行为方式。传承发展中华优秀传统文化，就要大力弘扬自强不息、敬业乐群、扶危济困、见义勇为、孝老爱亲等中华传统美德。"[1]自强不息的奋斗精神，扶危济困、见义勇为的奉献行为，孝老爱亲的社会风尚，对这些中华传统美德的追求造就了中国的道德型人格。中国自古就将道德人格的完善作为人生追求的意义。古希腊也非常重视善的意义，苏格拉底认为，在追求公义和其他一切美德中生，在追求公义和其他一切美德中死，这就是生活的最佳方式，这就是最大的善；只有遵循善，遵循由正义、节制、秩序的生活，人才能获得幸福。"幸福的人之所以幸福，就在于他们拥有善。"[2]但是，在整个希腊哲学这里，善并不仅仅有伦理学的意义，各个领域、各种行为的目标都是善，自足就是最高的善。而且，幸福作为一种合乎德性的灵魂的现实活动，必须加上拥有外在的善的条件，如技能、财富、好的机遇，才算是至福之人。[3]而中国的善具有更纯粹的道德意义，中国的士仕仁人更注重道德人格的完善和对社会的奉献责任。当然，对于道德人格的完善来说，也是一个无止境的过程。

三是志存高远、乐观向上。中华民族在任何时候都没有失去过"修身齐家治国平天下"的胸怀和气度。在春秋战国的战乱年代，孔子带领他的弟子

---

① 《中共中央办公厅、国务院办公厅印发关于实施中华优秀传统文化传承发展工程的意见》，《人民日报》2017 年 1 月 26 日。

② ［古希腊］柏拉图：《柏拉图全集》第 2 卷，王晓朝译，人民出版社 2003 年版，第 247 页。

③ ［古希腊］亚里士多德：《尼各马科伦理学》，苗力田译，中国人民大学出版社 2003 年版，第 19 页。

们满怀救世的理想,奔走列国,宣传他们的治国思想,表现了中国知识分子的社会责任,"知其不可为而为之"的坚韧毅力。一代代的知识分子,都有"内圣外王"的志向。在新民主主义革命战争年代,那么多革命志士也是怀着救国救民的理想,怀着对未来社会理想生活的期盼,才能够忍受艰苦的岁月和非人的磨难,而且始终保持一种积极乐观的精神。正是中华民族这种不屈不挠的斗志和坚韧的毅力以及乐观向上的精神追求,才使得中华民族即便是经历了被摧残、被蹂躏的岁月,仍然能够重拾信心,再创中华民族的辉煌。同样,在社会主义建设时期,我们自己有过失误,有过挫折,也被冷遇,被遏制,但是,都磨灭不了中华民族的志存高远、乐观向上的精神状态。新时期,我们改革创新,勇于突破,走出了中国特色社会主义道路,从世界边缘走近世界中心。凭着对中华民族伟大复兴的信念,凭着积极乐观的心态,什么样的挫折都抵挡不住中华民族伟大复兴的步伐和干劲。

四是讲究天人合一,维护人与自然的和谐。传统社会是农业社会,对自然有天然的依赖,所以中国人很早就感受到人与自然和谐相处的重要性,提出了"道法自然""天人合一"的思想。这种人和自然合二为一的思想,一方面,是出于维护人自身生存条件的需要,因为人不能离开自然;另一方面,这也是人生存的必须,因为人也是自然。马克思曾说自然"是人的无机的身体","所谓人的肉体生活和精神生活同自然界相联系,不外是说自然界同自身相联系,因为人是自然界的一部分。"①人的生存实际上是不断探索人之生存规律的过程。从最初的完全依赖自然、崇拜自然,到随着人的力量的强大去改造自然,甚至依人之力抗衡自然之力,逆自然规律行事。如近代以后,特别是现代社会,人为了所谓的物质生活的改进,对自然的过度攫取使得有些地方几乎不再适合人的生存。而人自身的贪欲实际上也超出了人的身体所能承受之重,如由于过度饮食、过度享受而产生的多种富贵病,由于人的肆意行为所产生的各

---

① 《马克思恩格斯文集》第 1 卷,人民出版社 2009 年版,第 161 页。

种不治之症,实际上就是人的自然性和自然的自然性对人的惩罚和提醒。但是人类对自身行为的改正却不是一朝一夕可以完成的。在简单经济条件下,人反而能从与自然的和谐相处中找到人自身行为的合适方式,如中国传统医学提出的顺应自然的作息规律,最好地保证了人的自然身体的平衡,对自然规律的遵循是提高人的生命质量的基础。我们传统文化中"尊时守位、知常达变","道法自然、天人合一"的思想可以为现代人的生活提供有益的启示。

第二节　当代中国大众文化与网络文化

无论什么内容的文化,都可以以多种形式进行表达。在有电影、电视等新技术之前,文化主要借助于文字、音乐、艺术等形式表达。随着电影、电视等现代技术的发展,文化无论从表现形式和传播方式上都有了不同于传统社会的特点,从而也使得广大民众能够借助于现代技术而享受到各种文化带来的审美和知识上的享受。当然,任何事物的发展都有它的两面性,现代技术在促进文化大众化的同时,也通过大众文化的形式将现代社会资本主导的价值观念传递给每一个接受文化的人。特别是随着20世纪末网络技术的发展,文化获得了更为广泛的表达形式和传播形式。在文化形式的多元结构中,我们对民众影响更广泛的大众文化和网络文化进行分析。

一、 大众文化与文化的大众化

什么是我们所说的大众文化? 对于大众文化的界定,我们首先要区别这样几个概念,人民大众的文化、文化的大众化和大众文化。"人民大众的文化"是带有中国特色的一个文化术语,因为"人民大众"是中国的一个政治术语,产生于中国的民主革命时期,是为了区分社会阶级而形成的。哪些人属于人民大众? 毛泽东在延安文艺座谈会上的讲话中谈到,"什么是人民大众呢? 最广大的人民,占全人口百分之九十以上的人民,是工人、农民、兵士和城市小资产阶级……这四种人，就是中华民族的最大部分，就是最广大的人民大众。"①当然，随着时代和社会环境的变化，人民大众的范畴发生了变化。抗日战争时期，人民大众的敌人主要是日本帝国主义，所以凡是反对日本帝国主义的人就是人民大众的范畴。在和平建设时期，一切社会主义的建设者和爱国者都是人民大众的范畴。在中国特色社会主义和实现中华民族伟大复兴的过程中，人民大众就是指中国特色社会主义的建设者和致力于中华民族伟大复兴的爱国者。所谓人民大众的文化，就是为人民服务的文化，习近平在文艺工作座谈会上的讲话中谈到，"以人民为中心，就是要把满足人民精神文化需求作为文艺和文艺工作的出发点和落脚点，把人民作为文艺表现的主体，把人民作为文艺审美的鉴赏家和评判者，把为人民服务作为文艺工作者的天职。"②人民大众的文化，就是以人民大众的现实生活作为文化的主要内容，把人民群众的文化需求作为文化的落脚点和出发点，人民大众是文化的表现主体和欣赏、学习主体，以文化来引领人民对美好生活的向往。人民大众的文化形式不是单一的，既可以是殿堂里的高雅文化，也可以是露天地的通俗文化，就像习近平所说，"优秀作品并不拘于一格、不形于一态、不定于一尊，既要有阳春白雪、也要有下里巴人，既要顶天立地、也要铺天盖地。只要有正能量、有感染力，能够温润心灵、启迪心智，传得开、留得下，为人民群众所喜爱，这就是优秀作品。"③文化的大众化是指文化的表现形态和传播过程而言，用通俗易懂的语言、喜闻乐见的形式表现人们的生存状态和意义的追求，譬如，用漫画、故事、电影、电视、音乐、戏曲等方式来表达人民的喜怒哀乐和道德观念；传播过程就是用电视、电影、广播还有现场表演等方式传播文化。它要做到的是，让人们看得懂、听得懂，乐于看、乐于听，看进去了、听进去了，并且能够受到启发和感染，从而温暖人们的心灵、启迪人们的心智，达到文而化之的作用，使人们

---

① 《毛泽东选集》第三卷，人民出版社 1991 年版，第 855—856 页。
② 习近平:《在文艺工作座谈会上的讲话》，人民出版社 2015 年版，第 13—14 页。
③ 习近平:《在文艺工作座谈会上的讲话》，人民出版社 2015 年版，第 7—8 页。

因为文化而生活得更加丰富而文明。

所谓大众文化,是一个文化形态术语,是一个中性词,没有政治含义,"是指由大众媒介传播的都市文化产业和公众日常消费的文化形态。"①从大众的传播手段上来说,它依赖于大众媒介,如电影、电视、报纸,以及现在的网络等;从消费群体上来说,它是公众进行日常性的消费,有别于教育的目的性、计划性和个性化文化消费。大众文化实质上是一种市民文化,伴随着工业社会和市场经济的发展而产生。它不同于官方主流文化强烈的意识形态特征,虽然文化都避免不了意识形态色彩,但大众文化的主导方向是娱乐,而不是意识形态性。大众文化也不同于只存在于一定范围如学术界的精英文化,大众文化与精英文化(或者叫高雅文化)的不同主要是受众群体的不同。高雅文化以少数受教育程度较高的知识分子为受众,目的在于在表达特定阶层和群体的审美旨趣和价值判断,而大众文化的主体广泛,但是主要以市民阶层为主体,主要是满足其日常休闲或娱乐需要。大众文化也不同于传统社会中的各种以民间艺人为主体的民间文化,大众文化与民间文化主要是存在空间和流传方式的不同。民间文化存在于民间,应民众的自然需求产生,主要是通过个体的形式传播,而大众文化则是伴随工业化进程而发展,大众传媒媒介是其传播手段,具有商品文化消费的特点。通俗文化与大众文化的区别主要在时间、范围和传播方式上。通俗文化的范围更广泛,而且每个时代都有自己的通俗文化,在当代的流传方式更多样,而大众文化主要依赖大众传媒为中介,而且具有文化产业的特征。②

大众文化源于西方,是西方工业文明和市场经济的产物。随着工业文明和商品在世界的普及,大众文化成为世界性的文化现象。大众文化有这样几个特点:一是商品性,即大众文化不是纯粹的文化产品,而是伴随着商品买卖的消费现象,是附属于市场的。"一方面大众文化被商品化,而另一方面商品

---

① 王一川主编:《大众文化导论》,高等教育出版社 2015 年版,第 6 页。
② 王一川主编:《大众文化导论》,高等教育出版社 2015 年版,第 8—9 页。

也被文化化,从而使得消费文化成为广告所允诺的'一门新的生活艺术、一种新的生活方式'。"①大众文化是伴随着商品的消费而被传播的,如电影要到电影院里买票观看。而为了使商品获得更好的销路,商品的消费被冠上了文化的标签,如旅游被冠上"绿色生活"的标签,别墅被冠上"品质生活"的标签,从而使消费具有了所谓文化的内涵。文化商品化一方面促进了文化产业的发展,另一方面文化被商业过度包装,文化失去了独立的地位。二是通俗性,即大众文化不是某一阶层的文化,而是满足社会大众需要的文化,必须能够被一般大众理解、喜欢从而决定购买,这决定了文化内容的烟火气和日常性。三是流行性,即大众文化是一种潮流文化,具有起起伏伏的变化趋势,当然,流行也可以被市场制造出来。流行引来模仿和模式化,流行作为一种"赶上时代"的符号,表面上流行的倡导者好像是标新立异,但实际上的效果是消除个性。四是娱乐性,"大众文化文本无论其结局是悲是喜,总是追求广义上的愉悦效果,使公众的消费、休闲或娱乐、渴望获得轻松的满足。"②美国文化批评家杰姆逊(Fredric Jameson)指出了文化的三种定义,其一,文化是指"个性的形成或个人的培养",这里文化就是社会化的过程;其二,文化是指与自然相对的"文明化了的人类所进行的一切活动",等于说文化即人化;其三,文化是指与贸易、金钱、工业和工作相对的"日常生活中的吟诗、绘画、看戏、看电影之类"的娱乐活动。③ 第三种文化概念体现了后现代社会或者说消费社会的娱乐化特点。五是大众媒介性,即大众文化的传播手段是大众媒介。"大众媒介,通常包括机械印刷媒介(报纸、杂志、书籍等)和电子媒介(广播、电影、电视、网络等)两大类。"④六是日常性,与欣赏高雅文化追求个体性精神追求需要不同,公众对于广告、流行音乐、电影、电视剧、杂志等大众文化的接受,是在日常

---

① 王一川主编:《大众文化导论》,高等教育出版社 2015 年版,第 10 页。

② 王一川主编:《大众文化导论》,高等教育出版社 2015 年版,第 11 页。

③ [美]杰姆逊:《后现代主义与文化理论》,唐小兵译,陕西师范大学出版社 1986 年版,第 2—3 页。

④ 王一川主编:《大众文化导论》,高等教育出版社 2015 年版,第 10 页。

生活中进行的。

法兰克福学派对于大众文化持一种批判的态度。霍克海默(Max Horkheimer)和阿道尔诺(Theodor Adorno)认为,在资本主义条件下,大众文化已经成为一种"文化工业"(culture industry),对社会群体形成强大的控制力,它按照工业化生产规律正在把社会的个人塑造成标准化的群体:"整个文化工业把人类塑造成能够在每个产品中都可以进行不断再生产的类型。"①个人在大众文化中不具有独立性,也就失去了真正的个性,即使表面显得有个性,这个性也不过是"虚假"的"幻象":"在文化工业中,个性就是一种幻象,这不仅是因为生产方式已经被标准化。个人只有与普遍性完全达成一致,他才能得到容忍,才是没有问题的。虚假的个性就是流行:从即兴演奏的标准爵士乐,到用卷发遮住眼睛,并以此来展现自己原创力的特立独行的电影明星等,皆是如此。个性不过是普遍性的权力为偶然发生的细节印上的标签,只有这样,它才能接受这种权力。"②在法兰克福学派那里,大众文化是工业标准化、商品化的产物,它的流行导致的恰是人的精神个性的消失。人的个性表现的是人的生命的丰富性,而文化工业是被商业和消费主宰的,文化商品带着文化的标签,实际上完成的是商品的使命。大众文化实际上是一种媚俗文化,为了文化商品的消费,文化商品生产者研究公众的心理和需求,然后再在这种文化商品上贴上各种个性的标签,使文化商品看上去具有个性的特点。实际上在消费文化和文化消费中,个性是不存在的,因为所谓的个性是被商品生产者制造出来迎合某些人的需要,真正的个性不会在商品消费中体现出来。文化本身是人类的高级精神需求,满足人们精神提升和审美需求,文化的这一功能决定了文化的个性和创造性特征。但是,大众文化面向的是大众群体,服务的是市场需

---

① [德]霍克海默、阿道尔诺:《启蒙辩证法》,渠敬东、曹卫东译,上海人民出版社 2006 年版,第 114 页。

② [德]霍克海默、阿道尔诺:《启蒙辩证法》,渠敬东、曹卫东译,上海人民出版社 2006 年版,第 140 页。

求,"大众文化的平面化、批量复制是以消解文化个性和创造性为目的的,物质追求的丰富多样性与文化追求的简单标准化显然构成了一个人类生存的悖论。"①

二、 大众文化在中国的意义

大众文化发展的过程,也是文化商业化和文化大众化的过程。大众文化是商业文化,其商业文化的性质使得文化的创作和销售具有商品的特点,文化商品关注的是经济利益,而不是社会效益。大众文化具有两种功能,一是具有价值传导和意识形态的教化功能,当然这种功能是通过艺术的方式潜移默化地实现的。另一方面文化作为商品存在,要符合市场经济的规律,文化商品要符合大众的审美和需求,大众需要什么,我就创造什么,大众喜欢什么,我就生产什么。大众文化的商品属性使它免不了媚俗的特点,但是,因为它的大众属性,使得大众文化在中国的发展具有特殊的意义,甚至具有文化启蒙的色彩。对于中国的老百姓来说,经过了长期阶级斗争的洗礼,特别是经历了"文革"的文化贫瘠时期,改革开放以后,老百姓对于文化的渴望像对经济发展的渴望一样强烈。而大众文化通过文化的大众化在一定程度上满足了人们的这一需求。电视文化、电影文化、流行音乐成为大众文化的代表。在市场经济发展的过程中,随着经济上的分层,文化也有了分层,对于那些需要较高消费的殿堂文化(如话剧表演)来说,老百姓消费不起。而大众文化则是老百姓消费得起的文化,大众文化使得老百姓的文化消费成为现实。大众文化具有娱乐性的特点,给老百姓带来了快乐,对于丰富广大民众的日常精神生活来说具有不可替代的作用。而且,主流文化在传播方式上和大众文化很多是重合的,可以通过加强主流文化对大众文化的价值引导,发挥大众文化的文化传承和传导功能,促进大众文化的健康发展。

---

① 沈敏特等主编:《媒介文化评论的理论与实践》,合肥工业大学出版社 2013 年版,第41 页。

　　大众文化在当代中国文化结构中处于什么样的位置？当代中国文化呈现多元的生态，从内容上看，传统文化、社会主义先进文化、现代社会文化都呈现在民众的现代生活中。综合文化的功能、接受主体、传播方式等，可以分为主流文化、精英文化、大众文化以及民间文化，其中影响最大的应该是主流文化和大众文化。主流文化主要以社会主义核心价值观和中国特色社会主义先进文化的宣传为主要内容，文化传播的形式和空间多种多样，可以是大众文化的形式，如电影、电视剧，如革命题材、反腐题材、历史教育题材等，这种情况主流文化与大众文化是交叉的；也可以是纪录片、政论片，还可以是电视节目（如焦点访谈等）。主流文化的传播具有强烈的价值引导和意识形态的宣传功能，这也是中国文化中的一个特点。在现代技术条件下，文化的意识形态功能和文化的艺术形式越来越交融在一起。另一种是精英文化，这种文化形式的特点是受众群体范围有限，它满足的是受教育程度较高的群体对于个性的追求和理性的沉思。这种形式以学术文化、艺术文化为代表，学术文化主要承担理性沉思和价值分析的功能，艺术文化以审美为目标，内容是对社会现实的沉思和个性的追求。大众文化是以大众传媒为主要载体的各种文化形式，它承担的主要是娱乐功能，满足的是普通民众的日常感性愉悦。民间文化是由乡村或者特定地域自发的或者口头传承的喜闻乐见的通俗文化形式，如东北的二人转，活跃在天津、北京的相声，陕西老腔。但这种民间文化现在也借由电视等大众传媒传播开来，但是这种文化传播的范围和时间长短要看一般民众的接受程度。如东北的二人转曾经在一些人的努力下，推向全国，但是由于其内容的单一和形式的单一，现在又逐渐退缩回东北地区。近十多年，由于生产力的发展和民众生活的普遍提高，民众的闲暇时间增多，在全国各个地方，无论是城市还是乡村，出现了一种新的民间文化形式，这就是广场舞。广场舞以愉悦、健身、交往、绿色、方便、自由、廉价等特点风靡全国，不论年龄、性别、职业、群体、收入等的差别，广场舞面前可谓人人平等。广场舞既能运动健身，又能交友交流，时间方便，地点方便，行为方便，来去自由，随便找个空间，利用空闲时间,拿起录音机,就可以跳起来。广场舞以五六十岁的大妈们为主体,因为她们的时间更自由,她们也更珍视身体,通过跳舞,整个的精神状态都变好了。中国的大妈们不但跳在自家门口,还能跳到国外。

任何存在都有它存在的理由,大众文化的发展有它的合理性。在中国,我们一方面要看到因为文化的商业化而产生的伪文化、俗文化、文化的低级趣味等现象,这是大众文化的商品化、娱乐化所产生的消极和负面作用;另一方面要站在广大民众需求的角度看它的存在和发展的必要性。党的十九大报告指出,新时代,中国社会的主要矛盾已经转化成为"人民日益增长的美好生活需要和不平衡不充分的发展之间的矛盾",人民日益增长的美好生活需要,既有美好的物质生活的需要,也有对美好的精神生活的需要。中国在发展的过程中,存在着地区之间、城乡之间以及各个阶层之间不平衡不充分的发展状况,一部分群体可能已经需要个性化的精神需求,但另一部分群体还面临着丰富大众文化的需求。对于大众文化的发展来说,一方面,需要不断丰富大众文化来丰富民众的精神生活;另一方面,需要多层次多样化的文化形式来满足不同群体的文化需求。在中国,大众文化要完成这样的职能,一是民众日常生活的文化需求;二是利用大众文化完成对于社会主义核心价值观的培育和中华优秀传统文化的转化和传承;三是要利用大众文化讲好中国的故事,通过艺术形式有效地传播当代中国的形象。

三、 网络文化的特征

计算机网络是继造纸和印刷术发明以来,人类的又一个信息存储与传播的伟大创造。人类最早的信息传播靠的是言传身教,然后到龟壳石刻记载,再到木简竹简记录,再到印刷术的发明和纸张的复制,信息的储存和传播越来越方便,越来越广泛,到现在的计算机网络快速高容量的记载及快速传播,这是文化记载和传播史上的伟大进步。网络不但为人们获取信息带来极大方便,也改变着人们的生活方式和交往方式,同时使得文化创作、文化传输、受众接受方式、受众在文化传播和延伸中的地位都发生了变化。

在网络上创造的文化具有什么样的特征呢？首先，网络文化具有开放性的特征。网络本身是一个开放性的环境，除了受到法律和规则约束以外，网络内容无所不包，持任何思想观点，从事任何职业，具有任何性格特征的任何人都可以随意进入网络，都可以成为网络语言、网络交往、网络传播的主体。网络像是人与人交流的另一个场，这个场不受任何空间的限制，不受任何现实人际关系的影响。在一个开放的网络空间里，所有的网络主体，可以随便起一个名字，这个名字不像这个人真实的名字一样，要讲究寄托和愿望，网络名字可以有任何寓意，当然也可以没有任何寓意。网络文化的内容是开放的，从盘古开天地到人类进入外太空，从人类的理想到战争的残酷，从国家发展到感情生活、家长里短，任何内容都可以在网络上呈现。现实世界的内容受到时间和空间的限制，网络内容则可以超越时间和空间的限制。人也可以在网络中做梦，把现实中不能实现的愿望在网络的虚拟世界中满足一下。网络的这种开放性和包容性使得网络成为人的另一个世界，甚至是比现实世界更丰富的世界。但是这种丰富也是有限的，网络上的生活仅仅是人的全部生活的一个部分，除了利用网络进行工作，更多的人是利用网络交流、娱乐、学习和休闲，它还不是真正的实践，真正的实践能力的提高，不是靠在网络上幻想来完成的。网络上内容的丰富虽然可以在一定程度上弥补现实生活中的贫乏和无聊，但是网络无法代替现实生活。

其次是网络文化的大众化。网络可以说没有门槛，只要认识字会打字就可以进入网络进行浏览和交流。就像电视、电影是面向大众的，网络也是面向大众的，是大众获得文化享受的最便捷的方式。网络文化的大众性表现为网络文化的接受者是大众，网络文化的创造者也是大众。在现实世界中，人们因为现实的经济基础、职业、受教育程度分成了各个层次或者说不同的群体，具有不同的人际关系范围，承担着社会上各个不同的角色，受到各种现实条件的制约。而在网络上，网民作为接受网络文化的受众都是一样的；同时，当人们之间进行交流时,可以不必考虑对方的真实身份,做到了最大限度的平等。可以说,对于大众来说,网络是一个功能强大的娱乐平台和交流平台,储存、接收、传递信息和各种文化形式的平台。但是,网络并不是独立于现实生活的桃花源,当它和现实真实对接时,它就成为现实生活的延伸。因为它的文化对大众的潜移默化的影响力,网络也成为意识形态斗争和文化斗争的最大的舞台。对于网络控制者来说,如果他们想达到某种效果,完全可以利用网络技术的优势,向网络领域传递他们想传递的内容,屏蔽他们不想被大众了解的东西,也就是说,信息的传递者完全可以利用网络的宽松和开放在网络上编织信息的假象,以达到蒙蔽大众、混淆视听,甚至是掀起某种混乱的效果。所以,对于网民来说,网络不是一片净土,也是需要辨析与理性的。网络文化大众化的另一个方面是网络文化创造主体的大众化。对于在现实生活中一定具有文化地位的人来说,现实中已经具有了他们的展示舞台,但是对于一些名不见经传的文化创造者,如音乐、电影创作者来说,网络是展示他们的作品、展示他们的才华的重要舞台,网络舞台上没有限制,音乐只要好听,电影只要好看,小说只要有意思,这些文化创作者就会渐渐有影响力。而这些在网络上具有较大影响的作品也会成为人们现实生活中有较大影响的作品,如一些网络流行歌曲,一些有名的歌手借助网络的平台扩大歌曲的影响力,而一些原创小说也是因为在网络上有较大的影响而被拍成了电视剧。网络文化的大众化特点,既可以让一些文化领域的无名小卒大放异彩,也可能助长粗制滥造的文化产生,如直播领域的乱象,从而给社会特别是年轻人带来不良的导向。网络既可以成为主流文化推广的重要平台、文化多元化的平台,成为文化百花齐放百家争鸣的重要媒介,也可能会让一些社会思潮借助网络而肆意泛滥,关键是加强对网络文化的管理和引导。

再次,网络文化的即时交互性特点。网络文化具有交互性,对于网络上的任何内容,网民都可以进行评价、交流。在微博、微信公众号、微信、QQ 等各种交流平台上,任何人可以说出自己的想法和评价,从而达到创作者和观赏者之间交流的目的。而且,这种交互可以是即时进行的。网络普遍化之前,大众文化的主要媒介,包括电影、电视、书籍等,这些传播方式具有单向传播的特点,作为受众,看电影、看电视、看书,可以进行评价,这种评价以书评、影评、视评的形式出现,但这种反馈是延时的,等到创作者收到或者看到的时候,与作品发表或者传播的时间已经有时间差距了。但是,网络文化的评价具有即时性的特点,一个作品出来,好还是不好,观众或者听众喜欢还是不喜欢,瞬时都可以反馈回来。在电影院看电影,可以将观影感受、对电影的评价通过微博、微信、公众平台各种形式即时地表达出来。而这种感受又会影响还没有走进电影院的人或者还没有看电视、听歌的人进一步选择。

最后,网络文化具有非理性的特点。网络作为一个虚拟世界,因为其隐蔽、非约束、开放性的特点使得网络成为网民恣意表达的平台。网民在网络空间里进行情绪表达,这种情绪既有分享快乐,也有表达不满,甚至有一些极端的言论。利用新的传播工具而产生的新的行业如直播,鱼龙混杂,有的直播内容琐碎,还有的直播炫富、拼爹,靠着不健康的内容也一样获得不菲的收入,对于网民特别是青少年产生不好的影响。网络语言随意搭配,按心情表达,出现了很多不规范的语言,但是却被年轻人吹捧成为网络流行语。有些网络电影胡编一些故事,打着所谓揭露一些行业潜规则的旗号拍一些黄色电影,传递不健康的价值观念。一些节目以迎合观众的需求为借口,播出一些粗俗的内容,为了收视率而不加制止。非主流价值在网络上横行,影响着网民在现实中的价值导向。网络语言的非理性也夸大了一些事件的影响,在不能全面了解事实的情况下,随意地发表观点、看法,甚至是谩骂,形成了"网络暴力"。正因为网络的开放性和宽容,使得网络成为一些人放飞自我的舞台,也因为网络的不加约束,各种低俗文化借助网络有了生存的空间。网络文化的非理性特点有它的存在的合理性,但是借助非理性的网络使得网络文化不加约束,则不是文化健康发展的方式。

总之,网络文化既是一种文化类型,也是文化多元化的平台,网络文化的开放性、大众性、多元性、非理性等特点,决定了网络文化的产生既是文化发展的机遇,也给文化发展带来许多未知的因素。需要国家一方面借助网络促进文化的多元发展,给文化创作主体提供自由的发展空间,促进文化的繁荣和发展;另一方面国家需要加强对于网络文化的价值引领和规则约束,使网络文化能够健康发展。

第七章　当代中国的文化选择

习近平在党的十九大报告中指出，"中国特色社会主义文化，源自于中华民族五千多年文明历史所孕育的中华优秀传统文化，熔铸于党领导人民在革命、建设、改革中创造的革命文化和社会主义先进文化，植根于中国特色社会主义伟大实践。发展中国特色社会主义文化，就是以马克思主义为指导，坚守中华文化立场，立足当代中国现实，结合当今时代条件，发展面向现代化、面向世界、面向未来的，民族的科学的大众的社会主义文化，推动社会主义精神文明和物质文明协调发展。要坚持为人民服务、为社会主义服务，坚持百花齐放、百家争鸣，坚持创造性转化、创新性发展，不断铸就中华文化新辉煌。"①这里既谈到了当代中国特色社会主义文化的组成，又谈到了发展中国特色社会主义文化的原则和目标。

第一节　中华优秀传统文化的当代审视

中华优秀传统文化，主要是指中国传统社会形成的以儒家、道家文化为主体的思想文化体系，核心是其思想性和价值性。中华优秀传统文化的当代意

① 习近平：《决胜全面建成小康社会　夺取新时代中国特色社会主义伟大胜利——在中国共产党第十九次全国代表大会上的报告》，人民出版社 2017 年版，第 41 页。

义所要解决的问题是中华优秀传统文化作为中国文化和精神的根基,以什么样的方式和当代社会产生关联? 它们和当代社会主义核心价值是一种什么样的关系? 我国当代文化建设的核心是培育中国精神,当代中国精神既包括开拓创新的时代精神,也包括中华民族几千年来创造的自强不息、厚德载物的民族精神。中华优秀传统文化是中华民族几千年积淀流传下来的精神瑰宝,很多价值理念超越了历史时代,特别是对消解现代社会人的生存弊端具有现实的价值。无论是从文化传承的角度,还是从现代人发展的角度,中华优秀传统文化都应该被继承发扬。社会主义核心价值观是当代中华民族的精神追求,既要反映现代人的精神追求和人的全面发展的渴望,也蕴含着中华优秀传统文化的价值理念。对于中华优秀传统文化在社会主义核心价值观中的地位,习近平指出,"中华优秀传统文化是中华民族的精神命脉,是涵养社会主义核心价值观的重要源泉,也是我们在世界文化激荡中站稳脚跟的坚实根基。"[1]中华优秀传统文化在三层意义上和社会主义核心价值观形成关联,一是中华优秀传统文化关于人格完善的内容成为社会主义核心价值观的重要组成部分;二是中华优秀传统文化是丰富和滋养社会主义核心价值观的渊源;三是社会主义核心价值观的构建也成为传承和发扬中华优秀传统文化的平台。

一、 中华优秀传统文化在当代的应用源于它的伦理性与超越性

先秦思想奠定了中国传统文化的基础。先秦时期百家争鸣,儒家、道家、法家、墨家、名家、兵家、阴阳家等各家思想都是中国传统文化瑰宝的重要组成部分,但是,汉代以后,儒家思想成为统治阶级信奉的圭臬,一直延续到明清。因此,儒家思想成为影响中国和形成中国传统的最主要的文化根源。道家思想虽不占统治地位,但是一些文人雅士、乡野名流,在仕途不得志的时候往往

---

① 习近平:《在文艺工作座谈会上的讲话》,人民出版社 2015 年版,第 25 页。

选择道家作为独善其身的护身符,因此,道家在中国知识分子中也有重要的影响。在中国传统文化形成的过程中,影响最大、持续时间最长,甚至深植到民众生活骨子里的是儒家的思想。儒家的思想以孔子、孟子、荀子为代表,其中影响最为深远的是孔子的思想,孔子的思想又以《论语》为代表。从《论语》中,我们可以看到仁义道德的观念,君子的理想人格,为人处世的智慧,治理国家的观念,等等,包含着修身齐家治国平天下的很多道理。儒家的思想从为人处世、齐家治国延展开去,甚至把天下也看成是一个大家。因此,中国传统文化带有伦理性的特点。儒家以及道家思想还有一个非常重要的特点,就是对物质利益的超越。《论语》中谈到,"子罕言利",孔子注重礼仪教化、自身修养和道德人格的养成,很少谈物质利益,认为对物质利益的过多追求是小人的行为,"君子喻于义,小人喻于利"。而道家更愿意顺其自然,修养自身,其最高理想是上善若水,过简单自然的生活,不在乎物质利益的多少。所以,以儒道为代表的中国传统文化具有超越性的特点。

首先,中华传统文化具有伦理性特点。梁漱溟先生曾说,"中国是伦理本位的社会"①。何为伦理?"人一生下来,便有与他相关系之人(父母、兄弟等),人生且将始终在与人相关系中而生活(不能离社会),如此则知,人生实存于各种关系之上。此种种关系,即是种种伦理。""是关系,皆是伦理;伦理始于家庭,而不止于家庭。"②传统中国就是一个伦理社会,也可以说是社会关系的各个层面都充斥着伦理。

中国社会的伦理性表现在这样几个方面:第一,社会关系是家庭关系的延伸。西方社会,人一生下来也是有了与他相关之人,但是,为什么他们不是伦理社会?梁漱溟先生认为,西洋因为有集团生活,集团统制到个人,个人便要有自由和团体中的地位,所以个人人格便显现出来。中国缺乏集团生活,就凸显不出有关个人自由和地位的个人问题,而以家庭关系为主,并由此推广开

① 梁漱溟:《中国文化要义》,上海人民出版社2005年版,第70页。
② 梁漱溟:《中国文化要义》,上海人民出版社2005年版,第72页。

来。"家庭诚非中国人所独有,而以缺乏集团生活,团体生活与个人的关系轻松若无物,家庭关系就自然特别显著出来了。……在中国因缺乏集团生活,亦就无从映现个人问题。团体与个人,在西洋俨然两个实体,而家庭几若为虚位。中国人却从中国就家庭关系推广发挥,而以伦理组织社会,消融了个人与团体这两端。"①在家庭中,每个人又是以家庭伦理关系组织在一起,而家庭外的关系则是家庭伦理关系的延伸。

第二,伦理生活化。传统中国社会没有日常生活与非日常生活的分化,可以说整个世界就是一个日常生活世界,而所有的处事原则都是伦理关系的原则。伦理关系的外在化就是礼,礼的目的是保持社会的秩序。但是礼并不仅仅是维持社会秩序的工具,也是一种仪式。传统中国非常重视祭祀之礼,要有恭敬的态度,严格的程序,实际上是表达对死者的敬重和对祖先的追念,是对自己家族历史的追忆。祭祀之礼,实际上是一种传承,传承的是家庭和国家的历史。所以祭祀之礼表现的是礼,但是其内核是对历史的缅怀与继承。礼也是一种修养,"三人行必有吾师"是谦虚,诚实守信是真诚,"己所不欲,勿施于人"②是克己,"吾日三省吾身"③"见贤思齐焉,见不贤而内自省也"④是反思。传统社会的礼相当于现代社会的法,充斥与人生活有关的所有方面。礼之所以成为国民人格的组成部分,就是因为礼在生活中,礼的制度也创造了一种礼的生活。当礼成为约束民众生活的规范,当谦和、诚信、包容成为民众的生活习惯,这种习惯会成为家风,成为国风,成为文化。

第三,道德规范生活。从中世纪之后,西方以宗教规范人们的日常生活,而中国主要靠道德。从宗教的神秘性和非理性特点来看,梁漱溟先生认为,孔子"实是宗教最有力的敌人,因他专从启发人类的理性作功夫。"⑤"中国经书

---

① 梁漱溟:《中国文化要义》,上海人民出版社 2005 年版,第 70 页。
② 杨伯峻译注:《论语译注》,中华书局 2017 年版,第 175 页。
③ 杨伯峻译注:《论语译注》,中华书局 2017 年版,第 4 页。
④ 杨伯峻译注:《论语译注》,中华书局 2017 年版,第 55 页。
⑤ 梁漱溟:《中国文化要义》,上海人民出版社 2005 年版,第 94 页。

在世界一切所有的古代典籍中,具有谁莫与比的开明气息,最少不近理的神话与迷信。……从《论语》一书,我们更可见孔门的教法,一面极力避免宗教之迷信与独断,而一面务为理性之启发。"①"儒家没有什么教条给人,有之,便是教人反省自求一条而已。除了信赖人自己的理性,不再信赖其他。这是何等精神!人类便再进步一万年,怕亦不得超过。"②因为《论语》《道德经》等经典对中国人的理性早启,梁漱溟还把中国称为"早熟"的国家。教人反省达到仁义目标,这是道德,是个人自律之事,完全依赖人的理性。而宗教只要求人信仰,不要求反思,也不要思考怎么做,因为,上帝以教义的方式教给教民怎么做了,教民只需要恪守教义即可,不要问为什么。道德和宗教都教人向善,都具有维护社会等级秩序的功能,但是宗教的信仰和非理性色彩与道德的反省和理性色彩形成鲜明的对比。宗教的教化和道德的教化有什么区别呢?宗教的力量是借助外力,所以它一旦形成,就会有比较大的约束力。但道德的作用就不一样,道德没有外在的约束力,它靠的是内心对道德的认同,它要求助于人的理性,求助于人的情感认知,自己的行为遵循内心的指引按照礼的规定行事。道德的教化也是启发理性的过程。

其次,中华传统文化具有超越性特点。何为中华传统文化的超越性?人如何可以超越自己?超越性是指中国人努力塑造"君子型"人格的底气,"民族大义"为重的骨气,"知其不可为而为之"的勇气,"己欲立而立人,己欲达而达人"的改造社会的豪气。所以中国传统文化的超越性体现为注重精神自由和信念坚定,以天下为己任的豪情,它超越的是人作为肉体的物质性的存在。

第一,中华传统文化注重精神境界的提升,超越了时代。中国传统文化最重要的两个代表儒家和道家,其理想人格都注重精神境界的提升。儒家的精神境界的提升表现在对"仁"的追求,"仁以为己任","死而后已"③。君子志

---

① 梁漱溟:《中国文化要义》,上海人民出版社 2005 年版,第 94—95 页。
② 梁漱溟:《中国文化要义》,上海人民出版社 2005 年版,第 95 页。
③ 杨伯峻译注:《论语译注》,中华书局 2017 年版,第 115 页。

在谋道,甚至是"朝闻道,夕死可矣。"①正因为君子将追求"仁"作为自己的社会责任,因此他能够明白大义,"义"就是符合仁、礼的要求。君子可以"见危致命,见得思义"②。儒家和道家都在追求天下大道,儒家的天下大道是达到天下以德大治的状态,而道家的天下大道则是达到天下不治的"小国寡民"的状态。因此,儒家的精神追求体现为对天下苍生的责任和义务,道家的精神追求则体现为对审美境界的追求,享受人与世界的融合。《道德经》在多处对得道者的精神境界做了描述,如"含德之厚,比于赤子。"③道德涵养浑厚的人,就好比初生的婴孩;得道之人,大智若愚,没有世俗的欲望之争,就如婴儿般淳朴、单纯,是一种纯天然的状态。庄子在老子"道法自然"的基础上,提出了"天地与我并生,而万物与我为一"④的"天人合一"的境界。达到"天人合一"的境界,就"独与天地精神往来而不敖倪于万物,不遣是非,以与世俗处。"⑤因为他已经与天地融为一体,滋养万物就是天地的职责。因此,无论是儒家还是道家,其精神境界都体现为对天下大"道"的追求。中国传统文化中,理想人格"更多的是追求生命的感受,而不是生活的富足,生命的精神状态在整个生活中占有重要的地位。对于他们的理想追求来说,好的生活并不是要更多的物质方面的满足,而是对于自身道德修养和审美境界的追求。富足的生命比富足的生活更富足。"⑥这种精神追求超越了时代,无论是在哪个历史时期,都是中华人格的精华。

第二,中华传统文化强调有坚定的信念和志向,超越了历史。孔子说,"三军可夺帅也,匹夫不可夺志也。"⑦有志向是中国人的人格特点之一,一个

---

① 杨伯峻译注:《论语译注》,中华书局 2017 年版,第 51 页。
② 杨伯峻译注:《论语译注》,中华书局 2017 年版,第 281 页。
③ 陈鼓应:《老子今注今译》,中华书局 2020 年版,第 256 页。
④ 陈鼓应注译:《庄子今注今译》(上),中华书局 2020 年版,第 78 页。
⑤ 陈鼓应注译:《庄子今注今译》(下),中华书局 2020 年版,第 884 页。
⑥ 李霞:《生活方式的变迁与选择》,人民出版社 2012 年版,第 39 页。
⑦ 杨伯峻译注:《论语译注》,中华书局 2017 年版,第 136 页。

有志向的人,才有自己的独立人格和坚强的毅力。孔子的志向就是使天下人行仁义之德,他说,"德之不修,学之不讲,闻义不能徙,不善不能改,是吾忧也。"①因此,他能够做到"己欲立而立人,己欲达而达人"②。孟子更是将"大丈夫"气概发挥到极致,"富贵不能淫,贫贱不能移,威武不能屈,此之谓大丈夫。"③为什么富贵贫贱强力都不能使我屈服,就是因为心中有坚定的志向,使天下行仁政,为此目标舍弃生命也在所不惜。所以会"生亦我所欲也。义亦我所欲也;二者不可得兼,舍生而取义者也。"④能够把仁义看得比生命更重要,是因为他明白自己的历史使命,为了这个历史使命,他要磨炼意志,忍受各种苦难。"故天将降大任于是人也,必先苦其心志,劳其筋骨,饿其体肤,空乏其身,行拂乱其所为,所以动心忍性,曾益其所不能。"⑤孟子的"舍身取义"的精神和"大丈夫"气概,极大地影响了中国人的人格特点,即便是中国曾遭遇磨难,仍能信念不灭,重建辉煌。

第三,中华传统文化注重不受外物诱惑,超越了物质利益。儒家注重的是君子精神和道德境界的提升,贫穷不是他们忧虑的,物质生活也不是他们关心的,"君子谋道不谋食","君子忧道不忧贫"⑥。求道得道才是志士仁人的历史使命,"安贫乐道"是君子的美德,所以他们不会受到外物诱惑。而道家更是把外物诱惑和心灵的充实看作是互相对立的两面。老子认为,过多的外物诱惑会迷惑人心灵的真正需求,反而会使心灵更加空虚。"五色令人目盲;五音令人耳聋;五味令人口爽;驰骋畋猎,令人心发狂;难得之货,令人行妨。是以圣人,为腹不为目,故去彼取此。"⑦沉溺在难得之货的欲望之中,会妨害人

---

① 杨伯峻译注:《论语译注》,中华书局 2017 年版,第 95 页。
② 杨伯峻译注:《论语译注》,中华书局 2017 年版,第 93 页。
③ 杨伯峻译注:《孟子译注》,中华书局 2019 年版,第 152 页。
④ 杨伯峻译注:《孟子译注》,中华书局 2019 年版,第 293 页。
⑤ 杨伯峻译注:《孟子译注》,中华书局 2019 年版,第 331 页。
⑥ 杨伯峻译注:《论语译注》,中华书局 2017 年版,第 98 页。
⑦ 陈鼓应:《老子今注今译》,中华书局 2020 年版,第 98 页。

的行为。因此,圣人只求吃饱肚子而不追逐声色之娱,会选择简朴安定的生活方式。应该说,注重精神境界的提升和避免物质的诱惑是一致的,只有自身抵御住外物的诱惑,才会专注于大道的追求和精神世界的丰富;也只有精神境界提升了,精神的丰富和道德的完善才会让人有成就感和满足感,物质的欲望就会降到最低。只有超越物质利益的追求,才能保持精神世界的自由和丰富。

二、 对待中华传统文化要采取马克思主义的辩证思维方法

中华传统文化是中国人民的智慧和经验的总结,是塑造中国人格的精神力量。但是我们的传统文化思想有它产生的时代背景,其内容包含有恒久价值的人生智慧,但也有其历史的局限性。因此,我们对传统思想文化要有辩证的态度,"择其善者而从之,其不善者而改之"①,分析其思想文化内涵,吸取其智慧精华,对其具有时代和历史局限性的内容加以舍弃,从而将优秀传统文化纳入当代中国特色社会主义文化的建设内容中。为此,我们对待传统文化,要有辩证的分析方法和正确的判断标准。辩证地分析中国传统文化,要坚持这样几个原则:

一是历史性分析。所谓历史性分析,是指在分析传统文化思想价值时,要看这种思想或者理论反映的内容是否有特定的时代背景,是否仅适用于某些特定的时代。这种理论或者思想反映的是一般性的规律,还是某个特定时期的规律? 是为了人格完善,还是为了一定时期的统治秩序? 例如,西汉时期,汉武帝为了其专制主义中央集权政治的需要而尊儒黜道,于是,汉代大儒董仲舒提出"罢黜百家,独尊儒术"的大一统思想,认为要维护政治统一,必须在思想上统一,融会贯通了中国古典文化中各家各派的思想,构建了兼容诸子百家思想的新儒学体系,为当时及之后社会的稳定和发展作出了一定的贡献。董仲舒在先秦儒家思想的基础上提出了一套维护封建等级制度的三纲五常理

---

① 杨伯峻译注:《论语译注》,中华书局 2017 年版,第 103 页。

论。三纲五常作为一种道德原则和规范,渊源于孔子和孟子。孔子曾提出了"君君臣臣父父子子"和仁义礼智等伦理道德观念,孟子进而提出"父子有亲,君臣有义,夫妇有别,长幼有序,朋友有信"①的"五伦"道德规范。董仲舒按照他的大道"贵阳而贱阴"的理论,对五伦观念作了进一步的发挥,提出了三纲原理和五常之道。三纲即"君为臣纲,父为子纲,夫为妻纲",以此确立了君权、父权、夫权的统治地位,把封建等级制度作为宇宙的根本法则,从而奠定了从西汉到明清的封建思想的牢固基础。"五常"实际上是"三纲"的具体化。董仲舒认为,仁、义、礼、智、信五常之道是处理君臣、父子、夫妻、上下尊卑关系的基本法则,维持社会秩序和人际关系的基本规范。

对于"三纲无常",我们要历史的分析,既要看到它所起到的历史作用,同时也要看到这种思想的历史局限性。"三纲"是封建等级社会的产物,也是为维护封建等级社会服务的,对于这样的曾起过明确历史作用同时也有明确历史局限性的思想,由于它的基本价值和我们现代社会的平等、民主的思想是背道而驰的,因此也是我们要抛弃的。但对于"五常"思想,我们要辩证的分析。"仁、义、礼、智、信"里面的"忠君"思想,"三年无改父之道"的"礼",以及更多的反映等级性的"礼"都是具有封建性的因素,也不适应现代社会自然、平等生活的要求,应该予以抛弃的。但是"仁者爱人"的博爱思想,舍生取义、见利思义、见危授命的凛然正气,个人的道德修养,诚实守信,这些思想,在传统社会有它的作用,在现代社会仍然有它的价值。这些价值剔除里面所包含的历史局限性的内容,反而是今天的人们所缺乏的,应该加以学习和强化的。所以,对于这些思想,要坚持历史的辩证的分析,仅适用个别时代的思想要把他们放进历史的博物馆;而对于规范人的具体行为、和现代社会主流价值不冲突,而且是有助于人格完善的价值,是我们要继承发扬的。

二是现实性分析。所谓现实性分析,是指对待传统文化的内涵是否符合

---

①　杨伯峻译注:《孟子译注》,中华书局 2019 年版,第 135 页。

当代的社会实践需求,有利于当代社会发展和人的发展的价值观。例如,《道德经》包含的核心思想是顺应自然、无为而治。"圣人居无为之事,行不言之教;万物作而不为始,生而不有,为而不恃,功成而弗居。"①圣人顺应自然,以不言的方式实行教化,听任万物自然兴起,即便有功也不自居。"生而不有,为而不恃,长而不宰,是谓'玄德'"②,这种为天下人付出而不居功的无私的态度是最高尚的道德。人类的生存,无论是从类的角度,还是个体的角度,最初都是由自然演化而来,最终都回归自然。在个体生长的过程中,人的肉身及自然需求时刻要顺应自然的规律,太多或者太少,太精或者太粗,太奢华或者太欠缺,人的肉体都会受不了。从人类的角度,人类成长的每一过程,如果违背自然都会受到自然的惩罚,战争、疾病、过度地开发自然,都有可能使人面临灭顶之灾。从个体的角度来说,个体的童年是自然的,中年尊重自然才能健康,老年必须是顺应自然才能长寿。所以说,道家的顺应自然的道理包含着人类的大智慧,无论古代还是现代都有其价值。老子由顺应自然,提出无为而治,人要无为无争。老子提倡,"不尚贤,使民不争;不贵难得之货,使民不为盗;不见可欲,使民心不乱。是以圣人之治,虚其心,实其腹,弱其志,强其骨。常使民无知无欲。"③不贵难得之货、不显耀,虚其心,对抑制物欲的膨胀确实有作用;但弱其志,使民众回到无知无欲的状态,却是一种空想。老子的思想总的宗旨是一种回归,回归到婴儿般自然混沌的状态。民众的无为无争仅仅适用于老子理想的小国寡民状态,这种状态是以世界的大和平、互不干扰为基础的。但是,历史的发展早已打破了这种互不干扰的和平状态,我们国家的历史发展也已经用事实证明,我们无法关起门来过自己的小日子。于当今互相联系的世界,如果再提倡民众无知无欲无争,那国家和人民都无法获得发展的机会。

---

① 陈鼓应:《老子今注今译》,中华书局 2020 年版,第 56 页。
② 陈鼓应:《老子今注今译》,中华书局 2020 年版,第 241 页。
③ 陈鼓应:《老子今注今译》,中华书局 2020 年版,第 62 页。

　　再如,对于"礼"和"孝"的作用。孔子要恢复周代的"礼",目的是建立等级分明的社会秩序,礼在当时起到规范和区分的作用,礼作为规范不同等级的人的规则,作为规范不同行为的规则,对于维护传统社会的秩序起到了重要的作用。当代社会,我们是否要继续沿用传统社会的"礼"呢? 我们认为,要进行辩证分析。首先,作为区分社会等级的"礼"的那些繁文缛节,已经失去了它的适用环境和作用。现代社会既不是等级社会,那些繁文缛节也不适合现代社会的快节奏,因此,那些起区分作用的"礼"就应该当作历史的遗物放在历史的展览馆里,作为历史回顾的素材。而"礼"代表的另一层含义——礼仪,却是我们应该继承其内涵和形式的。例如,尊师重教,父慈子孝兄友弟恭等,这些内容是我们礼仪文化的精华。西方保持的绅士传统就是一种礼仪,代表的是一种贵族修养。礼仪实际上是一种高贵的东西,它代表的是一种文明,尊重别人、尊重自己的修养。当尊敬老师、尊敬父母、尊重其他人成为一种气候时,这个社会才会弥漫着文明的气息。所以,作为文明修养的礼仪,我们应该继承,作为日常行为的规范自觉地进行实施,这是对传统文化应有的态度。再有,关于"孝",孝是礼的组成部分。传统社会是一种慢社会,生产力水平低下,几十年、几百年,甚至几千年的社会环境也不会有太大变化,因此,要求"父母在,不远游,游必有方。"①是因为按那时的条件,一旦远游,可能无法孝敬父母。但是现代的交通和通信条件使得远游不是困难的事情,也不会因为不时的远游而失去孝敬父母的机会。"三年无改于父之道,可谓孝矣。"②儿子只能继承父亲的遗志,不能修改,这种绝对的服从,阻止了下一代前进的步伐,使社会失去了改革和发展的可能性。所以,这种绝对服从的"孝"就是愚孝。"百善孝为先",尊重父母、孝敬父母是每一个孩子都应该做的,这也是中国文化与西方文化不同的一点。但是,关于愚孝的一些观念,是要加以修正的。我们要继承的"孝"的精神应该包括,让父母免去衣食之忧,在态度上尊敬父母,

---

　　①　杨伯峻译注:《论语译注》,中华书局 2017 年版,第 56 页。

　　②　杨伯峻译注:《论语译注》,中华书局 2017 年版,第 9 页。

考虑父母的感受,让父母在精神上愉快。因此,要对传统文化中的思想价值加以辩证的分析,根据时代的需要和人的发展需要确定传统文化的当代价值。

三是价值性分析。所谓价值性分析,是指在分析传统文化思想价值时,要看这种思想或者理论反映的内容的价值内涵是什么? 它所起的是什么样的作用,是积极的还是消极的? 是仅仅为了某个或者某些特殊群体的利益还是为了所有人的利益? 价值性分析的标准是对于人的发展,体现为人追求的三个方面,就是真善美。对于真的内容,如《道德经》中丰富的辩证法内容,事物的矛盾统一关系,人与自然的统一性,这样的内容反映的是客观事物发展的普遍规律,包含着真理性认识,对我们正确处理人与自然的关系,处于人与自身的关系都有很重要的借鉴意义。关于善,老子谈到的人的最好的状态就是"上善若水。水善利万物而不争,处众人之所恶,故几于道。居善地,心善渊,与善仁,言善信,改善治,事善能,动善时。夫唯不争,故无尤。"[1]最善的人,对万物有利而不争功。这里老子的"善",相当于古希腊亚里士多德所说的"完美"。但是,老子的善注重的是心地、信用和能力等精神要素。孔子谈到的仁、义、礼、智、信,仁的核心内容是"仁者爱人";义就是"宜",合适,每个人都应该做分内之事;礼就是礼仪、仪式;智就是知识、智慧,要善于学习,掌握为人处世的智慧;信就是诚实、信用,做人、做事都要讲究诚信。这些善的内容排除维护等级秩序的内容,是有利于当代社会人格完善和社会风气改善的,需要我们继承发扬。关于美,包括修养的美、为人处世的艺术以及身心的自由。儒家的美不是单纯的形式美,儒家关于美的内涵离不开善的内容。例如,孔子认为,"文质彬彬,然后君子。"[2]质是指朴实、自然的品德,文是指文采,就是语言要经过修饰。作为完美人格的君子,既要是善的,也要有文采,就是有知识。还有关于音乐的欣赏,孔子在齐国听到了韶乐,"三月不知肉味。"[3]说明音乐欣赏给

---

① 陈鼓应:《老子今注今译》,中华书局 2020 年版,第 81 页。
② 杨伯峻译注:《论语译注》,中华书局 2017 年版,第 87 页。
③ 杨伯峻译注:《论语译注》,中华书局 2017 年版,第 100 页。

人极大的精神满足感。还有为人处世的艺术,讲究中庸之美,中庸就是适度,情感、欲求、行为都必须适度。态度严厉、样子凶猛,都是"过"的,当然,"不及"同样是不可取的,只有适度才是最好的。这些内容,对于当代人的修养也是具有重要的意义。

"儒家是以入世的生活态度,把道德境界视为人生的最高理想;道家的'法自然''天人合一'的境界超越了道德的境界,是一种审美的境界。美的境界是一种自由的境界,以达到自我欣赏的诗意的境界为目标。"①也可以说,道家的社会理想就是一种自然美,而人格理想就是自由之美的上善之人。老子认为,得道之人,就如婴儿般纯真自然,"常德不离,复归于婴儿。"②"含德之厚,比于赤子。"③庄子提出了"天地与我并生,而万物与我为一"④的"天人合一"境界,这是一种自由的境界。自由的精神就表现在庄子的"有待"与"无待"之说中,庄子在《庄子·逍遥游》中说"夫列子御风而行,泠然善也。……此虽免乎行,犹有所待者也。若夫乘天地之正,而御六气之辩,以游无穷者,彼且恶乎待哉? 故曰:至人无己,神人无功,圣人无名。"⑤乘风而行,自由如风,但仍"有所待",还要借力,还不算是自由自在。就像世俗之人,获得了功名、利禄,满足了自己越来越多的需求,好像这就是自由自在了,但是,这种自由自在是建立在功名、利禄基础之上的,不是真正的自由自在。只有不受制于"有待"——即有所得——的限制,才是真正的自由自在,这就要求"无所待",不依赖于任何外来的东西。如果能"乘"天地之正气,游于无穷,即顺乎自然法则,与天地合一,不受世俗间利益羁绊,才是真正的自由和逍遥。"圣人""至人""神人"就是这样的自由之人。庄子所主张的天人合一的境界就是精神审美的态度,人顺应自然法则,才能自由。"审美是一种物我合一的状态,只有

---

①　李霞:《生活方式的变迁与选择》,人民出版社 2012 年版,第 33 页。
②　陈鼓应:《老子今注今译》,中华书局 2020 年版,第 163 页。
③　陈鼓应:《老子今注今译》,中华书局 2020 年版,第 256 页。
④　陈鼓应注译:《庄子今注今译》(上),中华书局 2020 年版,第 78 页。
⑤　陈鼓应注译:《庄子今注今译》(上),中华书局 2020 年版,第 17 页。

物我合一才会有审美。"①当然,如果是没有任何欲求的纯粹的顺应自然可以说是人的一种原生状态,这种理想具有幻想性。但是道家主张超越物质利益和功名利禄的约束,追求精神自由的审美态度,对执迷于物质和功名而不能自拔的现代人确实有启示意义。被物质和功名缠绕的生活状态不可能是自由的,不可能是放松的。追逐物质功名的压力,也是现代人产生更多精神疾病的原因。这些内容对于当代人追求更高的精神境界和审美境界同样具有意义。

三、 优秀传统文化当代价值的判断标准

与坚持历史性分析、现实性分析和价值性分析的原则相一致,衡量优秀传统文化的当代价值,还应该坚持几个现实的标准,即是否有利于人的全面发展,是否有利于中国特色社会主义现代化实践,价值导向是否和社会主义核心价值观协调一致。

首先,标准之一:是否有利于人的全面发展。传统文化的产生有它的历史需要和价值,其主流意识形态主要是为了维护等级秩序,例如"礼"制。但也有很多内容不仅仅具有维护社会秩序的目的,还有促进人的发展的作用,而且这种作用是持续的,尤其是关涉到人的修养、学习、交友等内容,这样的内容成为国民人格的组成部分。例如,关于促进人学习反思的内容,"吾日三省吾身"②,"不患人之不己知,患不知人也。"③"见贤思齐焉,见不贤而内自省也。"④这种反思的态度在任何时代都是人学习进步所必需的。要学与思结合,"学而不思则罔,思而不学则殆。"⑤"温故而知新"⑥,不要被动地学习,而

---

① 李霞:《生活方式的变迁与选择》,人民出版社 2012 年版,第 37 页。
② 杨伯峻译注:《论语译注》,中华书局 2017 年版,第 4 页。
③ 杨伯峻译注:《论语译注》,中华书局 2017 年版,第 13 页。
④ 杨伯峻译注:《论语译注》,中华书局 2017 年版,第 55 页。
⑤ 杨伯峻译注:《论语译注》,中华书局 2017 年版,第 23 页。
⑥ 杨伯峻译注:《论语译注》,中华书局 2017 年版,第 22 页。

要主动地思考,思考的过程才能发现问题,才会促进更好地学习。同时,要有谦虚的美德,"三人行,必有我师焉;择其善者而从之,其不善者而改之。"①不断地学习,人会不断地接近完美。关于交友,"益者三友,损者三友。友直,友谅,友多闻,益矣。友便辟,友善柔,友便佞,损矣。"②同正直的人、诚信的人、同见闻广博的人交友,是有益的。同惯于走邪道的人、善于阿谀奉承的人、惯于花言巧语的人交朋友,这是有害的。近朱者赤近墨者黑,和有益的人交朋友,人就会变得越来越好,同有害的人交朋友,人就沾染上不好的品质。这些为人处世之道,对于所有的时代都是有价值的。这些不断反思修养、学习的态度,向善的生活态度,对于人的发展是有益的,任何时候都应该坚持的。当然还有其他关于人生修养的内容,都值得我们继承发扬。传统文化的思想价值只要是有利于人的发展的,我们都应该传承。这些文化也是世界文明的重要财富。

其次,标准之二:是否有利于中国特色社会主义现代化实践。我们现在进行的是中国特色社会主义现代化建设实践,它的核心目标是实现中华民族伟大复兴,具体表现是国家富强和人民幸福。我们所要继承的传统文化也必须能促进这一目标的实现。要到"世界大同"时期,我们可以"无为而治",但是现在,为了国家的发展,就得"有为而治",当然,这个有为不能是执政者的随意"为政",而是有原则、有计划、有目的为政。要坚持"为政以德"③,执政者和管理者要有德治意识。虽然现在是法治社会,但是单纯的依靠法律,会大大地加大社会治理成本。对民众进行道德教化,使民众自觉进行道德修养,会促进法治目标的实现。另外,中国是一个人情社会,实行法治需要排除人情的因素,但是并不是所有的人情都与法律相悖,如婚姻家庭法中就包含着合法的人情,道德中也包含着人情温暖,这是中国文化中的特点之一。法治辅以德治,

---

① 杨伯峻译注:《论语译注》,中华书局 2017 年版,第 103 页。
② 杨伯峻译注:《论语译注》,中华书局 2017 年版,第 249 页。
③ 杨伯峻译注:《论语译注》,中华书局 2017 年版,第 14 页。

社会的运作成本就会降低,社会也会包含温情。同时,为官者自身要有较高的德性修养,"君子之德风,小人之德草。草上之风,必偃。"①为官者言行要有正气,以自身的行为影响社会风气的好转。再有就是选贤任能,让有能力的人有发挥作用的平台。"举直错诸枉,则民服;举枉错诸直,则民不服。"②把正直无私的人提拔起来,把邪恶不正的人置于一旁,老百姓就会服从了;把邪恶不正的人提拔起来,把正直无私的人置于一旁,老百姓就不会服从了。还有民本思想,要把老百姓的幸福和利益放在前面,"君子惠而不费,劳而不怨,欲而不贪"③,要给老百姓恩惠,不要自己贪图财利。这些有利于、有助于当代中国特色社会主义的发展的德治思想、民本思想的核心,我们要继承。

最后,标准之三:价值导向是否和社会主义核心价值观协调一致。社会主义核心价值观是中国特色社会主义的主流价值观,包含不同层次的内容,富强、民主、文明、和谐,是国家的奋斗目标;自由、平等、公正、法治,是社会的价值取向;爱国、敬业、诚信、友善,是公民个人的道德准则。个人层面的道德准则,也可以说是传统文化价值在当代的体现。自从秦汉以后,中国一直是包含多个民族的统一国家,正是因为中华文化,才把不同的民族融合在一起;也正是因为优秀的传统文化,才使得我们的中华民族成为伟大的民族,我们爱国,就包括爱我们优秀的传统文化。"学而不厌,诲人不倦"④是为师的职业道德,敬业的典范;"炮制虽繁必不敢省人工,品味虽贵必不敢减物力"的古训,是我们当代敬业文化的基础。诚信、为人友善是传统文化中为人处世最重要的内容。社会层面的价值取向,自由、平等、公正、法治,其中自由、平等、法治,是现代社会的价值,公平公正是传统社会的理想,但不是传统社会的主流价值,因为传统社会是等级社会,它所推崇的"礼"恰恰要维护统治者的特权和利益。

① 杨伯峻译注:《论语译注》,中华书局 2017 年版,第 183 页。
② 杨伯峻译注:《论语译注》,中华书局 2017 年版,第 26 页。
③ 杨伯峻译注:《论语译注》,中华书局 2017 年版,第 296 页。
④ 杨伯峻译注:《论语译注》,中华书局 2017 年版,第 94 页。

我们要继承的传统文化其价值内涵不能与自由、平等、公正、法治相违背,有助于推动这些价值的文化内容,我们要借鉴和学习。国家层面的奋斗目标,富强、民主、文明、和谐,其中,富强、民主是我们的奋斗目标,也是现代社会的价值。传统的小富即安或者"小国寡民"的思想不符合我们的努力目标,是要抛弃的。文明既包括礼仪文明,也包括科技文明,礼仪文明是传统社会的优点,我们要学习,科技文明我们要努力。还有精神文明,如确立社会主义理想信念,提高道德素质等。和谐是传统文化的内容,我们的传统文化,既强调人与自然的和谐,也强调社会的和谐,对于我们处理好和整个世界的关系是非常有益的价值。总之,传统文化是否要传承,在价值上的判断标准就是,凡是和社会主义核心价值观协调一致的传统文化就值得传承和发扬,否则就要抛弃或者修改。

四、 中华优秀传统文化与社会主义核心价值观的内在统一性

中华优秀传统文化,是指那些与社会主义核心价值观协调一致、能够促进人的全面发展、有利于中国特色社会主义实践特别是有助于中国特色社会主义文化建设的传统文化因素。中华优秀传统文化,是创造中国特色社会主义文化的基础和根源,与当代社会主义核心价值观具有内在的一致性。表现在这样几个方面:

(一) 优秀传统文化与中华民族精神和人格的融合

社会主义核心价值观是当代中国特色社会主义实践的价值取向,它对于中国特色社会主义文化建设的发展,对于当代中国国民人格的养成,都起着重要的导向作用。改革开放以后,我们国家加强和世界各国的交流,经济有了突飞猛进的进步,文化越来越丰富,民众的思维和行为也渐渐抛弃了小农经济的模式,逐渐成为具有现代思想和开放意识的新型公民。但是,经济的发展、文化的繁荣、社会开放的同时,我们的社会也告别了单纯的文化价值模式,思想

意识变得多元多变。由于思想政治教育的弱化,民众的道德修养反而落后了,甚至一些传统的优良美德也被抛弃,整个社会的文明风气比起改革开放之前没有进步,反而是倒退。因此,在新形势下,积极培育和践行社会主义核心价值观,对于巩固全国人民团结奋斗的共同思想基础,促进人的全面发展,引领社会风尚,具有重要现实意义和深远的历史意义。

优秀传统文化的当代传承对于社会主义核心价值观的培育和践行起着不可或缺的作用,因为,优秀传统文化与社会主义核心价值观有着文化的相通性。从提升民族和人民的精神境界看,社会主义核心价值体系是精神支柱,是行动向导。我们要树立中国特色社会主义理想信念,实现中华民族伟大复兴的中国梦,需要中华民族的每个成员都要具有独立的人格、努力奋斗的精神和持之以恒的毅力。从社会发展的角度看,我们国家的发展和世界的发展是一致的,需要我们有包容的气度和天下的胸怀。从人的发展的角度看,现代人不仅需要现代的科技文明和平等、民主、法治的精神,也需要道德人格的修养。从文化发展的角度看,我们不仅需要当代多彩的文化形式,也需要吸收传统的美学修养,现代人具有了发展的快速度,但是却缺少慢生活的文化欣赏修养。传统文化中关于人格的修养、天下胸怀、爱人的气度、美学的修养,和现代人的精神需求和文化需求都是相合的,而且能够在很多方面可以弥补现代生活的缺陷和不足,如现代人的急功近利,快节奏的紧张生活,物质的不可遏制的欲望等。传统文化和当代文化需求的相通性,使得我们可以从传统文化中吸取很多有利于促进人的发展的因素,其中关于人的生存智慧的内容尤为值得借鉴。

以儒家和道家为代表的传统文化,始终围绕着人应该怎样活着才好这样一个根本性的问题。儒家和道家的核心思想都是在探讨人怎样活着的问题,儒家侧重的是人之道——人与人的社会关系,道家侧重的自然之道——人与自然的关系,包括人与环境自然的关系,也包括人与身体自然的关系。传统文化中还有诗词歌赋等内容,诗词歌赋实际上是运用语言进行情感和故事的美学表达,是人的更高的美学追求。从精神性成果来说,文化是人的精神表达,通过探讨人的理想信念、完美人格、为人处世、治国理政的理论,创造一种有价值的文化性存在。当然,有些内容因为时代的局限性,如消极无为的生活态度,对当代人的发展无益而被抛弃。但是,传统文化中关于为人处世和人性的很多理论,超越了特定的时代需要,是任何时代人生活都要面临的问题,这些理论的价值具有超越时代和地域的普遍性价值。例如,"文质彬彬"的君子人格,"见贤思齐,见不贤而内自省"的反思型行为模式,"学而不厌,诲人不倦"的敬业态度,"己所不欲勿施于人"的自我要求,以及"己欲立而立人,己欲达而达人"和"穷则独善其身,达则兼济天下"内圣外王模式,"富贵不能淫,贫贱不能移,威武不能屈"的大丈夫气概,"益者三友,损者三友"的交友原则;道家"上善若水"的理想人格,"为腹不为目"的生活方式,"贵身爱身""宠辱不惊"的尊严人格,"生而不有,为而不恃,功成而弗居"的无私胸怀,"柔弱胜刚强"的为人处世艺术,"治大国若烹小鲜"的治国之道,"江海之所以能为百谷王者,以其善下之"的胸怀,等等。这些关于人的生存智慧和人生修养的思想是对人的普遍性要求,早已超越了历史的限制。这些思想包含着极高的人类智慧,至今无法超越。

(二) 路径和方法的一致性——优秀传统文化与现代人生活的融合

近代以后,中国的传统文化遭受过两次毁灭式的打击,一次是 1919 年五四新文化运动前后,经过新文化和旧文化的争论,中国的传统文化不敌来自西方的民主和科学,在寻找中国出路的比较中败下阵来。在帝国主义的坚船利炮和科技文明面前,封建体制不堪一击,封建传统也成为旧文化的代名词。可以说,在推动国家现代化的作用上,以封建礼制为代表的传统文化在和先进的科技文明和西方民主体制的较量过程中,始终处于劣势。因此,传统文化被否定也是历史的潮流发展所致。新中国成立以后,我们以国家的力量逐渐建立了社会主义新文化和新的民主传统,传统文化仍然不在文化的前台。对传统文化的第二次冲击是"文化大革命",自上而下的对传统文化的否定,从有形的文化藏品、文物、文字书画,到无形的文化观念,凡是与传统文化有关的都被冠之以封建的毒草被否定、破坏。历史上这两次对传统文化的否定,对我国传统文化的打击可谓深重,以至于代表历史的很多文物、建筑被毁坏,传统文化的价值被否定。直到改革开放以后,中国的经济逐渐发展,然而人文素养却堪忧,更严重的是整个社会风气败坏,人与人关系紧张而冷漠。这个时候,我们才反思我们对传统文化的态度,重新评价传统文化的历史价值和现实意义,特别是反思传统文化中所包含的人文价值。我们发现,传统文化其实一直内化到我们的生活习惯中。我们实行了计划经济,甚至农村一度也打破了家庭的经济单元,过上了集体生活。在城市、工厂,更是集体生活为主。但是,中国重家庭、重人情的特点没变。对传统文化的束缚一旦取消,对传统文化的热爱就像雨后春笋一样勃发起来。这说明传统文化的根一直都在,一旦获得重生的机会,传统文化很快又会发展起来。

为什么传统文化如此根深蒂固?是因为传统文化已经被生活化,成为民众日常生活的组成部分。传统文化的观念"三纲五常"通过对民众的教化以及日常行为规范化,而逐渐成为人们日常生活的观念和行为模式。"三纲"作为封建社会的制度,从政治生活延伸到日常生活中,作为总的指导原则控制着这些关系的方方面面。"仁义礼智信"作为"五常"的内容,实际上是为人处世的基本规范。在传统社会,"五常"的核心是"礼",目的是为了维护社会的稳定和人际关系的和谐。"三纲五常"通过长期的教化和在现实生活中的实施,已经成为规范民众所有人际关系和日常生活的准则。具体到它们的作用,既有积极作用,也有消极作用。积极作用是,对塑造中华民族性格起积极作用,如重视意志的力量,注重精神气节,品德养成,节制修养,自强不息,强调人的社会责任和历史使命等;消极作用是用三纲五常维系专制统治,压抑、扼杀人们的自然欲求。如果抛弃"三纲五常"中维护等级秩序的消极因素,关于"仁义礼智信"的"五常"内容还是有很多可取之处,如"仁者爱人"的胸怀,维护民族大义的气节,礼仪修养的雅致,为人处世的智慧,特别是为人的诚信原则,这些都是我们现在缺少而急需努力改善的。

现代人的生活是一种什么状况呢?为了所谓更好的收入和因为收入带来的更好的生活,几乎所有的人都在努力。紧张,压力,学习,快餐,信息爆炸,加班,熬夜,快节奏的生活实际上是在透支每个人的生命,我们看似获得了高的收入,丰富的物质生活,汽车、房子、衣服、饮食,似乎我们享受了前人无法享受的东西,还有各种休闲活动,但实质上,就我们自身生命的真正需求来说,这些东西已经远远超出了我们生命的负荷。我们貌似在享受丰腴的物质生活,貌似我们有了更多的自主性,有多种的可能性选择,但是,实际上,我们在被紧张的社会氛围牵引着,自身的生命远远不能负荷这种高强度的生活节奏。所以,现代人虽然物质生活丰富了,但是我们的生命并没有真正的自主,我们的生命质量并不是和物质生活一并提高的。现代人恰恰需要细细品味传统文化中所包含的生命味道。我们需要从传统文化中吸取雅致、豁达、宽容、自然、智慧的因素,将这些传统文化的韵味中和现代人的生活节奏,更好地提高我们生命质量。

(三) 优秀传统文化与现代文化的融合

文化既是一个民族的生活方式,也是一个民族的精神标识和内涵。一个民族根据自己的生活习惯和智慧,逐渐创造、积累文化并一代代传承下去,形成了一个民族特定的文化内涵。正是有了特定的文化内涵,民族才有了特定的标识。优秀传统文化的传承发扬,一方面要深入到当代人的日常生活和行为中,另一方面是融合到当代文化形式中。

我们的优秀传统文化以哪些方式存在呢?第一种是以历史文化存在,作为历史记忆记录中国的历史。例如各朝各代的货币、器具、饰品、建筑等,作为了解中国历史的标志,这一类别有很多东西在市场上可以流通,实现它的收藏和经济价值。这属于历史文化层面。第二种是不仅具有历史的价值,更具有美学价值,同时还作为一种活的文化成为中华文化的代表,如书法、国画等。第三种属于优秀传统文化的精华,具有美学价值或者思想价值,这种文化形式虽然属于历史的文化,但是它们的文化内涵早已超越了时代,甚至现代人更需要在其中汲取文化和价值的修养,这就是古诗词和哲学经典。中国的古代诗词具有中国独特的语言美和韵律美,但是古诗词的美始终没有在当代充分展现。只有很少的古诗词爱好者懂得诗词的韵律,绝大多数人不懂韵律,当然也就无法欣赏诗词的美。这样的带有韵律美的诗词完全可以和现代音乐结合,创造出中国原创音乐的一种独特方式。可以举行中国诗词原创音乐大赛,从而推动诗词美的欣赏和诗词美的普及。当然,也可以将中国诗词的因素融入进音乐剧的方式,或者有专门的诗词文化专栏,不以收视率为评价标准,纳入优秀传统文化工程。古代的哲学经典包含着丰富的思想价值内涵,电视台可以经典阅读、传统文化专栏,将哲学家、思想家人物电视剧、电影,融入我们文化创作的计划中。社区等基层单位可以举经典文化朗读大赛等评选活动,或者是美德、美言、美行评比活动,将学习传统文化和现代文化结合起来,使民众的言行更文明、更优雅。可以探索传统文化和现代文化的多种融合方式,可以举办专门的中国音乐风大赛,诗词、绘画比赛等,在传统文化和现代文化的融合中,让国人感受到中国文化的美,欣赏中国文化的美,从而更加增强我们的历史自信和文化自信。

五、 优秀传统文化现代转化的路径选择

(一) 优秀传统文化现代转化的"顶天立地"设计

优秀传统文化的现代转化是一项系统工程,需要国家、社会、个人各个层面都参与进来才能完成。优秀传统文化的现代转化也是一项实践性工程,需要踏踏实实地落实到国家政策、法律保护以及民众的日常生活实践中。所以,

必须要有从国家到社会和个人层面的"顶天立地"的设计和实施。2017 年 1 月 25 日,《关于实施中华优秀传统文化传承发展工程的意见》(以下简称《意见》)发布,对于中华优秀传统文化传承发展的重要意义、基本原则、总体目标、主要内容、重点任务等做了明确的说明。可以说,我们国家已经完成了关于优秀传统文化传承的顶层设计工作,下一步的工作就是全面落实《意见》的文件精神。

从顶层设计的角度,传统优秀文化传承应该做哪些工作呢? 首先是要做好优秀传统文化传承的方向指导。我们传承优秀传统文化,不是为了传承而传承,传的目的是为了创造中国特色社会主义文化。中国特色社会主义文化包括哪些要素呢? 首先,立足于中国特色社会主义实践,牢牢把握社会主义先进文化前进方向,立足于巩固马克思主义在意识形态领域的指导地位,弘扬社会主义核心价值观。这是文化传承和创造的基本方向。其次,要坚持以人民为中心的价值导向。任何精神文化要传承下去,都必须要最终落实为人民的精神追求和行为习惯,因此,文化传承要依靠人民。国家要做的工作是以宣传、组织、政策、法律、奖励等措施保障文化传承工作的落实,构建文化传承的系统工程。由专家学者将传统文化思想价值进行甄别、提炼,然后通过教育、宣传、文化作品、环境设计等内容,将优秀传统文化融入人民生活的方方面面,形成优秀传统文化涵养育人的教育和社会氛围,"把跨越时空的思想理念、价值标准、审美风范转化为人们的精神追求和行为习惯"①,形成向上向善的社会风尚。再次,要坚持创造性转化和创新性发展的原则。每个时代有每个时代的文化形式,要使优秀传统文化的内容成为中国特色社会主义文化的组成部分,必须对其进行创造性转化和创新性发展。创造性转化是指,将优秀传统文化的内容运用现代文化形式,如优秀传统文化的电影、电视、话剧、音乐、舞蹈等形式,所谓新瓶装旧酒,但这种旧酒应该是更有价值的陈年老酒;或者是

---

① 《中共中央办公厅、国务院办公厅印发关于实施中华优秀传统文化传承发展工程的意见》,《人民日报》2017 年 1 月 26 日。

赋予优秀传统文化的形式以新的内容,从而创造出新的东西,如用古诗词韵律描绘现代的生活,会使我们的生活更雅致,这叫旧瓶装新酒,一样会产生别样的风采。而创新性发展是指,对于优秀传统文化的内容,结合当代中国特色社会主义和现代化的发展,进行改革创新。如关于节日文化的内容,仍然要传承节日原有的意义,可以加上现代人的愿望加以创新,如正月十五元宵节,灯会灯谜的内容可以包罗万象,更新一些现代生活的内容,包括网络用语,那会别有情趣,也会增加年轻人的参与度。还有创新礼仪文化等。就像《意见》指出的,要坚持辩证唯物主义和历史唯物主义,秉持客观、科学、礼敬的态度,取其精华、去其糟粕,不断将优秀传统文化赋予新的时代内涵和现代表达形式①,使中华民族最基本的文化基因与当代文化相融合。最后,坚持文化交流、借鉴包容,积极参与世界文化的对话交流,吸收借鉴国外优秀文明成果,不断丰富和发展中华文化。我们国家的传统文化丰富发展的过程,就是包容、学习外来文化的过程。在当代,在传承发展优秀传统文化的过程中,更不能闭门塞车,要分析国外文化,将其有益的经验和形式借鉴过来,或者将传统优秀文化与现代文化相融合,将中华优秀文化介绍到世界,使世界更全面、更客观地了解中国。

《意见》确立了优秀传统文化传承的总体目标,即"到 2025 年,中华优秀传统文化传承发展体系基本形成,研究阐发、教育普及、保护传承、创新发展、传播交流等方面协同推进并取得重要成果,具有中国特色、中国风格、中国气派的文化产品更加丰富,文化自觉和文化自信显著增强,国家文化软实力的根基更为坚实,中华文化的国际影响力明显提升。"②《意见》从建设社会主义文化强国的高度对优秀传统文化传承工作进行了顶层设计,并对如何完成顶层

---

① 《中共中央办公厅、国务院办公厅印发关于实施中华优秀传统文化传承发展工程的意见》,《人民日报》2017 年 1 月 26 日。

② 《中共中央办公厅、国务院办公厅印发关于实施中华优秀传统文化传承发展工程的意见》,《人民日报》2017 年 1 月 26 日。

设计的工作提出了具体的指导意见。包括,首先要深入阐发文化精髓,这是文化传承和发展的第一步,要分析、甄别出中华优秀传统文化中最核心和最有当代价值的内容,使这些有价值的核心内容成为中国特色社会主义文化的特色,要通过深入阐发中华文化的精髓,"着力构建有中国底蕴、中国特色的思想体系、学术体系和话语体系。"①还要求把中华优秀传统文化贯穿国民教育始终,保护传承文化遗产,要利用中华文化资源滋养当代文艺创作,将中华优秀传统文化内涵融入生产生活各方面,推动中外文化交流互鉴,等等。《意见》对中华优秀传统文化传承部署就是一项系统性工作,既有顶层设计,也有"入地"的具体实施安排。

(二) 优秀传统文化的教育化路径

传统文化的传承自然离不开教育,而且最有效的路径也是教育。传统社会中,传统礼仪和文化的教育主要是通过私塾教育,但对于更多的没有条件上私塾的孩子来说,就是通过家庭中父母和其他上辈人的言传身教。一旦孩子从小接受了传统文化的教育,传统文化的思想就会影响他的一生。当然,各个教育阶段的连贯性教育才能使青少年认识到优秀传统文化的价值和重要性。传统文化在涵养性情、道德修养方面具有现代文化形式所没有的优势和价值。因此,对传统文化的教育不能仅仅设立独立的传统文化课程,而是应该贯穿于各种教育课程中。由于我们国家很长时间忽视了传统文化的教育,以至于我们好几代人所拥有的传统文化素养很差。我们父辈的一个高小毕业生就能写出很漂亮的毛笔字,而现在,一个博士生未必能写出好看的钢笔字。所以,《意见》提出一个重要任务,传统文化传承要"贯穿国民教育始终","把中华优秀传统文化全方位融入思想道德教育、文化知识教育、艺术体育教育、社会实践教育各环节,贯穿于启蒙教育、基础教育、职业教育、高等教育、继续教育各

---

① 《中共中央办公厅、国务院办公厅印发关于实施中华优秀传统文化传承发展工程的意见》,《人民日报》2017 年 1 月 26 日。

领域。""推动高校开设中华优秀传统文化必修课,在哲学社会科学及相关学科专业和课程中增加中华优秀传统文化的内容。"①同时要将中华优秀传统文化融进校园文化,"推进戏曲、书法、高雅艺术、传统体育等进校园,实施中华经典诵读工程,开设中华文化公开课"②,等等。中华优秀传统文化应该作为幼儿、小学、中学甚至是高校思想道德教育和文化教育的重要内容,如书法课、诗词朗诵要作为中小学教育的基本课程,举办书法比赛、诗词朗诵大赛,形成学习书法、欣赏诗词的氛围,让学生感受书法的美,感受诗词的魅力,让学生通过熟读诗词形成诗书之气。大学可以设立戏曲、音乐欣赏的选修课。中华传统美德则应该是各阶段思想道德教育的内容,使中华优秀传统美德融进老师和学生的日常行为中。还可以举办关于优秀传统文化的专题实践课程。同时,在高校,设立专门的中华优秀传统文化课程,进行经典讲座,使优秀传统文化成为我们学校教育的特色之一。通过优秀传统文化的教育,可以涵养我们的情志,提高文明素养,促进优秀传统文化的发扬,更可以抵御现代社会浮躁功利之气。

(三) 优秀传统文化的艺术化路径

优秀传统文化中有很多艺术化的资源,如具有韵律美、语言美的古诗词是音乐、舞蹈、绘画艺术的资源,历史人物、文人雅士是电影、电视剧的创作资源。艺术是人们对美的追求,无论在什么时代,人们在解决基本的生活之后,都会产生对美的追求,既包括视觉美的绘画,也包括具有韵律美的音乐和兼具韵律美与形体美的舞蹈,还包括兼具适用和美的作用的服饰。人不同于其他物种的特点就是除了人的物质需求之外,人还有精神追求。精神追求包括人的思

---

① 《中共中央办公厅、国务院办公厅印发关于实施中华优秀传统文化传承发展工程的意见》,《人民日报》2017 年 1 月 26 日。

② 《中共中央办公厅、国务院办公厅印发关于实施中华优秀传统文化传承发展工程的意见》,《人民日报》2017 年 1 月 26 日。

想文化价值的追求,也包括美的追求。价值的追求关系的是人的德性,而美的追求和人的生命更贴近,获得的是精神的愉悦。无论物质生活多么粗糙,对美的追求也是人们生活的一个部分。在当代,人们的物质基础越来越丰厚,闲暇时间也越来越多,人们对精神生活的追求越来越迫切。当前,民众对于精神生活的要求最集中的是高质量的艺术作品。艺术作品既要有反映社会现实的题材,也要有体现革命英雄主义的历史人物和革命人物的题材,还要有反映重大历史事件的题材,同时,还要有反映历史文化的题材。艺术作品是文化传承最重要的方式之一,通过艺术作品再现历史文化,既是文化的传承,也是提高当代人美学修养的重要途径。传统文化通过艺术化传承的一个重要途径,就是艺术的大众化,因此,我们要将传统文化以当代艺术化的形式呈现出来,包括音乐作品、电影、电视作品、舞蹈作品、绘画作品等。《意见》谈到,要"滋养文艺创作。善于从中华文化资源宝库中提炼题材、获取灵感、汲取养分,把中华优秀传统文化的有益思想、艺术价值与时代特点和要求相结合,运用丰富多样的艺术形式进行当代表达,推出一大批底蕴深厚、涵育人心的优秀文艺作品。"①编制革命和历史题材、爱国主义题材、文化题材等内容的艺术作品,"彰显中华文化的精神内涵和审美风范","实施网络文艺创作传播计划,推动网络文学、网络音乐、网络剧、微电影等传承发展中华优秀传统文化。""倡导中华美学精神,推动美学、美德、美文相结合。"②目前,一些媒体作出了很好的尝试,如举办诗词朗诵比赛,在朗诵中感受中国传统文化的美,同时,在一定程度上对大众进行诗词知识的普及;也有的将古代诗词谱上流行歌曲的曲调来传唱,如《卷珠帘》《贵妃醉酒》等;当然,还可以将某些诗人、词人的故事排出电视剧、电影、话剧等。以这些通俗文化的形式作为平台,展示中国传统文化的

---

① 《中共中央办公厅、国务院办公厅印发关于实施中华优秀传统文化传承发展工程的意见》,《人民日报》2017 年 1 月 26 日。

② 《中共中央办公厅、国务院办公厅印发关于实施中华优秀传统文化传承发展工程的意见》,《人民日报》2017 年 1 月 26 日。

魅力,让中国传统文化之美成为涵养中国人人文精神和美学素养的重要方式。

(四) 优秀传统文化的生活化路径

我们知道,我国传统文化之所以经久不衰,即便经过了多次战乱和外敌入侵,仍能在社会稳定之后重新恢复起来,有两个原因,一个原因是传统文化特别是儒家文化在传统社会统治的有效性,另一个原因就是传统文化的因素已经深入到民众的日常生活和行为中。最典型的是儒家思想的生活化。"三纲五常"作为传统社会的主流意识形态,就是通过将"三纲"以"五常"的内容具体化到人们的日常行为中。同时,传统社会为了纪念祖先、祈祷美好的生活,根据自然节气的变化创造了很多的节日,如春节、元宵节、端午节、中秋节等,通过节日丰富了日常生活,也通过节日形成了一些民间的艺术形式,丰富了人们的精神生活。因此,我们传承优秀的传统文化,也需要借鉴传统社会文化日常化的经验,将我们所拣选的优秀传统文化通过日常生活化的方式将其继续发扬。

如何将优秀传统文化生活化呢?《意见》指出,"深入挖掘城市历史文化价值,提炼精选一批凸显文化特色的经典性元素和标志性符号,纳入城镇化建设、城市规划设计,合理应用于城市雕塑、广场园林等公共空间"。挖掘整理传统建筑文化,延续城市文脉。"加强'美丽乡村'文化建设,发掘和保护一批处处有历史、步步有文化的小镇和村庄。""用中华优秀传统文化的精髓涵养企业精神,培育现代企业文化。""实施中国传统节日振兴工程,丰富春节、元宵、清明、端午、七夕、中秋、重阳等传统节日文化内涵,形成新的节日习俗。""加强对传统历法、节气、生肖和饮食、医药等的研究阐释、活态利用,使其有益的文化价值深度嵌入百姓生活。"[①]"大力发展专题文化旅游,……推动休闲生活与传统文化融合发展,培育符合现代人需求的传统休闲文化。""把传统

---

① 《中共中央办公厅、国务院办公厅印发关于实施中华优秀传统文化传承发展工程的意见》,《人民日报》2017 年 1 月 26 日。

体育项目纳入全民健身工程"①,等等。我们的优秀传统文化包含着我们祖先很多的生活智慧和人生修养,这些智慧和修养使得传统社会的人们处在单调的社会,但生活的怡然自得,有很多人也获得了价值的实现。当代社会,虽然我们在物质财富方面要比传统社会丰厚得多,但是,在人的生命的精神领域,我们却不能说就一定比古代人丰富,也不能说我们的生活方式就一定健康。恰恰是过度注重物质生活的改善,忽视自身精神的修养,形成一些不健康的生活方式。我们要通过优秀传统文化生活化的路径,让优秀传统文化成为涵养我们性情的重要因素。优秀传统文化的生活化,还需要加强宣传教育的力度。《意见》提出了一些很好的措施,例如,通过重大历史事件和纪念活动进行爱国主义精神培育;加强国民礼仪教育,"在国家重大节庆活动中体现仪式感、庄重感、荣誉感","研究提出承接传统习俗、符合现代文明要求的社会礼仪、服装服饰、文明用语规范,建立健全各类公共场所和网络公共空间的礼仪、礼节、礼貌规范,推动形成良好的言行举止和礼让宽容的社会风尚。""把优秀传统文化思想理念体现在社会规范中,与制定市民公约、乡规民约、学生守则、行业规章、团体章程相结合。""弘扬孝敬文化、慈善文化、诚信文化等,开展节俭养德全民行动和学雷锋志愿服务。广泛开展文明家庭创建活动,挖掘和整理家训、家书文化,用优良的家风家教培育青少年。"②这些措施可以很好地将优秀传统文化的内涵逐渐融入民众的日常生活中,成为民众日常行为习惯。

第二节　中国革命文化的当代意义

中国在革命、建设和改革时期形成的革命文化具有明显的中国特点,虽然

---

①　《中共中央办公厅、国务院办公厅印发关于实施中华优秀传统文化传承发展工程的意见》,《人民日报》2017 年 1 月 26 日。

②　《中共中央办公厅、国务院办公厅印发关于实施中华优秀传统文化传承发展工程的意见》,《人民日报》2017 年 1 月 26 日。

它们形成于特定的时期或特定的事件中,但是它们所包含的精神价值是超越于产生的年代和事件,成为中华民族的精神财富,成为当代中华文化的重要组成部分,其中包含的很多内容可以弥补当代中国人精神要素的不足,对于现代社会人的精神构建具有重要的意义。

一、 革命文化的丰富内涵

中国革命文化,是指中国共产党人、人民军队、一切先进知识分子和人民群众在中国革命、建设和改革过程中所形成的优秀文化,是马克思主义与中国革命、建设、改革的伟大实践相结合的产物,是中华民族极其宝贵的精神财富。一方面,长期的革命、建设和改革实践锻造了革命文化,另一方面,革命文化作为精神动力支撑中华民族的革命、建设和改革事业不断前进。革命文化产生于特定的历史条件,但是其精神因素早已经超越革命年代,渗透进中华民族的内在品格中,而且在社会主义建设和改革过程中不断丰富和发展,成为中华文化的重要组成部分。

中国革命文化是对中华优秀传统文化的延续和发展,它萌芽于五四运动前后,发端于中国共产党成立以后蓬勃发展的工人运动和农民运动,经过土地革命战争、抗日战争、解放战争形成和成熟,并在社会主义建设和改革过程中丰富和发展,革命战争年代的新民主主义文化是革命文化的主流,社会主义建设和改革时期的先进文化则是革命文化的传承、丰富和发展。

中华传统文化中包含着许多大义大德的内容,强调整体利益、国家利益和民族利益至上,强调责任奉献。传统文化中的义利之辩、理欲之辩,其核心和本质是公私之辩,"公义胜私欲"是中华传统文化的道德要求。《诗经》提出"夙夜在公"的道德要求,《尚书》中也有"以公灭私、民其允怀"的思想,西汉初年的贾谊在他的《治安策》中提出"国而忘家,公而忘私",清代林则徐提出"苟利国家生死以,岂因祸福避趋之",都体现了为国家、为民族献身的精神。从国家利益和民族利益出发,中国古代思想家强调在"义"和"利"发生矛盾时,应该以义为上、先义后利、见利思义、见义勇为。在民族品格的养成方面,推崇"贫贱不能移、富贵不能淫、威武不能屈"的大丈夫品格。这样一些大义大德的内容在中国革命、建设和改革过程中被继承和发扬光大,以马克思主义为指导,立足于中国革命、建设和改革的实践,形成了具有独特特点的中国革命文化。

中国革命文化具有丰富而独特的内涵,主要包括革命的理想信念、革命精神等核心内容。其一是对于社会主义和共产主义坚定的理想信念。面对近代中国积贫积弱、被动挨打的状况,中国先进的知识分子去国外寻求救国救民的真理。十月革命为中国送来了马克思主义,马克思主义成为中国共产党成立的思想基础。自从中国共产党成立那天起,共产主义的理想信念就深深地烙印在中国共产党人身上,能否为共产主义事业献身成为衡量是否是真正的共产党人的标准。无数的革命仁人志士为了共产主义理想信念而献出了自己的生命。夏明翰在《就义诗》中写道"砍头不要紧,只要主义真。杀了夏明翰,还有后来人",方志敏在《可爱的中国》中发出"敌人只能砍下我们的头颅,决不能动摇我们的信仰"的坚定誓言。正是中国革命党人这种坚定的理想信念,才能够突破那么多艰难险阻,最后取得中国革命的胜利。

其二是不怕牺牲、艰苦奋斗的精神。艰苦奋斗是中华民族的传统美德,也是我们党领导和团结人民进行革命、建设和改革的强大精神动力。在革命战争年代,革命前辈在井冈山发扬以门板当床、稻草做被的艰苦奋斗作风,点燃了革命的星星之火;在长征路上发扬爬雪山过草地、嚼草根吃树皮的艰苦奋斗作风,使中国革命转危为安;在延安发扬自力更生、奋发图强的艰苦奋斗作风,渡过困难,最终取得抗战胜利;在解放战争时期,仍然是勇于战斗、艰苦奋斗的精神,使得中国共产党人率领全国人民推翻"三座大山"、建立社会主义新中国。同样,在改革开放的今天,我们仍然要靠艰苦奋斗精神战胜前进道路上的各种困难,并不断丰富艰苦奋斗的内涵,将崇高理想与现实工作统一起来,一步步走向中华民族的伟大复兴。

其三是热爱祖国、无私奉献的精神。在 20 世纪五六十年代,一大批科学家放弃国外的优厚条件,华罗庚、钱三强、钱学森、钱伟长、竺可桢、李四光、邓稼先、林巧稚、梁思成、苏步青等,在国家极端困难的情况下回国,参加祖国的建设,加快了国家自立自强的步伐,为了祖国的发展壮大贡献了自己的所有力量。没有这些为国家发展无私奉献的科学家,中国不能取得安全的国际环境。2008 年回国的黄大年则是中国改革开放时期无私奉献的模范。这些为国家、民族利益无私奉献的科学家成为中华民族的脊梁。这种为了国家、为了民族的无私奉献精神,是使国家自力更生、不断发展的精神力量。新时代,我们要实现中华民族的伟大复兴,同样需要以国家、民族利益为主的奉献精神。

其四是全心全意为人民服务的宗旨意识。中国共产党一成立,就将为人民谋幸福、为中华民族谋复兴作为党的奋斗目标。1942 年《在延安文艺座谈会上的讲话》中毛泽东第一次用了"为人民服务"这个科学概念,毛泽东在纪念革命战士张思德时,明确把"为人民服务"作为对张思德及一切革命者崇高品质的概括,强调一切革命者都要想到大多数人民的利益,彻底地为人民的利益工作。党的七大制定的党的章程中第一次申明全心全意为人民服务是共产党人的宗旨。正因为我们党始终坚持全心全意为人民服务,所以无论在革命战争年代和社会主义建设时期,都得到了老百姓的爱戴和支持。可以说,是否能够做到全心全意为人民服务,是检验党员的宗旨意识,检验党的纯洁性的一个根本标准。

其五是注重道德修养,勇于自我牺牲。中国共产党践履革命道德的重要环节就是共产党人修身自律、保持节操;就是以中国革命事业为重,严于律己,谦虚谨慎;淡泊名利、清正廉洁;襟怀坦白、光明磊落;保持高风亮节,彰显高尚的人格魅力。

其六是建立平等的人际关系。革命文化对生活的影响是破除封建的等级观念和特权思想,以平等的观念建立新型的社会关系。树立平等观念,保护妇女、儿童、老人的合法权益,尊重他人和家庭成员,倡导建立平等的社会关系和家庭关系,提升人民群众的文明水平和道德风貌。

二、 革命文化的历史意义

中国革命文化是中国共产党领导中国人民在革命、建设和改革过程中所创造的精神财富,是中国革命、建设以及改革取得成功的精神因素。在革命、建设和改革的过程中,革命文化的丰富体现在革命的不同阶段所创造的各种革命精神。

井冈山精神诞生于土地革命时期的井冈山根据地,2001 年江泽民在视察井冈山时把井冈山精神概括为"坚定信念、艰苦奋斗、实事求是、敢闯新路、依靠群众、勇于胜利"24 个字。可以说,坚定不移的革命理想和信念是井冈山精神的灵魂;实事求是、敢闯新路是井冈山精神的核心;艰苦奋斗、勇于胜利是井冈山精神的基石;相信群众、依靠群众是井冈山精神的根本。在艰苦的战争条件下,没有坚定的理想信念,没有实事求是的精神,没有人民群众的支持,没有艰苦奋斗的作风,井冈山不可能成为中国革命的摇篮。

长征是我们党逐渐走向独立和成熟的过程。长征精神是中华民族百折不挠、自强不息民族精神的突出表现,是保证革命事业由弱到强的精神力量。"伟大长征精神,就是把全国人民和中华民族的根本利益看得高于一切,坚定革命的理想和信念,坚信正义事业必然胜利的精神;就是为了救国救民,不怕任何艰难险阻,不惜付出一切牺牲的精神;就是坚持独立自主、实事求是,一切从实际出发的精神;就是顾全大局、严守纪律、紧密团结的精神;就是紧紧依靠人民群众,同人民群众生死相依、患难与共、艰苦奋斗的精神。伟大长征精神,是中国共产党人及其领导的人民军队革命风范的生动反映,是中华民族自强不息的民族品格的集中展示,是以爱国主义为核心的民族精神的最高体现。……伟大长征精神……成为鼓舞和激励中国人民不断攻坚克难、从胜利走向胜利的强大精神动力。"[①]长征精神是中国共产党人和红军将士用生命和

----

① 习近平:《在纪念红军长征胜利 80 周年大会上的讲话》,人民出版社 2016 年版,第 8—9 页。

热血铸就的伟大精神,坚定理想信念的革命力量,不惧艰难困苦的革命乐观主义,勇于战斗的革命英雄主义,善于团结、顾全大局的革命集体主义等精神要素,成就了中国历史和人类历史上的伟大壮举,也是留给中国人民的难能可贵的精神财富。

延安精神是中国共产党在延安整风运动和大生产运动中形成的。延安精神是:"自力更生、艰苦奋斗的精神;全心全意为人民服务的精神;理论联系实际、不断开拓创新的精神;实事求是的精神。"[①]1942 年 12 月,毛泽东在陕甘宁边区高级干部会议上,第一次提出了延安精神。中国革命时期和社会主义建设时期,党和人民的事业就是在艰苦奋斗中发展起来的,艰苦奋斗是我们党的工作作风,是我们党的优良传统,也是激励全体人民共同奋斗的精神力量,是我们党和人民的事业取得成功的法宝之一。为人民谋利益是我们党的宗旨和使命,延安时期提出了"为人民服务"的口号,使得全心全意为人民服务具有更强的自觉性。延安时期也是我们党总结纠正错误,成功推进马克思主义中国化的时期,同时也是理论上对马克思主义的发展时期。毛泽东的许多著作如《中国革命战争的战略问题》《实践论》《矛盾论》《论持久战》《新民主主义论》《论联合政府》等,都是在延安时期完成的。毛泽东思想也是在延安时期逐步成熟的。延安精神的形成,毛泽东思想的成熟,都是中国革命开拓创新的产物。在延安时期,总结革命的经验教训,我们党也得出了实事求是的思想路线,成为指导我们党以后所有工作的思想路线。

西柏坡精神是中国共产党在西柏坡时期产生的,体现了在中国革命历史性转折时期的革命精神。其基本内涵是:"两个敢于":敢于斗争、敢于胜利的革命进取精神;"两个务必":务必保持谦虚、谨慎、不骄、不躁的作风,务必保持艰苦奋斗的作风。"'两个敢于'体现了大无畏的英雄革命主义精神,'两个务必'体现了积极进取不断革命的精神"。在这种精神感召下,在中国革命即

---

① 胡钰:《以延安精神培植共产党人的精神家园》,《红旗文稿》2015 年第 11 期。

将胜利的前夕,中国共产党做好了领导全国人民建设新世界的准备,做好了继续艰苦奋斗的准备,为实现中国革命的历史性转折提供了精神准备。

沂蒙精神是伟大的人民精神。沂蒙精神具有独到的精神要素、价值主体,如果说井冈山精神、延安精神以及西柏坡精神等的创造主体是中国共产党的精英主体,而沂蒙精神的创造主体则是淳朴、善良、憨厚、正直的沂蒙人民,体现的是人民群众的主体价值。吃苦耐劳、勇往直前、爱党爱军、开拓奋进的沂蒙精神,是沂蒙人民的自己创造,典型地代表了中国人民的精神品格。沂蒙精神不仅仅局限在革命岁月里,战争年代的"红嫂精神""支前精神"反映的是沂蒙人民无私奉献、爱党爱军、至善至爱的精神风貌;社会主义革命和建设时期的"厉家寨精神""九间棚精神",反映了沂蒙人民永不服输、开拓奋进的精神状态。沂蒙人民的美好品格使得他们不仅是中华民族革命战争年代的楷模,其不断奋斗、不断进取的精神也成为新时期中华民族不断奋斗的楷模。

"艰苦奋斗、勇于开拓、顾全大局、无私奉献"的北大荒精神是社会主义建设时期形成的革命精神。20 世纪 50 年代末,中国人民解放军 10 万转业官兵,按照党中央"屯垦戍边"的方针,开赴地处黑龙江省荒无人烟的北大荒,经过三代人的艰苦创业、开发建设,把渺无人烟的亘古荒原变成了举世闻名的"北大仓"。北大荒精神正是在这种特定的自然环境和特定的历史条件下形成和发展起来的,集中体现了"北大荒人"这个英雄群体高度的政治觉悟、崇高的思想境界、严谨的工作作风和奋发向上的精神风貌。

雷锋精神是社会主义建设时期为人民服务精神的鲜明体现。习近平强调雷锋精神的核心是信念的能量、大爱的胸怀、忘我的精神、进取的锐气(2013 年 3 月 6 日参加十二届全国人大一次会议辽宁代表团的审议讲话)①,这也正是我们民族精神的最好写照,他们都是我们民族的脊梁。

"两弹一星"精神。20 世纪五六十年代,中国面临的国际形势十分险恶,

---

① 《用信念的能量为"中国梦"铸魂》,《人民日报》2013 年 3 月 8 日。

为了抵御帝国主义的武力威胁和打破大国的核讹诈、核垄断,尽快增强国防实力,党中央和毛泽东主席果断决定研制"两弹一星"(原子弹、导弹和人造卫星)。许多在国外的科学家冒着生命危险回到国家,参加国家建设。中国科学家在物质技术基础十分薄弱的条件下,在较短的时间内成功地研制出了"两弹一星",创造了非凡的人间奇迹。经过几代人的不懈努力,现在中国已成为少数独立掌握核技术和空间技术的国家之一,并在某些关键技术领域走在世界前列。这个时期形成的"热爱祖国、无私奉献,自力更生、艰苦奋斗"的"两弹一星"精神成为中国发展和崛起的重要信心保证。

载人航天精神。我国"神舟五号"飞船于 2003 年 10 月 16 日首次载人航天飞行圆满成功,是我国航天事业发展史上一座新的里程碑。载人航天工程,是当今高新技术发展中极具风险和挑战的领域。我国广大航天科技工作者和部队官兵自强不息,顽强拼搏,团结协作,开拓创新,表现出"特别能吃苦、特别能战斗、特别能攻关、特别能奉献的载人航天精神"[①]。这一精神是我国航天领域取得辉煌成就的巨大动力,也是我们党、国家和军队宝贵的精神财富。

还有其他在社会主义发展和改革过程中所形成的各种精神,如敢闯、敢干、敢试、敢为天下先的改革精神,"万众一心,众志成城;团结互助,和衷共济;迎难而上,敢于胜利"的抗击"非典"精神,"自强不息、顽强拼搏,万众一心、同舟共济,自力更生、艰苦奋斗"[②]的抗震救灾精神,这些精神都是中国人民在解决革命、建设、改革过程中解决重大困难问题所形成的精神,实际上是我国人民自强不息、艰苦奋斗精神在各个领域、各个时期的表现。正是在这些精神的感召下,中国人民解决了一个个看似难以解决的难题,为中国的发展和人民的幸福创造着条件。这些精神在不同的时代丰富着中华民族的精神,成为中华民族精神的重要内容。

---

① 胡锦涛:《在庆祝神舟七号载人航天飞行圆满成功大会上的讲话》,人民出版社 2008 年版,第 4 页。
② 《十七大以来重要文献选编》(上),中央文献出版社 2011 年版,第 636 页。

三、 革命文化在当代的意义

中国革命文化形成于中国革命时期,在中国社会主义建设和改革时期得到发展和丰富。这些革命精神的形成都有特定的时代特点,但是,这些精神都是中华民族精神世界的重要组成部分。在历史发展过程中,我们把自强不息、大丈夫品格、道德完善作为我们的精神品格,这些精神品格在不同时代、不同的事件中又展现出各自不同的内容,特别是在中国异常艰难的革命环境中,中华民族能够不怕牺牲、永不言败,能够自强不息、艰苦奋斗,能够团结一心、众志成城,战胜了那么多艰难险阻。在异常困难的情况下,取得了长征的胜利,取得了抗日战争的胜利,取得了解放战争的胜利,建立了新中国,完成了社会主义改造,研制出"两弹一星";在国家环境异常艰难的情况下,坚持改革开放,坚持中国特色社会主义道路,抗洪水、抗非典、抗震救灾,载人航天工程不断取得新突破,正是这些革命精神支撑着中国人民一步步走向复兴和辉煌。

2017 年《战狼 2》《红海行动》等爱国主义影片获得全民的一致追捧,这些影片中所展现的不怕牺牲、维护民族利益的爱国主义精神点燃了民众久违的热情。"红色文化热"、革命文化热的兴起有它的时代背景和精神需求。从时代背景看,改革开放以后,由于对唯政治化的逆反,英雄主义、爱国主义题材的文化作品逐渐失去了市场,相反,生活化、理想化的"风花雪月"言情剧,充满迷幻色彩和侠义精神的武侠剧,情节跌宕起伏、心机无处不在的宫廷剧,充满斗争色彩的历史剧占据了荧屏。文化是对社会现实的反映,这种文化状态实际上反映的是中国民众普遍缺少信仰的状态。金钱、资本左右着社会的节奏,英雄主义、爱国主义被挤压。但是,随着经济社会的不断发展,人们对精神生活的追求逐渐提高。琐碎的、无病呻吟的、剧情拖沓的言情剧不再是生活节奏加快的现代人的追逐热点。不断追逐的金钱并不能给人们带来更大的满足,心灵的荒漠需要信仰的激情点燃。那些有理想、有信仰和富有献身精神的人给人带来更大的感动,革命战争年代那些物质贫乏但精神富足的革命者执着的理想信念和乐观主义态度,给人们带来更大的震动。红色电影的播出,红色歌谣的传唱,红色旅途的学习,都给人们以巨大的震撼。追求精神的满足和信仰的力量是当代人的内心需求,这种源于时代的精神需求是红色文化热或者说革命文化热的精神因素。

从社会实践的效应来看,革命文化激励了一代代中华儿女为了理想和信仰而奋斗甚至是牺牲生命。中国革命波澜壮阔的历史过程,革命者舍生取义的民族情怀,革命的遗址活场景,都是革命文化的最佳题材。我们在社会主义建设和改革过程中所创造的讴歌英雄的文化作品,虽然没有豪华、宏大的布景,但是为理想而献身的革命精神和信仰的力量感动着所有的人。虽然我们的电影语言带有时代的痕迹和缺憾,但是创造的红色经典所体现的革命精神却在感召着一代又一代人。还有社会主义建设和改革时期像焦裕禄、杨善洲那样的共产党人的无私奉献和艰苦奋斗的精神,都激励、温暖着被金钱冷化的世界,成为我们内心敬仰的精神楷模。通过电影、电视和网络等形式弘扬革命文化,将革命文化的精神要素融合进当代中国特色社会主义文化建设的过程中,将会对民众的价值观产生潜移默化的积极的影响,也可以抵御信仰缺失的负面效应。

中国革命文化是历史的文化,也是当代的文化,在历史上起过锻造民族品格的作用,在当代依然可以成为坚定理想信念、塑造民族品格的精神力量。这些精神要素曾经促使中国革命、建设和改革取得胜利,在当代也是促进中华民族伟大复兴的精神动力。它们是马克思主义中国化的重要组成部分,也是中华民族文化的重要内容。革命文化在当代的继承和弘扬对于构建社会主义核心价值观,提高民族自豪感,构筑理想信念,具有不可替代的价值和作用。中国革命文化是中国共产党成长发展的历史记录,可以说,中国革命文化的发展史就是中国共产党领导全国人民进行革命斗争、建设和改革发展的历史。革命文化实际上是中国革命和建设历程在文化领域的表现,一方面它见证着中国革命和建设的发展历程,另一方面对于中国革命和建设也起到价值引领的作用。中国革命以来的历史证明,没有共产党就没有新中国,只有社会主义才能救中国,革命文化记录了"中华民族从东亚病夫到站起来的伟大飞跃"[①]。在社会主义建设时期所形成的无私奉献、艰苦奋斗、开拓创新的"两弹一星"精神,还有"众志成城、万众一心"的抗洪救灾精神等等,这些精神既是中国社会主义建设和改革重大事件和过程的记录,也是中华民族凝聚力量、战胜困难的精神支撑。学习、传承这些革命文化,对于理解中国共产党为人民谋幸福、为民族谋复兴的初心和使命,了解中国革命和建设的来之不易,从而坚定对党的信心、对中国特色社会主义的信心具有重要的意义。

中国革命文化在当代具有重要的政治教育作用。革命文化最核心的内容是坚定的理想信念、艰苦奋斗的作风、为人民服务的宗旨、无私奉献的精神。这些精神要素也是当代社会发展中所缺少的,特别是当代的青少年,绝大多数没有受过苦、受过累,他们无法体会什么是艰苦奋斗,理想信念对于他们也是比较抽象和遥远的事,更不知道为人民服务和无私奉献的含义,所以我们的青年和少年更应该在红色文化中感受革命精神。通过红色之旅,在革命先烈的事迹中感受革命精神的内涵,在革命场景中感受信仰的力量,走一走红军走过的长征路,感受革命家为国为民的胸怀,可以有效地抵御社会上历史虚无主义的影响。只有将历史知识、革命传统和革命精神传递给我们的青少年,我们的革命文化和革命精神才能延续和发展。也要将这种革命文化的教育贯穿到大学思政课堂之中,让学生在感性的革命历史中受到心灵的震撼,缅怀无产阶级革命家,使我们的革命文化发扬光大。当然也可以通过红色旅游达到推动老区经济发展的作用,把传播革命文化与经济发展结合起来。

总之,中国革命文化虽然产生于革命战争年代,并在社会主义建设和改革中得到丰富和发展,产生于历史发展的过程中,但是革命文化所包含的精神力量不仅仅适用于革命战争年代,它在整个中华民族伟大复兴的过程中都具有

---

① 习近平:《在纪念马克思诞辰200周年大会上的讲话》,人民出版社2018年版,第13页。

重要的意义,甚至可以成为世界精神文化的组成部分。革命文化的价值超越了产生于它的时代,对中华民族的发展、对于民族品格的养成具有历史和现实的意义。

第三节　构建中国特色社会主义先进文化

中国特色社会主义文化是在继承中华优秀传统文化和革命文化的基础上,以社会主义先进文化为核心,立足于中国特色社会主义伟大实践而创造的,随着实践的不断发展,它的内容也在不断地丰富和发展。党的十九大报告指出:"文化是一个国家、一个民族的灵魂。文化兴国运兴,文化强民族强。没有高度的文化自信,没有文化的繁荣兴盛,就没有中华民族伟大复兴。要坚持中国特色社会主义文化发展道路,激发全民族文化创新创造活力,建设社会主义文化强国。"①建设社会主义文化强国,既是中华民族伟大复兴的应有之义,也是中华民族伟大复兴的精神支撑。发展中国特色社会主义文化,要立足实践,反映人民的需求,具有历史视野、世界胸怀和未来视野,还要坚持文化建设中意识形态领导权,发展中国特色社会主义文化,要突出文化的价值性建设,文化自信的核心是价值自信。

一、　构建中国特色社会主义先进文化的原则

习近平在马克思诞辰 200 周年纪念讲话中指出,"理论自觉、文化自信,是一个民族进步的力量;价值先进、思想解放,是一个社会活力的来源。国家之魂,文以化之,文以铸之。我们要立足中国,面向现代化、面向世界、面向未来,巩固马克思主义在意识形态领域的指导地位,发展社会主义先进文化,加强社会主义精神文明建设,把社会主义核心价值观融入社会发展各方面,推动

---

① 习近平:《决胜全面建成小康社会 夺取新时代中国特色社会主义伟大胜利——在中国共产党第十九次全国代表大会上的报告》,人民出版社 2017 年版,第 40—41 页。

中华优秀传统文化创造性转化、创新性发展,不断提高人民思想觉悟、道德水平、文明素养,不断铸就中华文化新辉煌。"①习近平指出了先进文化对于民族进步和社会发展的作用以及构建社会主义先进文化的原则。

(一) 立足中国的实践,反映人民的需求

文化的产生既有它的历史基础和现实基础,也有它的独立性。它的历史基础是一个民族的历史文化的延续,它的现实基础是一个国家物质生活的现状。而它的独立性表现为文化一旦产生,它可以独立产生于它的物质基础和历史基础,作为一种独立的力量影响人,既可以影响这种文化产生环境中的人,也可以影响文化环境以外的人。例如,美国的大片是美国人按照他们的观念,利用他们的技术制造出来的,但是,它可以远销到世界各地播放,从而影响了观看播放的人。而"先进的思想文化一旦被群众掌握,就会转化为强大的物质力量;反之,落后的、错误的观念如果不破除,就会成为社会发展进步的桎梏。"②文化影响人的现实生活状态,有的是潜移默化的影响,如各种大众文化,有的是直接的价值引导,如社会主义核心价值观。文化要对人发生直接的影响作用,必须立足现实,反映现实。中国特色社会主义先进文化的构建必须立足中国特色社会主义实践,反映人民的需求,只有反映现实并符合人民需求的文化才会对人民产生直接的影响。立足于哪些实践,反映哪些需求呢?

首先,要立足于社会主义市场经济和改革开放的实践。革命时期的文化要体现理想信念、勇往直前、不怕牺牲、艰苦奋斗的精神,这样的精神鼓励革命的人民排除一切困难,取得革命的胜利。社会主义建设的计划经济时期,集体主义精神、为人民服务意识、螺丝钉精神是那个时代要求的精神,在这样的精

---

① 习近平:《在纪念马克思诞辰200周年大会上的讲话》,人民出版社2018年版,第19—20页。

② 习近平:《在纪念马克思诞辰200周年大会上的讲话》,人民出版社2018年版,第19页。

神感召下,经济社会发展的任务才能顺利进行。而在社会主义市场经济时期,奋斗、创新、开拓、进取是社会发展的主旋律,文化作品通过艺术化的形式反映这样的精神,人们能感受到时代发展的力量。但是,市场经济也有另外一种倾向,就是金钱至上、浮躁、庸俗,缺少理想信念的力量。而文化作为对现实的反映,这样的一些观念也反映到文化作品中。任何人的创作,对现实生活的描写,都离不开对现实生活的反映,这个反映,可能是别人,也可能是自己,也可能是一种综合。立足于中国社会主义市场经济发展和改革开放的现实,或白描、或讽刺、或颂扬,用多种表现形式来反映中国变化的现实,当然也有可能是歪曲的反映,用各种文化形式记录中国物质生活的变迁和精神生活的变迁,记录中国人民的精神状态、价值选择,这是文化现实性的表现。

其次,文化要反映人民的需求。文化反映谁的需求,实际上是文化的价值定位问题。马克思说过,历史是人民群众创造的,因此人民是历史的主体。人民群众是生产力的主体要素,历史的发展方向实际上就是人民的需求方向。文化反映谁的需求,就会站在谁的立场上说话。如对于改革开放的描写来说,反映改革开放的成就,就是肯定社会的发展主流;如果是对贫富差距、阶层差距、网络大 V 所说的高房价合理等观点持肯定、赞赏的态度,那就不是人民的立场;对弱势群体极尽嘲讽之能事,也不是人民的立场,而是小人物投机者的立场。当然,文化有各种表现形式,可以是赞美,可以是讽刺,可以是对比,可以是批评,但根本上是为了引发人们的反思,有助于社会的进步和发展。文化作为对现实生活的艺术加工,可以有想象、杜撰,但是文化作品要有价值定位,文化作品表达的思想要能促进社会发展,有利于人的发展。文化的目的是艺术的欣赏,也是为了反思,弘扬真善美,鞭挞假恶丑,体现正能量的传播,代表人民的立场才是文化发展的方向。人民的立场、社会发展的方向与文化的发展方向应该是一致的。文化作品反映人民大众的呼声,反映人民大众的真实生活现状,反映创业者的事迹,激励民众的改革创新精神,反映社会发展的需求,才是人民的立场。

（二）历史视野、世界胸怀和未来视野

发展中国特色社会主义文化要有历史发展的眼光和文明传承的使命，继承和发扬中华优秀传统文化和传统美德；同时，还要有世界文化大发展的胸怀，使中华文化与世界文化交流合作；还要有社会发展和人的发展的未来视野。

习近平在党的十九大报告中指出，"中国特色社会主义文化，源自于中华民族五千多年文明历史所孕育的中华优秀传统文化，熔铸于党领导人民在革命、建设、改革中创造的革命文化和社会主义先进文化，植根于中国特色社会主义伟大实践。"①文化创造的根基是当代的社会实践，文化的根源则是历史。文化有传承才有积累，才有精神的传递。古希腊思想家对知识、情感、理性的区别是西方文化中理性分析的基础，而中国先秦时代关于道德人格、仁义礼智信观念的建立则成为中国文化的基础。相反，缺少文化积累的民族很容易在民族交融的过程中被改变。文化是一个民族最鲜明的特色，就像以色列民族，在历史上很长一段时间，他们没有国家，"二战"期间被打压欺辱，但是，正是他们的犹太文化和宗教，使他们即便是在别的国家，也依然坚守着这种文化，这份坚守成为"二战"以后他们重新建立国家的基础。中华民族的历史，历经变迁，之所以能够在历次的分合之后仍然是一个伟大的民族，就是因为中华民族的文化联结。我们的文化虽然在近代被视作落后的代名词，但是文化的内涵已经渗透到日常生活的行为中，当中国找到自己的发展道路时，这种文化依然成为人们重新组织生活的基础。在新的时代，根据新的社会实践，我们创造了新文化，但是，历史上我们的文化积累，特别是先秦以后我们形成的道德文化仍然是我们民族文化最大的特点之一。中华民族的包容大度、自强不息、奉献责任、追求道德完善等文化特点，是中华民族独特的精神标识。这种标识不

---

① 习近平：《决胜全面建成小康社会 夺取新时代中国特色社会主义伟大胜利——在中国共产党第十九次全国代表大会上的报告》，人民出版社 2017 年版，第 41 页。

仅在历史上起到团结中华各民族的作用,在当代社会中,对维护世界和平和发展也会起到独特的作用。我们传统文化中仁义礼智信的内容,不但是传统社会人们安身立命之本,也是当代社会人格提升的重要内容。这种文化既是中华民族区别于其他民族的标识,同时也是团结全国各民族的精神力量。这样的文化,我们不仅要传承,而且要发扬,让这种文化在民族和世界发展中发出民族之光和世界之光。因此,当代中国特色社会主义文化的构建,要有历史的视野,将历史文化的优秀内容嫁接到当代社会的实践中。传统文化让我们更深刻地认识人应该有的追求,在吸吮传统文化的过程中,我们内心沉淀,感受价值之美、情感之美、审美之美。所以,文化中的历史视野既可以让我们认识到超越历史的精神追求,又可以让我们对自己的生活保持一份清醒和反思。

当代世界是一体化的世界,世界各国日益紧密的联系、互相的依存,早已证实了马克思所提出的"世界历史"的现实。习近平在纪念马克思诞辰 200 周年大会上的讲话中谈到,"今天,人类交往的世界性比过去任何时候都更深入、更广泛,各国相互联系和彼此依存比过去任何时候都更频繁、更紧密。一体化的世界就在那儿,谁拒绝这个世界,这个世界也会拒绝他。""我们要站在世界历史的高度审视当今世界发展趋势和面临的重大问题"。[1] 文化作为引导人的精神力量,要反映世界的发展趋向。在世界联系越来越紧密的今天,文化的创造也要具有世界视野。一方面,文化要体现包容性,尊重每种文化的特点,尊重其他民族的生活方式,不以自己的文化作为衡量别人文化的标准。文化的多样性才是世界文化应有的特点,反映的是民族平等、国家平等的理念。另一方面,文化要体现世界发展的视野。习近平指出,我们要"同各国人民一道努力构建人类命运共同体,把世界建设得更加美好。"[2]这里反映的是我国作为一个世界大国的责任担当。我们的文化中也要体现世界发展和人的发展的方向。世界的共同发展是世界人民的愿望,人的发展是人类发展的方向。

---

[1] 习近平:《在纪念马克思诞辰 200 周年大会上的讲话》,人民出版社 2018 年版,第 22 页。
[2] 习近平:《在纪念马克思诞辰 200 周年大会上的讲话》,人民出版社 2018 年版,第 23 页。

我们不能左右别的国家的发展道路,但是我们可以在自己国家发展的同时,为世界上其他国家提供合作和发展的机会,我们国家提出的"一带一路"倡议就是体现了世界共同发展的理念。关于发展的观念我们所持的不是零和博弈,世界各国的发展并不是你强我弱、我弱你强的对立面,而是共同发展的共同体。因此,我们要构建的社会主义先进文化也要体现这种世界各国共同发展的理念。这种文化理念代表的是世界合作、联系的现实。要加强中国文化与世界文化的交流,文明只有交流才会有取舍和进步。习近平在联合国教科文组织总部的演讲中指出,"文明因交流而多彩,文明因互鉴而丰富。文明交流互鉴,是推动人类文明进步和世界和平发展的重要动力。"①在纪念孔子诞辰2565 周年国际学术研讨会暨国际儒学联合会第五届会员大会开幕会上的讲话中谈到,"对人类社会创造的各种文明,……我们都应该采取学习借鉴的态度,都应该积极吸纳其中的有益成分,使人类创造的一切文明中的优秀文化基因与当代文化相适应、与现代社会相协调"②。现代人有优于前人的方面,也有不如前人的方面,有优于他国的方面,也有不如他国的方面。我们需要继承前人和他人的智慧成果,以丰富我们对世界的认知。尊重自己国家的文化,是对本国历史和前人智慧的尊重。我们也尊重世界各国的文明和文化,每一国家的文明和文化都代表了他们的历史智慧。每个国家由于各自的生存环境和历史经验形成了不同的文化体系,有些文化具有相通性,有些具有差异性。只有在交流互鉴中,我们才会认识自己国家文化的优势和不足,才能学习和进步。我们要抱着互相尊重的态度,立足于本国社会和人民发展的需求,进行文化的交流和互鉴,既保持我们文化的特色,同时又在开放中不断完善我们的文化。

我们的文化不但要有历史文化的传承,世界文明的共同交流学习,还要有

---

① 《习近平谈治国理政》第一卷,外文出版社 2018 年版,第 258 页。

② 习近平:《在纪念孔子诞辰 2565 周年国际学术研讨会暨国际儒学联合会第五届会员大会开幕会上的讲话》,人民出版社 2014 年版,第 10 页。

未来的视野。有目标有规划才有未来。中国共产党自从成立那天起,就确立了自己的奋斗目标,就是共产主义社会。正是这样理想信念的支撑,才使得我们党领导人民排除了各种艰难险阻,取得中国革命的胜利,建立了新中国。在这个基础上,不断探索社会主义中国发展的道路,在改革开放后,逐渐探索出中国特色社会主义道路,确立了三步走的发展目标,一个个阶段性目标得以实现。在新时代,我们党又确立了中华民族伟大复兴的目标,确立了新的三步走战略。在实现目标规划的过程中,我们的国家在发展,人民的生活水平在不断提高,人民的文化生活在不断完善。文化作为对社会现实的反映,作为对社会发展的引领,要体现我们的未来意识。有奋斗的目标才有奋斗的方向和动力,我们的文化要体现目标对于现在的引领和激励作用,体现人的发展、社会的发展的价值引领。

(三) 文化建设中意识形态领导权

习近平在党的十九大报告中谈到文化自信时指出,要"牢牢掌握意识形态工作领导权。意识形态决定文化前进方向和发展道路。"①中国特色社会主义文化的特点之一,就是文化领域中的意识形态领导。加强文化领域的意识形态领导,要推进马克思主义中国化时代化大众化,增强意识形态的凝聚力和引领力。意识形态主导,一方面表现在文化创造中的马克思主义和中国特色社会主义意识形态价值引导,另一方面是蕴含在文化中的理想信念、价值理念、道德观念的渗透。文化中的意识形态教育是潜移默化、润物无声的,更能深化到民众的日常生活和行为模式中。我们的意识形态宣传也要渗透进艺术作品中,在高质量的艺术作品中传递价值观和理想信念的力量。文化作品艺术性越成熟,其意识形态的影响就会越大。同时,加强对新时代中国特色社会主义思想的研究,增强意识形态的话语体系建设。还要重视新闻、信息传播的

---

① 习近平:《决胜全面建成小康社会 夺取新时代中国特色社会主义伟大胜利——在中国共产党第十九次全国代表大会上的报告》,人民出版社 2017 年版,第 41 页。

意识形态建设,还有网络文化领域的意识形态建设。对于一些历史虚无主义观点,刻意抹黑、歪曲事实的信息要及时迅速全面地予以揭露,加强阵地意识。同时要区分政治原则问题、思想认识问题和学术观点问题,针对不同的立场,旗帜鲜明地反对和抵制各种错误观点。加强艺术作品中的爱国主义和理想信念教育,创造更多具有艺术性和价值性的电影或电视剧,中国文化的影响才会逐渐增强。

二、 当代中国话语体系的构建

习近平《在哲学社会科学工作座谈会上的讲话》中谈到,"发挥我国哲学社会科学作用,要注意加强话语体系建设。"①"要按照立足中国、借鉴国外,挖掘历史、把握当代,关怀人类、面向未来的思路,着力构建中国特色哲学社会科学,在指导思想、学科体系、学术体系、话语体系等方面充分体现中国特色、中国风格、中国气派。"②什么是具有自身特质的话语体系? 笔者认为具有中国特色和优势的话语体系应该具有这样几个特点:

一是话语体系的时代性和原创性特点。这个特点要求中国的话语体系要立足当代中国实践,创造出具有时代创新性的话语。我们的话语体系的构建首先是要对中国发展过程中问题的解决和中国发展规律的总结。习近平说过,"解决好民族性问题,就有更强能力去解决世界性问题;把中国实践总结好,就有更强能力为解决世界性问题提供思路和办法。这是由特殊性到普遍性的发展规律。"③对于中国发展中的问题,有些是具有中国特点的内容,如经济发展的不平衡、不充分问题,有的是具有世界普遍性的问题,如经济发展动力以及脱贫问题,贫富差距问题,中国在解决这些问题过程中形成的一些经验、规律性认识,是在解决中国面临的发展问题过程中形成的,是对中国现代

---

① 习近平:《在哲学社会科学工作座谈会上的讲话》,人民出版社 2016 年版,第 24 页。

② 习近平:《在哲学社会科学工作座谈会上的讲话》,人民出版社 2016 年版,第 15 页。

③ 习近平:《在哲学社会科学工作座谈会上的讲话》,人民出版社 2016 年版,第 18 页。

化建设经验的总结,对于解决一些类似的世界性问题也是有启示的。这样的关于社会发展规律问题的理论总结、概括,不仅具有时代性,因为是发展中出现的问题,而且具有创新性。就像习近平所说的,"当代中国的伟大社会变革,不是简单延续我国历史文化的母版,不是简单套用马克思主义经典作家设想的模板,不是其他国家社会主义实践的再版,也不是国外现代化发展的翻版。"①对于中国伟大社会变革的经验总结具有原创性的特点。"我国哲学社会科学应该以我们正在做的事情为中心,从我国改革发展的实践中挖掘新材料、发现新问题、提出新观点、构建新理论"②,形成具有中国特点又具有普遍性的语言。这样的语言具有时代性和原创性特点,因为是为了解决时代性问题和现实问题而出现的。

二是具有中国语言文化的底蕴,这是话语体系的民族性。中华民族具有深厚的文化传统,不仅形成了富有特色的思想体系,其语言也具有独特的韵味。特别是作为中国文化瑰宝的古典诗词,描写景物生动有趣,描写感情丰富细腻,注重韵律和修辞,具有独到的美感,要经过长期的学习和语言修炼才能掌握这种语言。当现代人能够沉静下来欣赏中国传统文化的语言之美时,生活才变得从容。这样独具特色的语言不能仅仅成为历史,这种语言的修炼和诗词的修养应该成为学校教育的一部分,成为独特的文化节目,将这种语言运用到我们的教学和传播中,让所有人感受中国诗词语言的魅力。这种独具特色的语言,不仅对我们自身具有极大的感染力,也在世界文化交流中产生极大的吸引力。中国的汉语具有独特的含义,我们要将传统文化中语言的美继承下来,付之于当代中国特色社会主义实践的时代内涵。中国革命战争年代,毛泽东等老一辈革命家的诗词中既包含着中国传统文化的韵律之美,又有革命的豪情与志向,是具有革命战争年代气息的语言形式。这对我们构建当代中

---

① 习近平:《在纪念马克思诞辰200周年大会上的讲话》,人民出版社2018年版,第26—27页。

② 习近平:《在哲学社会科学工作座谈会上的讲话》,人民出版社2016年版,第21—22页。

国的话语体系是有益的启示。在当代,网络化的语言对汉语的随意组合与改编,使得语言失去了规范性,也破坏了语言的内涵和美感,对于语言的发展不是一个好的倾向。

当代中国的语言应该是既要体现社会主义建设的豪情和自信,又要体现中国传统文化的语言之美。我们可以看一下习近平总书记的语言,可以说具有典型的中国风格。首先,体现了传统与时代的结合。在与北大师生座谈会上,谈到坚持正确的办学方向,引用《礼记·大学》中的"大学之道,在明明德,在亲民,在止于至善。"说明古今中外的教育必须培养社会发展所需要的人。谈到育人的根本性,引用宋代政治家、文学家司马光的语言,"才者,德之资也;德者,才之帅也"。谈到老师作为学生的模范,引用古语,"师者,人之模范也。"在学生眼里,老师是"吐辞为经、举足为法"。谈到同学们要立志,引用苏轼的语言,"古之立大事者,不惟有超世之才,亦必有坚忍不拔之志",王守仁的语言"志不立,天下无可成之事"。谈到新时代青年要乘新时代春风,放飞梦想,引用辛弃疾的词"乘风好去,长空万里,直下看山河",等等。其次,语言很有气势和自信。如在党的十九大报告中,谈到民生各个方面,"幼有所育、学有所教、劳有所得、病有所医、老有所养、住有所居、弱有所扶",这"七个有"的排比,显示了巨大的气魄和自信。最后,他的语言还带有极强的口语特点,接地气,老百姓都能听得懂。如实现中华民族伟大复兴的"中国梦","人人都有梦想成真的机会","全体人民在共建共享发展中有更多获得感","幸福都是奋斗出来的","绿水青山就是金山银山","房子是用来住的,不是用来炒的",等等,这些通俗的语言,既表达了以人民为中心的发展理念,也说到了老百姓的心坎上。他的语言既有文化的底蕴,又通俗易懂,既说明了问题,又很有底气和自信,是中国风格的话语体系的典型代表。

三是体现马克思主义理论的意识形态性。习近平指出,构建中国哲学社会科学体系要把握三个方面的资源,其中之一就是马克思主义的资源,包括马克思主义基本原理,马克思主义中国化形成的一系列成果,他认为,"这是中国特色哲学社会科学的主体内容,也是中国特色哲学社会科学发展的最大增量。"①自从中国共产党成立,中国革命、建设、改革取得的一切成就都是在马克思主义指导下完成的;也是在马克思主义指导下,我们结合本国的实际,走出了中国特色社会主义道路,取得了举世瞩目的成就。中国革命、建设和改革的实践也证明了马克思主义理论的科学性。所以,我们必须坚持马克思主义理论对我们的指导。我们的语言体系也要旗帜鲜明地表达出对马克思主义理论的信仰和自信,也要通过中国的成功增加马克思主义话语体系在世界中的影响。因为,中国作为世界上最大的发展中国家,其成功的经验本身就有一定的代表性。中国在向世界贡献的中国智慧和中国方案中,就有马克思主义理论的指导。马克思主义继承了世界上的文明成果,也是在对资本主义社会本质进行分析的基础上指出了社会发展的方向和发展的路径。这种对于人类社会发展规律的研究,有世界历史的意义,不仅可以作为社会主义国家的指导,对于当今资本主义社会问题的解决和发展也具有重大启示意义。中国革命和中国特色社会主义建设的成功证明了马克思主义理论的正确性,但是,马克思主义作为一种世界话语体系,其正确性在世界并没有得到充分的认知,其在世界上的影响也没有充分展开。马克思主义的中国化所产生的伟大成果中国特色社会主义理论,是解决当代中国发展问题的理论,也为解决世界问题贡献了中国智慧和中国方案,其有效性有助于扩大马克思主义话语体系在世界上的影响。

四是体现话语体系的包容性。话语体系的包容性是话语产生更大影响的理由之一。习近平在联合国教科文组织总部的演讲中谈到世界文明包容性的意义,他说,要推动文明交流互鉴,"人类文明因多样才有交流互鉴的价值","文明是包容的,人类文明因包容才有交流互鉴的动力。""历史告诉我们,只有交流互鉴,一种文明才能充满生命力。只要秉持包容精神,就不存在什么

---

① 习近平:《在哲学社会科学工作座谈会上的讲话》,人民出版社 2016 年版,第 16 页。

'文明冲突',就可以实现文明和谐。"①文明的包容实际上代表的是对其他文明的尊重,体现着对其他民族在历史上和当代创造性的尊重,尊重他人和他国的文明是一个国家或者民族最高贵的品质。尊重其他民族的文化和智慧,实际上是对自己民族文化和智慧的自信。"一花独放不是春,百花齐放春满园。"世界上各个国家和民族相互尊重,世界才呈现多姿多彩的景象。我们反对非此即彼的思维方式,中华民族也因为其包容性,才容纳了各种文明,使得中华文明成为兼收并蓄的伟大文明,也使其他文明能够在中国的土地上存续和发展。我们话语体系的包容,反映的是我们对待其他国家和民族文化互相尊重、互相借鉴的态度。具有包容性的话语体系才会在世界上有越来越大的影响力。

五是话语体系中明确以人民为中心的价值指向。使无产阶级以致全人类获得解放是马克思毕生的追求,为人民谋幸福是中国共产党的初心,中国革命和社会主义建设的目标就是让人民过上好日子。不论是我们党的政策文件,还是具体的措施,都要体现为人民服务的宗旨,中国特色社会主义理论话语体系也要体现以人民为中心。中国特色社会主义建设是为了绝大多数人民的利益,而不是少部分人的利益,这是社会主义与其他制度的根本区别。这种宗旨意识不能仅仅成为社会主义和其他制度抽象意义上的区别,而是要落实到人民的具体生活中。习近平在很多场合中谈到人民的作用和地位。党的十九大报告指出,人民是历史的创造者,必须坚持人民主体地位,把人民对美好生活的向往作为奋斗目标,依靠人民创造历史伟业。以人民为中心,一方面体现为尊重人民的首创精神,发挥人民群众的创造性,让人民群众在奋斗中创造自己的幸福。要让人民群众确立正确的幸福观,认识到幸福和美好生活都是自己创造出来的,而不是坐等出来的。只有激发人民群众的创造性,整个国家才会呈现积极向上的状态,经济和文化各个领域才有生机和活力。另一方面,无论

---

① 《习近平谈治国理政》第一卷,外文出版社 2018 年版,第258—260 页。

在政策制定还是目标选择上,都要把人民对美好生活的追求作为根本的依据。就像习近平所说,让每一个人都有人生出彩的机会,"保证全体人民在共建共享发展中有更多获得感,不断促进人的全面发展、全体人民共同富裕。"①不但是让中国人民追求美好生活,也在发展中国的同时,为世界贡献更多的中国智慧和中国力量,促进整个世界的发展,使世界人民追求自己的美好生活。包含着以人民为中心的价值追求,这也是中国特色社会主义话语体系的特点之一。

三、 突出中国特色社会主义文化的价值导向②

发展中国特色社会主义文化需要立足于中国特色社会主义实践,突出中国特色社会主义文化的价值导向,文化自信的核心是价值自信。

首先,要以社会主义核心价值观引领文化和社会生活的发展。核心价值观代表着社会发展的性质和方向,当代中华文化的核心价值就是社会主义核心价值观。党的十九大报告指出,"社会主义核心价值观是当代中国精神的集中体现,凝结着全体人民共同的价值追求。"③习近平谈到,"一个民族、一个国家的核心价值观必须同这个民族、这个国家的历史文化相契合,同这个民族、这个国家的人民正在进行的奋斗相结合,同这个民族、这个国家需要解决的时代问题相适应。"④社会主义核心价值观就是立足于当代中国特色社会主义实践的价值经验总结。我们实际上是以社会主义核心价值观作为指导,走出了一条成功的中国特色社会主义道路,明确了中华民族伟大复兴的奋斗目标和民族自信。也是基于这个伟大的目标,在遇到各种困难的时候,我们独立

---

① 习近平:《决胜全面建成小康社会 夺取新时代中国特色社会主义伟大胜利——在中国共产党第十九次全国代表大会上的报告》,人民出版社 2017 年版,第 23 页。

② 本部分内容参见拙作:《习近平新时代中国特色社会主义文化思想研究》,《山东社会科学》2018 年第 2 期。

③ 习近平:《决胜全面建成小康社会 夺取新时代中国特色社会主义伟大胜利——在中国共产党第十九次全国代表大会上的报告》,人民出版社 2017 年版,第 42 页。

④ 《习近平谈治国理政》第一卷,外文出版社 2018 年版,第 171 页。

自强,在国际社会发掘发展的空间,逐渐从世界的边缘走近世界的中心。这条道路,不仅是中国社会发展经验的总结,也为国际社会的发展贡献了我们的智慧和经验。我们走出的中国特色的社会主义发展之路,也为世界社会主义的发展积累了经验和信心。

社会主义核心价值观的确立,解决了中国当代价值的顶层设计问题,我们现在要做的是将这个顶层设计落实到中国特色社会主义文化建设中,落实到民众的日常生活和行为中,落实到国家各行各业发展的过程中,让社会主义核心价值观成为我们日用而不自知的观念。这样,我们才可以说,我们的社会主义核心价值观已经在全社会确立和得到实施。习近平指出,一种价值观要真正发挥作用,必须融入社会生活,让人们在实践中感知它、领悟它。① 党的十九大报告指出,"发挥社会主义核心价值观对国民教育、精神文明创建、精神文化产品创作生产传播的引领作用,把社会主义核心价值观融入社会发展各方面,转化为人们的情感认同和行为习惯。"②所以,我们要按照社会主义核心价值观的基本要求,健全各行各业规章制度,完善市民公约、乡规民约、学生守则等行为准则,使社会主义核心价值观成为人们日常工作生活的基本遵循。要利用各种时机和场合,形成有利于培育和弘扬社会主义核心价值观的生活情景和社会氛围,使核心价值观的影响像空气一样无所不在、无时不有。

其次,要加强思想道德建设。党的十九大报告指出,"人民有信仰,国家有力量,民族有希望。要提高人民思想觉悟、道德水准、文明素养,提高全社会文明程度。"③思想觉悟包括树立共产主义远大理想和中国特色社会主义理想信念,具有民族精神和时代精神,弘扬爱国主义、集体主义、社会主义价值,以及形成正确的历史观、民族观、国家观、文化观等。公民道德建设包括社会公

---

① 《习近平谈治国理政》第一卷,外文出版社 2018 年版,第 165 页。
② 习近平:《决胜全面建成小康社会 夺取新时代中国特色社会主义伟大胜利——在中国共产党第十九次全国代表大会上的报告》,人民出版社 2017 年版,第 42 页。
③ 习近平:《决胜全面建成小康社会 夺取新时代中国特色社会主义伟大胜利——在中国共产党第十九次全国代表大会上的报告》,人民出版社 2017 年版,第 42 页。

德、职业道德、家庭美德、个人品德,文明素养包括科学精神和人文精神,社会责任意识、规则意识、奉献意识等。其中,中华优秀传统文化在当代中国特色社会主义文化构建中具有独特的不可替代的作用。中华优秀传统文化包含着中国历史发展过程中形成的独特标识,独特的人格构造,我们当代社会主义核心价值观的建构,以及国民人格的构建,都离不开优秀传统文化的涵养。习近平在中央政治局第十三次政治学习讲话中强调,"培育和弘扬社会主义核心价值观必须立足中华优秀传统文化。牢固的核心价值观,都有其固有的根本。……中华文化源远流长,积淀着中华民族最深层的精神追求,代表着中华民族独特的精神标识,为中华民族生生不息、发展壮大提供了丰厚滋养。中华传统美德是中华文化精髓,蕴含着丰富的思想道德资源。"[1]因此,要利用好中华优秀传统文化中蕴含的丰富的思想道德资源,使其成为涵养社会主义核心价值观的重要源泉。要让中华优秀传统文化和传统美德发挥它在当代世界的作用,一是要挖掘传统文化中的道德价值,使其成为社会主义核心价值观的源泉。习近平在中共中央政治局第十三次集体学习时指出,要"深入挖掘和阐发中华优秀传统文化讲仁爱、重民本、守诚信、崇正义、尚和合、求大同的时代价值,使中华优秀传统文化成为涵养社会主义核心价值观的重要源泉。"[2]二是要对传统文化进行创造性转化、创新性发展。所谓创造性转化,其目的是赋予有价值的传统文化以新的时代内涵和新的表达形式,使其能够影响现代人的人格构造和现实生活,从而激活其生命力。而创新性发展则体现为,根据社会发展和人的发展以及文化传播的要求,对中华优秀传统文化加以内涵的丰富和完善,从而使其价值具有普遍性和影响力。中国革命文化也是构建中国特色社会主义文化重要的精神要素。当代社会利益当道,信仰缺失,道德滑坡,这是市场经济逐利性在人们精神领域的表现。没有理想信念支撑的民族是没有前进的动力的,中国革命文化中坚定的理想信念、艰苦奋斗、百折不挠

---

① 《习近平谈治国理政》第一卷,外文出版社 2018 年版,第 163—164 页。
② 《习近平谈治国理政》第一卷,外文出版社 2018 年版,第 164 页。

的精神恰是当代社会所缺乏的。我们要从革命文化中汲取理想信念的种子、艰苦奋斗的基因、无私奉献的精神,要让革命文化成为中国特色社会主义文化的重要组成部分。要让中国特色社会主义文化有品格、有力量、有方向,助力中华民族伟大复兴宏伟目标的实现。

再次,要坚持创作以人民为导向的文艺作品。党的十九大报告指出,"社会主义文艺是人民的文艺,必须坚持以人民为中心的创作导向,在深入生活、扎根人民中进行无愧于时代的文艺创造。"①习近平在2014年文艺工作座谈会上的讲话指出,"文艺要反映好人民心声,就要坚持为人民服务、为社会主义服务这个根本方向。……以人民为中心,就是要把满足人民精神文化需求作为文艺和文艺工作的出发点和落脚点,把人民作为文艺表现的主体,把人民作为文艺审美的鉴赏家和评判者,把为人民服务作为文艺工作者的天职。"②看一个国家文化的力量,要看这种文化是人民大众所认可的,还是仅仅是少数人选择的。如果少数人选择的,那这种文化就是为少数人服务,如果文化是人民大众认可的,那这种文化就是为人民大众服务的文化。对于人民大众认可的文化,并不仅仅是通俗的文化,也有高雅的文化,特别是反映爱国主义题材、英雄主义题材、改革开放以来的创业英雄,歌颂普通劳动者、奉献者的题材,只要是宣扬正能量的,都是高雅的。高雅与低俗,并不以是否是殿堂文化为标准,而是以是否体现正能量和反映民众的心声,为人民服务为标准。所以,文化创造要满足人民的精神需求,以人民作为文艺表现主体,同时把人民作为文艺审美的鉴赏家和评判者。

最后,要使中国精神成为社会主义文艺的灵魂。习近平谈到,"每个时代都有每个时代的精神","实现中国梦必须走中国道路、弘扬中国精神、凝聚中国力量。""为什么中华民族能够在几千年的历史长河中生生不息、薪火相传、

---

① 习近平:《决胜全面建成小康社会 夺取新时代中国特色社会主义伟大胜利——在中国共产党第十九次全国代表大会上的报告》,人民出版社2017年版,第43页。

② 习近平:《在文艺工作座谈会上的讲话》,人民出版社2015年版,第13—14页。

顽强发展呢？很重要的一个原因就是中华民族有一脉相承的精神追求、精神特质、精神脉络。"①当代中国精神包括哪些内容呢？既包括中国特色社会主义理想信念，社会主义核心价值观，爱国主义、改革创新、开放包容等内容，也包括优秀传统文化和革命文化的内容。所以，文化创造不仅要反映当代生活，也要传递优秀传统文化的价值。"我们要坚守中华文化立场、传承中华文化基因，展现中华审美风范。""我们要通过文艺作品传递真善美，传递向上向善的价值观，引导人们增强道德判断力和道德荣誉感，向往和追求讲道德、尊道德、守道德的生活。"②中国精神可以概括为，能够反映当代中国人精神风貌和目标追求的精神。我们当代中国人的目标追求就是中华民族的伟大复兴，价值追求是社会主义核心价值观，精神风貌就是乐观进取、积极向上、改革创新、文明进步等一切促进社会和人发展的精神因素。我们的文艺作品和其他文化产品就是要体现这种中国精神，反映当代中国人和中国的精神风貌。这种反映当代中国精神的文化也才能在中国以至世界产生应有的影响力。

---

① 习近平：《在文艺工作座谈会上的讲话》，人民出版社 2015 年版，第 22 页。
② 习近平：《在文艺工作座谈会上的讲话》，人民出版社 2015 年版，第 25—26 页。

参 考 文 献

一、经典文献

《马克思恩格斯全集》第 20 卷,人民出版社 1971 年版。

《马克思恩格斯全集》第 46 卷,人民出版社 1992 年版。

《马克思恩格斯全集》第 1 卷,人民出版社 1995 年版。

《马克思恩格斯选集》第 1—4 卷,人民出版社 1995 年版。

《马克思恩格斯文集》第 1—8 卷,人民出版社 2009 年版。

马克思:《1844 年经济学哲学手稿》,人民出版社 2014 年版。

马克思恩格斯:《德意志意识形态》(节选本),人民出版社 2018 年版。

《列宁选集》第 1 卷,人民出版社 2012 年版。

《毛泽东选集》第三卷,人民出版社 1991 年版。

《习近平谈治国理政》第一卷,外文出版社 2018 年版。

《习近平谈治国理政》第二卷,外文出版社 2017 年版。

《习近平谈治国理政》第三卷,外文出版社 2020 年版。

中共中央文献研究室:《十七大以来重要文献选编》上,中央文献出版社 2011 年版。

二、中文著作

梁漱溟:《中国文化要义》,上海人民出版社 2005 年版。

梁漱溟:《东西方文化及其哲学》,商务印书馆 1999 年版。

费孝通:《乡土中国 生育制度》,北京大学出版社 1998 年版。

费孝通:《江村经济——中国农民的生活》,商务印书馆 2001 年版。

孙伯鍨:《卢卡奇与马克思》,南京大学出版社 1999 年版。

杨伯峻译注:《论语译注》,中华书局 2017 年版。

杨伯峻译注:《孟子译注》,中华书局 2020 年版。

陈鼓应:《老子今注今译》,中华书局 2020 年版。

陈鼓应注译:《庄子今注今译》(上、下),中华书局 2020 年版。

杜维明:《现代精神与儒家传统》,生活·读书·新知三联书店 1997 年版。

孙正聿:《属人的世界》,吉林人民出版社 2007 年版。

衣俊卿:《现代化与文化阻滞力》,人民出版社 2005 年版。

李文阁:《复兴生活哲学》,安徽人民出版社 2008 年版。

王一川主编:《大众文化导论》,高等教育出版社 2015 年版。

刘怀玉:《现代性的平庸和神奇》,中央编译出版社 2006 年版。

贾英健:《虚拟生存论》,人民出版社 2011 年版。

沈敏特等主编:《媒介文化评论的理论与实践》,合肥工业大学出版社 2013 年版。

何兆武、柳卸林主编:《中国印象》(上册),广西师范大学出版社 2001 年版。

郭庆光:《传播学教程》,中国人民大学出版社 2011 年版。

王胜今:《人口社会学》,吉林大学出版社 1998 年版。

国家语言文字工作委员会组编:《中国语言生活状况报告》,商务印书馆 2017 年版。

吴文新:《唯物史观视域中的休闲:享受和发展》,中国农业大学出版社 2013 年版。

李霞:《生活方式的变迁与选择》,人民出版社 2012 年版。

李霞:《个性化的日常生活如何可能》,人民出版社 2011 年版。

三、中文译著和外文著作

[匈]卢卡奇:《审美特性》第 1 卷,徐恒醇译,中国社会科学出版社 1986 年版。

[匈]卢卡奇:《关于社会存在的本体论》(下卷),白锡、张西平、李秋零等译,重庆出版社 1993 年版。

[匈]卢卡奇:《历史与阶级意识》,杜章智、任立、燕宏远译,商务印书馆 1999 年版。

［匈］阿格尼丝·赫勒:《现代性理论》,李瑞华译,商务印书馆 2005 年版。

［法］让·鲍德利亚:《消费社会》,刘成富、全志刚译,南京大学出版社 2008 年版。

［美］埃里希·弗洛姆:《占有还是存在》,李穆等译,世界图书出版公司 2015 年版。

［美］鲁思·本尼迪克特:《文化模式》,王炜译,社会科学文献出版社 2009 年版。

［美］尼尔·波兹曼:《娱乐至死》,章艳译,广西师范大学出版社 2004 年版。

［美］艾伦·杜宁:《多少算够:消费社会与地球的未来》,毕聿译,吉林人民出版社 1997 年版。

［法］居伊·德波:《景观社会》,王昭风译,南京大学出版社 2007 年版。

［美］汉娜·阿伦特:《人的境况》,王寅丽译,上海人民出版社 2009 年版。

［德］马丁·海德格尔:《存在与时间》,陈佳映、王庆节译,生活·读书·新知三联书店 2006 年版。

［美］赫伯特·马尔库塞:《单向度的人》,刘继译,上海译文出版社 2005 年版。

［英］本·海默尔:《日常生活与文化理论导论》,王志宏译,商务印书馆 2008 年版。

［德］于尔根·哈贝马斯:《交往行动理论》,曹卫东译,上海人民出版社 2004 年版。

［德］于尔根·哈贝马斯:《合法性危机》,刘北成、曹卫东译,上海人民出版社 2009 年版。

［英］齐格蒙特·鲍曼:《流动的现代性》,欧阳景根译,上海三联书店 2002 年版。

［英］安东尼·吉登斯:《现代性的后果》,田禾译,译林出版社 2002 年版。

［美］塞缪尔·亨廷顿、劳伦斯·哈里森:《文化的重要作用——价值观如何影响人类进步》,程克雄译,新华出版社 2010 年版。

［美］丹尼尔·贝尔:《资本主义文化矛盾》,赵一凡等译,生活·读书·新知三联书店 1989 年版。

［德］乌尔里希·贝克:《风险社会》,何博文译,译林出版社 2004 年版。

［法］让·鲍德利亚:《物体系》,林志明译,上海人民出版社 2001 年版。

［法］罗兰·巴特:《流行体系》,敖军译,上海人民出版社 2000 年版。

［德］马克斯·韦伯:《经济与社会》(上卷),林荣远译,商务印书馆 1997 年版。

［德］马克斯·韦伯:《经济与社会》(下卷),林荣远译,商务印书馆 1997 年版。

［英］凯伦·阿姆斯特朗:《轴心时代》,孙艳燕、白彦兵译,海南出版社 2010 年版。

［古希腊］亚里士多德:《尼各马科伦理学》,苗力田译,中国人民大学出版社 2003 年版。

［古希腊］柏拉图:《柏拉图全集》第 1 卷,王晓朝译,人民出版社 2002 年版。

［古希腊］柏拉图:《柏拉图全集》第 2 卷,王晓朝译,人民出版社 2003 年版。

［美］莱斯特·R.布朗:《建设一个持续发展的社会》,祝友三等译,科学技术文献出版社 1984 年版。

［德］康德:《实践理性批判》,关文运译,广西师范大学出版社 2002 年版。

［德］霍克海默、阿道尔诺:《启蒙辩证法》,渠敬东、曹卫东译,上海人民出版社 2006 年版。

［德］霍克海默:《批判理论》,李小兵等译,重庆出版社 1993 年版。

［美］约翰·费斯克:《理解大众文化》,王晓珏、宋伟杰译,中央编译出版社 2001 年版。

［德］卡尔·科尔施:《马克思主义和哲学》,王南湜、荣新海译,重庆出版社 1989 年版。

［德］卡西尔:《人论》,甘阳译,上海译文出版社 2004 年版。

［美］杰姆逊:《后现代主义与文化理论》,唐小兵译,陕西师范大学出版社 1986 年版。

［英］安吉拉·默克罗比:《后现代主义与大众文化》,田晓菲译,中央编译出版社 2006 年版。

［意］贝奈戴托·克罗齐:《历史学的理论和历史》,傅任敢译,商务印书馆 1982 年版。

［加］谢弗:《文化引导未来》,许春山、朱邦俊译,社会科学文献出版社 2008 年版。

Henri Lefebvre, *Critique of everyday life*, volume I, London and New York: Verso, 1991.

Henri Lefebvre, *Everyday life in Modern World*, New Brunswick and London: Transaction Publishers, 1984.

Wirth L., *Urbanism as a way of life*, Chicago University Press, 1964.

四、期刊论文

王雅林:《生活方式研究的现时代意义——生活方式研究在我国开展 30 年的经验与启示》,《社会学评论》2013 年第 2 期。

王雅林:《生活方式研究的社会理论基础——对马克思历史唯物主义社会理论体系的再诠释》,《南京社会科学》2006 年第 9 期。

方世南:《生态文明与现代生活方式的科学建构》,《学术研究》2003 年第 7 期。

金岱:《文化现代化:作为普世性的生活方式现代化——当下中国问题的文化进路

论略》,《学术研究》2011 年第 1 期。

孟登迎:《文化自觉、生活方式与政治想象》,《马克思主义与现实》2013 年第 1 期。

马惠娣:《社会转型中的生活方式》,《晋阳学刊》2013 年第 5 期。

陆学艺:《当代中国社会十大阶层分析》,《学习与实践》2002 年第 3 期。

陈新夏:《人的发展的新路向》,《马克思主义与现实》2010 年第 2 期。

衣俊卿:《论中国现代化的文化阻滞力》,《学术月刊》2006 年第 1 期。

刘怀玉、伍丹:《消费主义批判:从大众神话到景观社会——以巴尔特、列斐伏尔、德波为线索》,《江西社会科学》2009 年第 7 期。

王治河:《作为一种生活方式的后现代主义》,《北京大学学报(哲学社会科学版)》2006 年第 5 期。

王治河:《后现代生态文明与现代生活方式的转变》,《岭南学刊》2010 年第 3 期。

[法]P.哈道特:《作为一种生活方式的哲学》,李文阁译,《世界哲学》2007 年第 7 期。

杨凤:《城市化与农民生活方式的转型》,《北京工业大学学报》2011 年第 8 期。

郭景萍、陈小娟:《消费文化与广东人生活方式流变的调查与分析——一种观念实证研究的角度》,《广东社会科学》2013 年第 3 期。

沈蕾、成志明:《新生代农民工内部结构分化研究——基于 AIO 生活方式量表的调研》,《预测》2014 年第 2 期。

李霞:《卢卡奇在何种意义上论述日常生活本体》,《学术研究》2012 年第 7 期。

李霞:《日常生活世界的主体性意义结构》,《齐鲁学刊》2011 年第 5 期。

黄平:《生活方式与消费文化:一个问题、一种思路》,《江苏社会科学》2003 年第 3 期。

杨艳:《文化热点与青年生活方式及价值观转变研究》,《中国青年研究》2016 年第 8 期。

盛光华、高键:《生活方式绿色化的转化机理研究——以绿色消费为视角》,《西安交通大学学报(社会科学版)》2016 年第 4 期。

田珍:《城市化与农民生活方式演进的互动机理研究》,《农业经济》2007 年第 1 期。

夏建中、姚志杰:《白领群体生活方式的一项实证研究》,《江苏社会科学》2005 年第 1 期。

汪国华:《第三方群体的出现:新生代农民工生活方式的变异性研究》,《中国青年研究》2011 年第 1 期。

孙绵涛:《论人类生活方式的本质及其复归——关于知识、信息社会生活方式的探讨》,《浙江社会科学》2003 年第 6 期。

陈学明:《西方马克思主义对人的存在方式的研究》,《中国社会科学》2018 年第 4 期。

胡海波:《中国精神的实践本性与文化传统》,《哲学研究》2015 年第 12 期。

黎康:《精神标识·历史底蕴·转化发展——习近平关于"中华文化"重要论述的理论蕴含与实践指向》,《社会科学家》2015 年第 9 期。

魏佳:《论社会主义核心价值观与中国传统文化的关系》,《思想理论教育导刊》2015 年第 12 期。

房广顺、隗金成:《社会主义核心价值观与中华传统文化的契合性》,《马克思主义研究》2015 年第 10 期。

李孝纯:《谈谈中华文化的精神特质与时代价值——学习习近平总书记关于中华优秀传统文化的重要论述》,《江淮论坛》2014 年第 6 期。

耿识博:《习近平"文化基因"论的内涵探析》,《中共中央党校学报》2016 年第 3 期。

刘波:《习近平新时代文化自信思想的时代意涵与价值意蕴》,《当代世界与社会主义(双月刊)》2018 年第 1 期。

韩美群:《中华文化传承创新的四个基本问题》,《中州学刊》2016 年第 2 期。

欧阳雪梅:《中华文化国际影响力的现状及制约因素》,《毛泽东邓小平理论研究》2014 年第 3 期。

周伟洲:《中华文化与中华民族共有精神家园的建设》,《民族研究》2008 年第 4 期。

马金祥:《中华优秀传统文化与社会主义核心价值观内在逻辑管窥》,《思想教育研究》2016 年第 7 期。

王泽应:《论承继中华优秀传统文化与践行社会主义核心价值观》,《伦理学研究》2015 年第 1 期。

李忠军:《论社会主义核心价值观、中国精神与社会主义意识形态》,《社会科学战线》2014 年第 3 期。

毛跃:《论社会主义核心价值观的国际话语权》,《浙江社会科学》2013 年第 1 期。

刘书林:《论社会主义核心价值观的几个重要关系》,《思想理论教育导刊》2014 年第 9 期。

俞思念、苏阳:《社会主义核心价值观的坚守与国际话语权的提升》,《社会主义研究》2015 年第 2 期。

吴向东:《社会主义核心价值观的若干重大问题》,《北京师范大学学报(社会科学版)》2015 年第 1 期。

黄蓉生:《社会主义核心价值观的文化视域思考》,《中国高校社会科学》2015 年第 1 期。

李辉、吕彪:《社会主义核心价值观培育和践行的文化载体》,《思想理论教育》2015 年第 6 期。

吴翠丽:《社会主义核心价值观嵌入日常生活的内在机理与实现路径》,《南京社会科学》2015 年第 2 期。

殷殷、姜建成:《社会主义核心价值观视域中的网络话语权建设》,《思想教育研究》2015 年第 1 期。

孟迎辉、邓泉国:《社会主义核心价值观与日常生活的内在逻辑》,《社会主义研究》2015 年第 1 期。

殷忠勇:《社会主义核心价值观与中国优秀传统文化》,《思想理论教育导刊》2014 年第 9 期。

欧阳军喜、崔春雪:《中国传统文化与社会主义核心价值观的培育》,《山东社会科学》2013 年第 3 期。

邱吉:《中国社会核心价值观的变迁》,《中国人民大学学报》2015 年第 6 期。

肖贵清:《中华优秀传统文化与社会主义核心价值观的内在联系——学习习近平系列重要讲话精神》,《南京师大学报(社会科学版)》2015 年第 6 期。

宋乃庆等:《中华优秀传统文化与社会主义核心价值观的培育和践行》,《思想理论教育导刊》2015 年第 4 期。

韩庆祥:《全球化背景下"中国话语体系"建设与"中国话语权"》,《中共中央党校校报》2014 年第 5 期。

郭建宁:《打造与中国道路相适应的话语体系》,《学术前沿》2012 年(9 下)。

王永贵、刘泰来:《打造中国特色的对外话语体系——学习习近平关于构建中国特色对外话语体系的重要论述》,《马克思主义研究》2015 年第 11 期。

莫凡、李惠斌:《当代中国价值观念对外话语体系建构与传播研究》,《中国特色社会主义研究》2014 年第 6 期。

肖贵清、李永进:《邓小平与中国特色社会主义话语体系的建构》,《思想理论教育导刊》2014 年第 8 期。

杨鲜兰:《构建当代中国话语体系的难点与对策》,《马克思主义研究》2015 年第

2 期。

胡伯项、蔡泉水:《构建具有中国特色的社会主义意识形态话语体系》,《科学社会主义(双月刊)》2015 年第 5 期。

戴焰军:《构建中国特色话语体系的几个原则》,《人民论坛》2012 年(04 下)。

吴超、张烨:《构建中国特色社会主义话语体系怎样汲取中华优秀传统文化的滋养》,《思想理论教育导刊》2016 年第 4 期。

杨生平:《话语理论与中国特色社会主义话语体系构建》,《中国特色社会主义研究》2015 年第 6 期。

郭湛、桑明旭:《话语体系的本质属性、发展趋势与内在张力——兼论哲学社会科学话语体系建设的立场和原则》,《中国高校社会科学》2016 年第 3 期。

韩美群:《话语体系与文化自觉的双向互动》,《江西社会科学》2016 年第 1 期。

刘伟、陈锡喜:《建构面向“中国问题”的马克思主义话语体系》,《教学与研究》2016 年第 9 期。

赵鸣歧、张放:《“中国模式”话语体系建构的方法论思考》,《思想理论教育》2015 年第 3 期。

陈曙光、周梅玲:《论中国道路的话语体系建构》,《思想理论教育》2016 年第 1 期。

陈东琼:《马克思主义大众化与中国特色社会主义话语体系的构建》,《思想教育研究》2016 年第 2 期。

邓纯东:《努力构建以马克思主义为指导的哲学社会科学话语体系》,《马克思主义研究》2014 年第 6 期。

邓伯军、谭培文:《马克思主义中国化话语体系的方法论研究》,《中共天津市委党校学报》2015 年第 6 期。

陈世锋、刘新庚:《全球话语体系:国际格局与中国方位》,《湖湘论坛》2014 年第 4 期。

张志洲:《提升学术话语权与中国的话语体系构建》,《红旗文稿》2012 年第 13 期。

张传民:《文化自觉、理论自觉与中国话语体系的建构》,《山东社会科学》2012 年第 10 期。

陶蕴芳:《学术话语权视域下我国政治认同与道路自信研究——兼论中国学术话语体系的构建》,《社会主义研究》2016 年第 1 期。

田鹏颖:《在解构“西方话语”中建构中国话语体系》,《马克思主义研究》2016 年第 6 期。

陈曙光:《中国话语与话语中国》,《教学与研究》2015 年第 10 期。

卢国琪:《中国特色社会主义话语体系研究》,《科学社会主义(双月刊)》2015 年第 6 期。

秦宣:《中国特色学术话语体系构建思路》,《学术前沿》2012 年(09 下)。

胡钰:《以延安精神培植共产党人的精神家园》,《红旗文稿》2015 年第 6 期。

张荣:《从虚拟到现实:网络意见群体的舆论影响》,《人文杂志》2013 年第 5 期。

孙光宁:《大数据时代对网络民主的价值、冲击及其应对策略》,《行政论坛》2014 年第 6 期。

吴健、丁德智:《对大数据条件下创新网络思想政治教育工作的几点思考》,《学校党建与思想教育》2017 年第 1 期。

李利文:《非权力领导力的实现机制——基于网络意见领袖的分析》,《天津行政学院学报》2015 年第 3 期。

姜景等:《基于微博舆论生态的突发事件管理策略研究》,《信息管理》2015 年第 4 期。

蔡骐、曹慧丹:《网络传播中意见领袖的行为机制》,《现代传播》2014 年第 12 期。

宋春艳:《网络意见领袖公信力的批判与重建》,《湖南师范大学社会科学学报》2016 年第 4 期。

附　　录

关于改革开放以来社会生活
方式变迁和文化选择调查问卷

您好！为了调查改革开放以来我国民众社会生活方式变迁和文化选择的状况，特制定此问卷，此问卷是为了研究所用，请您实事求是填写，希望得到您的倾力配合。非常感谢！祝您幸福！

一、　基本情况

1. 您属于（　　）

A. 1960 年之前　B. 60 后　C. 70 后　D. 80 后　E. 90 后

2. 您的职业是（　　）

A. 工人　B. 农民　C. 公务员　D. 事业单位工作人员　E. 企业管理人员

F. 公司职员　G. 民营老板　H. 个体　I. 律师、会计师、分析师等专业人士

J. 离退休　K. 无固定职业　L. 其他

3. 您所在的地区是（　　）

A. 城市　省　市（县）　B. 农村　省　（市）县　镇　（村）

4. 您的平均月收入(　　)

A. 低保　B. 1000 元以下　C. 2000—3000 元　D. 3000—5000 元

E. 5000—10000 元　F. 1 万元以上

二、 关于社会认知

5. 改革开放以来,您认为变化最大的是什么(　　)(可多选)

A. 物质生活条件　B. 价值观念　C. 人际关系　D. 社会风气

6. 您对我国改革开放以来的变化,认为(　　)

A. 各方面都在变好,令人满意　B. 物质水平提高,道德水平下降

C. 物质水平提高,但是社会两极分化严重,公平指数下降

D. 除了物质水平提高,其他都在下降

7. 您对现在社会最满意的是(　　)

A. 物质生活不断改善　B. 文化生活不断丰富　C. 社会越来越公平

D. 社会越来越文明　E. 社会保障制度逐步完善

F. 社会安定,人民幸福指数高

8. 您对现在社会最不满意的是(　　)

A. 社会分配差距越来越大　B. 教育机会和资源不公平分配

C. 文化生活贫乏　D. 人们的文明素质大大降低

E. 社会阶层差距越来越大　F. 人治大于法治　G. 社会保障制度不公平

9. 您认为我们国家目前最急需解决的问题集中在(　　)方面

A. 经济发展　B. 道德建设　C. 信仰缺失　D. 法治建设　E. 文化建设

F. 生态环境建设

10. 您认为我国目前的社会发展状况是(　　)

A. 经济发展、政治清明、文化繁荣、越来越好

B. 经济发展,但道德法治建设需要加强

C. 经济发展,但是政治体制需要改革

D.经济发展进入瓶颈,文化根底空虚,政治腐败严重

11.您最关心什么?( )(可多选)

A.收入问题　B.食品安全　C.环境安全　D.领导人事变动

E.国家体制改革和政策变化　F.社会公平　G.个人权益

三、 物质生活条件和民生

12.您认为改革开放以来物质生活条件变化最大的是( )(可多选)

A.饮食　B.住房　C.服饰　D.通信　E.交通

13.在您的消费结构中,占据比重最大的是( )

A.饮食　B.住房　C.服饰　D.通信　E.教育　F.休闲活动

G.人际交往

14.您的住房人均( )

A.20平方米以下　B.20—50平方米　C.50平方米以上

D.由单位提供暂住房　E.还没有自己的房子,租房住

15.饮食在您的收入中占多大比例( )

A.30%以下　B.30%—50%　C.50—80%　D.80%以上

16.您现在最主要的交通工具是( )

A.自行车　B.步行　C.电动车　D.公交车　E.家用汽车

17.您对现在的物质生活条件满意吗?( )

A.很满意　B.比较满意,会越来越好

C.虽然是中等水平,但是跟很多人比差距大,不满意

D.条件比较差,不满意　E.条件非常差,非常不满意

18.关于物质生活条件您最不满意的是什么?( )

A.住房条件比较差　B.收入低　C.社会保障不均衡

D.民众生活水平差距太大　E.都不错,没有不满意

19.关于医疗水平和服务,您认为(　　)

A. 整体医疗水平差　　B. 医院和医护人员道德素质低,一切为了钱

C. 看病太贵,老百姓看不起　　D. 医疗水平和服务都不错

20. 您对我国的医疗保障满意吗?(　　)

A. 满意,看病没有成为大的负担　　B. 比较满意,看病能报销大部分

C. 医疗保障不健全,老百姓有病看不起

D. 国家医疗保障不公平,阶层差距太大

21. 您对当前的义务教育现状满意吗?(　　)

A. 很满意,九年义务教育,花费少　　B. 比较满意,中小学教育质量可以

C. 不满意,中小学教育质量差　　D. 不满意,教育资源地区分布不均衡

四、　交往状况

22. 您的家庭结构是(　　)

A. 核心家庭(父母和孩子)　　B. 三代(或三代以上)同堂

C. 丁克家庭(夫妻两人)　　D. 单身

23. 您交友主要是通过什么途径(　　)

A. 工作关系　　B. 血缘亲情　　C. 同学　　D. 休闲兴趣活动　　E. 网络

F. 偶然机会

24. 您现在最重要的人际交往是(　　)

A. 亲戚　　B. 同学　　C. 朋友　　D. 同事　　E. 生意伙伴　　F. 同乡聚会

25. 您现在人际交往的主要目的是(　　)

A. 联系感情　　B. 互相帮助　　C. 生意往来　　D. 人情往来　　E. 趣味相投

26. 您现在人际交往的主要原则是(　　)

A. 对我发展有利者无论人品好坏都交往　　B. 人品认可

C. 兴趣爱好相投者　　D. 看缘分

27. 人际交往对你生活的影响是(　　)

A. 有朋友不孤独　　B. 生活圈子扩大,丰富了自己的生活

C. 过着家庭小日子,没有影响　　D. 可以获得很多信息和机会

五、 价值观

28. 您持何种家庭观念(　　)

A. 夫妻相互忠诚、真诚相待　　B. 宽容理解最重要

C. 物质生活相互支持,精神安慰　　D. 家和万事兴

E. 为了孩子凑合着过

F. 维持婚姻的门面即可,其他自己调理

29. 您认为人际交往中最美好的品德是(　　)

A. 以诚相待　　B. 善良　　C. 己所不欲勿施于人　　D. 助人为乐

E. 无私奉献

30. 您的处事原则是(　　)

A. 赠人玫瑰手留余香　　B. 己所不欲勿施于人　　C. 事不关己高高挂起

D. 人不为己天诛地灭

31. 从社会道德现状来说,您感觉改革开放之前好还是现在好?(　　)

A. 五六十年代好,风清气正

B. 改革开放之前好,道德水平比较高

C. 现在好,选择比较自由

D. 改革开放之后道德水平整体下降,但现在传统美德又渐渐恢复起来

E. 各有优点和不足,有的方面提高了,有的方面水平下降了

32. 您认为我国目前最根本的价值缺失在(　　)

A. 党的干部队伍腐败严重　　B. 民众个人道德素质低下

C. 金钱至上　　D. 自私自利、个人主义严重　　E. 法治意识淡薄

F. 无理想,无信念　　G. 社会整体道德水平下降

33. 您知道社会主义核心价值观的内容吗？（　　）

A. 全部知道,能背过　　B. 知道一些价值　　C. 知道一点,模糊

D. 一点儿也不知道

34. 您认为传统文化中哪些观念值得我们传承下去？（　　）

A. 仁义礼智信　　B. 孝的观念　　C. 尊老爱幼　　D. 和谐宽容

E. 有利于人的发展、适合社会发展的都应该传承下去

35. 您认为现在宣传的价值观念比起传统社会有什么不足？（　　）

A. 高大上　　B. 假大空　　C. 和老百姓的日常生活有距离

D. 没什么不好,很全面,也能落实在生活中

六、 休闲生活和文化生活

36. 您平均多长时间用来锻炼身体？（　　）

A. 每天有固定时间锻炼身体　　B. 每周会抽出一两天锻炼身体

C. 每个月会有一两次活动时间　　D. 时间很紧,基本没有时间锻炼身体

37. 多长时间旅游一次？（　　）

A. 每年都有　　B. 不定期　　C. 很少　　D. 从来没有

38. 您的休闲活动主要是什么（　　）

A. 锻炼身体　　B. 旅游　　C. 娱乐活动　　D. 上网　　E. 读书　　F. 交友

G. 逛街购物　　H. 聊天　　I. 看电视

39. 网络在您生活中的地位（　　）

A. 已经成为日常生活和朋友交往不可或缺的工具

B. 网络是工作不可缺少的工具

C. 主要是通过网络获取信息　　D. 网络对我的现实生活没有影响

E. 网络生活也是现实生活的反映和延伸,也是现实生活的一部分

40. 您利用网络主要是干什么（　　）

A. 主要是通过网络浏览信息　　B. 工作　　C. 购物　　D. 交友　　E. 炒股

F. 看娱乐节目　G. 游戏

41. 您现在主要的联系方式(　　)

A. 手机　B. 固定电话　C. 网络　D. 写信　E. 面对面交流

42. 您获得信息的最主要的方式?(　　)

A. 网络　B. 电视新闻　C. 报纸　D. 手机微信或 QQ　E. 官方途径

F. 道听途说

43. 您平常的文化活动主要有(　　)

A. 看电视　B. 上网　C. 娱乐活动　D. 看电影　E. 听戏曲　F. 看书

44. 您一个月的读书时间有多少(　　)

A. 每天都有固定时间读书　B. 每周会拿出不少于 10 个小时读书

C. 很少时间读书　D. 几乎不读书

45. 您喜欢什么样的传统文化(　　)

A. 古典诗词　B. 国学经典　C. 戏曲　D. 国画、书法

E. 传统节日、民俗　F. 其他

46. 您喜欢什么样的文化?(　　)(可多选)

A. 国产电视剧或电影　B. 美剧　C. 欧美大片　D. 韩剧

E. 国内原创音乐　F. 欧美流行歌曲　G. 传统民乐　H. 传统戏曲

I. 其他　(可列举)

47. 您认为我国的文化现状是(　　)

A. 百花齐放、百家争鸣,越来越繁荣　B. 粗制滥造比较多,精品少

C. 文化作品价值比较混乱

D. 文化不断发展,但距离人们的精神需求还有很大差距

责任编辑：郭　娜
封面设计：石笑梦
封面制作：姚　菲
版式设计：胡欣欣　王欢欢
责任校对：陈艳华

图书在版编目（CIP）数据

改革开放以来生活方式变迁与文化选择研究/李霞 著. —北京：人民出版社，
　2020.12
ISBN 978－7－01－022607－1

Ⅰ.①改…　Ⅱ.①李…　Ⅲ.①生活方式-变迁-研究-中国②文化事业-建设-
研究-中国　Ⅳ.①D669.3②G12

中国版本图书馆 CIP 数据核字（2020）第 212429 号

改革开放以来生活方式变迁与文化选择研究
GAIGE KAIFANG YILAI SHENGHUO FANGSHI BIANQIAN YU WENHUA XUANZE YANJIU

李　霞　著

人民出版社 出版发行
（100706　北京市东城区隆福寺街 99 号）

北京汇林印务有限公司印刷　新华书店经销

2020 年 12 月第 1 版　2020 年 12 月北京第 1 次印刷
开本：710 毫米×1000 毫米 1/16　印张：19.25
字数：260 千字

ISBN 978－7－01－022607－1　定价：78.00 元

邮购地址 100706　北京市东城区隆福寺街 99 号
人民东方图书销售中心　电话（010）65250042　65289539